3

The Social Science of
Practice and
Research on China

实践社会科学与中国研究 卷三

中国的新型非正规经济：
实践与理论

China's New Informal Economy:
Practice and Theory

黄宗智 著

GUANGXI NORMAL UNIVERSITY PRESS
广西师范大学出版社

·桂林·

图书在版编目（CIP）数据

中国的新型非正规经济：实践与理论 / 黄宗智著. 一
桂林：广西师范大学出版社，2020.6（2023.1 重印）
（实践社会科学与中国研究；卷三）
ISBN 978-7-5598-2825-5

Ⅰ．①中… Ⅱ．①黄… Ⅲ．①中国经济－研究
Ⅳ．①F12

中国版本图书馆 CIP 数据核字（2020）第 087913 号

广西师范大学出版社出版发行

（广西桂林市五里店路 9 号　邮政编码：541004
网址：http://www.bbtpress.com ）
出版人：黄轩庄
全国新华书店经销
广西民族印刷包装集团有限公司印刷
（南宁市高新区高新三路 1 号　邮政编码：530007）
开本：880 mm ×1 240 mm　1/32
印张：12.5　　字数：280 千
2020 年 6 月第 1 版　　2023 年 1 月第 3 次印刷
印数：7 001~9 000 册　定价：68.00 元
如发现印装质量问题，影响阅读，请与出版社发行部门联系调换。

目 录

总　序　探寻扎根于(中国)实际的社会科学

黄宗智

我们这个世界充满对立的、相互排斥的社会科学理论,如主观主义 vs.客观主义、意志主义 vs.结构主义、唯心主义 vs.唯物主义,乃至于西方 vs.东方、普世主义 vs.特殊主义、理想主义 vs.经验主义或实用主义等。我们该怎样去决定用什么理论来做研究,怎样来从各种理论中选择哪一种? 今天学者们最常用的办法是从某一种理论出发——常是当前最流行的或政权所采用的,然后搜寻可用的"经验证据"来支撑、释义或阐述该理论,而后返回到原来的理论,表明自己已经用经验证据来验证该理论。笔者认为,我们应该把理论当作问题而不是(很可能的)答案("假设")来使用。研究的目的不是要证实某一种理论,而是要借助多种不同和对立的理论来检验经验证据,依赖证据来决定对不同理论的取舍,或依赖证据与不同理论对话,从而创立或推进适合新证据的新概括。不同理论的交锋点乃是特别好的研究问题——这是笔者多年来对自己和学生的劝诫。学术的最终目的是更好地认识真实世界,不是阐明某一现有理论或意识形态。

固然，我们需要熟悉理论来进行这样的研究，但我们研究的目的应该是以通过经验研究发现的实际来决定对理论的选择或拒绝，或修改，追求的是最能使我们掌握和理解我们通过经验研究所发现的真实世界。需要的时候，更可以重新组合理论概念或创建新概念来适当概括自己新的研究发现。

鉴于现有理论间的众多相互排斥的二元对立实态，我们需要认识到任何理论的局限。大多数的理论从单一的基本"公理"或信念出发，而后借助演绎逻辑——常被认作西方文明独有的特征——来形成一个逻辑上统一的理论体系，将其推导至逻辑上的最终结论（类似于欧几里得几何学那样——进一步的论析见黄宗智、高原，2015）。如此的要求正是把众多理论建构推向相互排除的二元对立的动力。这个现实本身便为我们说明，理论建构多是对实际的单一面的简单化，在其起始阶段，常常只是一种认识方法，借助突出单一方的简单化建构来澄清某一方面或某一因素。这样的认识应该被理解为一种方法，不是实际本身。但这样的简单化的认识则常被理想化，或被等同于实际整体，再通过演绎逻辑而绝对化，其中，影响最大的理论还会被政权或/与西方中心主义意识形态化。我们不该把那样的理论认作真实世界的实际本身。

我们需要看到，理论建构中常见的非此即彼二元，任何单一方面其实都是对实际的片面化和简单化，而真实世界其实多是由如此的二元间的并存和互动所组成的，而不是其任何单一方。不仅主观和客观二元如此，理论和经验二元也如此。

西方与东方则更加如此。在"现代"的世界中，西方作为原来的帝国主义侵略者，对非西方世界来说，不可避免地既是被痛恨的敌人也是被仰慕的模范。对非西方世界来说，两者的并存其实是必然的实际。但西方的理论则大多有意无意地忽视了非西方的这个必然实际，凭借演绎逻辑或更简单的西方中心主义，坚持非西方世界必须完全模仿西方。这样，和其他的二元建构同样，单一方被推向排除另一方，或被推向完全吸纳或支配另一方的建构，一如主观主义 vs.客观主义、普世主义 vs.特殊主义等二元建构那样。

本书反对使用如此非此即彼的单一元进路来认识真实世界。我们需要认识到，非此即彼的建构，最多只能成为我们使用的一种认识方法，尽管借助突出单一元来把某一方面简单化和清晰化，但绝对不可将其等同于真实世界整体本身。后者需要靠同时关注二元双方来掌握，需要我们把理论所提出的问题和经验证据连接起来，并关注到二元之间的关系和互动。今天，我们需要的是更多聚焦于二元的并存、相互作用和相互塑造来认识由二元组成的真实世界合一体。

以下是笔者本人对这方面的追求的回顾，目的是更好地认识真实世界，建构新的、更符合过去和现在的实际的概念。其中，连接经验和理论尤其关键，这不仅是为了更好地理解真实世界，也是为了更好地探寻其改良的道路。

一、悖论实际与理论概括:中国农村社会经济史研究

(一)《华北的小农经济与社会变迁》

笔者进入不惑之年后的第一本专著是1985年(英文版)的《华北的小农经济与社会变迁》(黄宗智,1986)。此书提出的学术理念和方法是"试图从最基本的史实中去寻找最重要的概念,然后再不断地到史料中去验证、提炼自己的假设"(中文版序,第2页),同时,以连接经验与理论为中心问题,"有意识地循着从史实到概念再回到史实的程序进行研究,避免西方社会科学中流行的为模式而模式的作风"(同上),总体目的是要创建符合经验实际的概括。在对待理论上,则有意识地同时借鉴当时的三大理论传统,即新古典经济学和马克思主义政治经济学两大经典理论,以及"另类"的实质主义理论,借助与之对话来形成自己的概念,凭经验证据来决定其中的取舍。

根据以上的研究进路,笔者首先采用了关于革命前中国农村最系统和细致的调查资料,尤其是"满铁"(日本"南满洲铁道株式会社")的"社会和经济人类学"调查,根据翔实的关于一家一户的经济实践资料来认识农家经济,并辅之以各种历史文献资料来掌握长时段的历史变迁,而后与各大理论对照。拙作得出的结论首先是,三大理论传统均有一定的洞见和是处,它们共同组成了小农的"三种不同的面貌",伴随其阶级位置而异:雇佣劳动的"经营式地主"和"富农"更适合从形式主义经济学的营利单位来理解,而受

雇的雇农和打短工的贫农,以及租地的贫农则比较符合马克思主义中被剥削的劳动者的图像。但是,在系统检视和比较两种农场的历史演变之后,出乎意料的是,华北在近三个世纪的商品化(市场化)和人口增长两大趋势下,所展示的主要现象不是农村和农业向此两端的分化,而是小农家庭农场凭借农业+手工业和打短工"两柄拐杖"的强韧持续,一直占到总耕地面积的绝大比例,而雇工的"经营式农场"则一直没有能够超过10%的比例。

两种农场在劳动组织上不同,但在亩产量上则基本一致,两者主要的差别只是后者可以按需要调节其劳动力而达到较高效率的劳动力使用,而前者的家庭劳动力则是给定的,在农场面积不断缩减的压力下,只能凭借投入越来越密集的劳动力来应付生存需要。相比之下,经营式农场达到较适度的劳动力使用,而小家庭农场则明显趋向劳动边际报酬的递减。在其他方面则两者基本一致。由此,我们可以很具体地理解到"人口压力"的实际含义。在三大理论中,最贴近这样的经验证据其实是"另类"的实质主义理论所突出的小农家庭农场在组织和行为逻辑上与资本主义雇佣单位间的不同:在生产决策中,它同时考虑生产和消费,不只是生产;在劳动力供应方面,它的劳动力是给定的,而不是按需要雇用的。

读者明鉴,上述的基本学术研究进路是:(一)从经验到概念/理论的方法;(二)凭借经验证据来综合多种理论传统的使用,决定其不同部分的取舍。也可以说,是一种有意识地超越任何意识形态化理论的研究进路。

(二)《长江三角洲小农家庭与乡村发展》和《中国研究的规范认识危机》

在《华北》一书之后,笔者在 1990 年(英文版)的《长江三角洲小农家庭与乡村发展》中则沿着以上的基本研究进路,使用的依然是翔实的"满铁"微观调查材料,并辅之以笔者自己连续数年的实地追踪调查。(黄宗智,1992)在经验发现层面上,之前的华北研究使我感到意外,而长江三角洲则更使我感到惊讶。此地商品化(市场化)程度要远高于华北,但在明末清初之后,其雇工的"经营式农场"便基本消失,完全被高度市场化和家庭化的小家庭农场压倒。水稻种植越来越被棉花—纺纱—织布生产,或者种桑—养蚕—缫丝所取代。微观层面的资料所展示的是,在单位耕地面积上,比之前和华北还要高度劳动密集化的生产:棉花—纱—布生产每亩需要 18 倍于水稻的劳动力,桑—蚕—丝生产则是 9 倍。

据此,笔者在借助当时占据主要学术地位的新古典经济学和马克思主义经济学的洞见的同时,对两者都更鲜明地提出了商榷和批评。主要针对的是其在市场化(商品化)会导致资本主义生产发展的基本共识上,论证中国农村经济的"悖论"现象,并且提出了更符合中国农村经济实际的几个"悖论"概念:"内卷型商品化"(以及"剥削型商品化"和"单向的城乡贸易",或"畸形市场"),与一般关于市场的预期相悖;"没有'发展'(笔者定义为单位劳动生产率——产出/产值——的提升)的商品化"以及"没有'发展'的'增长'(定义为总产量/产值的提升)",而不是经典理论所预期的两者同步并进。这就是笔者用"内卷化"或"过密化"(即借助廉价的家庭辅助劳动力而进行边际报酬递减的生产)两词来表述的高度劳动密集化家庭生产以及其所推动的"内卷型商品化"。与有的不可论证的宏大理论概念不同,这是可以凭经验证据来证实的概念。譬如明清以来从水稻+冬小麦种植转入越来越多的棉花+纺纱+织布或蚕桑+缫丝生产,无可置疑的是此类现象是伴随单位劳动日报酬递减(亦即"过密化")而进行的(譬如,占劳动投入最大比例的纺纱的按日劳动报酬只是种植水稻的约三分之一),而那样的低廉报酬是由家庭辅助劳动力来承担的(笔者称作"农业生产的家庭化")。

与《华北》不同,此书还根据比较翔实的访谈资料以及由当地政府提供的数据和文字资料,把研究延伸到集体化时期和改革初年(当代部分组成全书的约一半)。使笔者惊讶的是,集体化农村经济展示了与之前的家庭农业同样的"过密化"趋势——其劳动力是给定的,其生产决策也同样受到消费需要的影响。而改革初年则更展示了与西方经验很不一样的"农村工业化",亦即"没有城镇化的工业化"。

《长江》发表之后,在1991年(英文版)的后续思考性论文《中国研究的规范认识危机:社会经济史的悖论现象》(黄宗智,1993)中,笔者更明确地论析,从西方主要理论来看待中国实际,几乎所有的社会经济现象都是"悖论的"(paradoxical)——即从现有理论上看来是一对对相互排斥的悖论现象,但实际上都是并存和真实的,如"没有发展的增长""过密型商品化(市场化)""没有城镇化的工业化",以及"集体化下的过密化"。这些都是与经典理论预期不相符的社会经济实际,是它们所没有考虑到的实际,需要重新来理解和概括。这就意味着长期以来由西方经典社会科学理论所主宰的中国研究学界中的"规范认识危机",也意味着中国的社会科学研究必须创建新的、更符合中国实际的概念和理论。笔者提出的"内卷化"和"内卷型"市场化等概括便是那样的尝试。此文可以看作笔者在《华北》和《长江》两本专著的基础上总结出的学术方法和理论思考,当时在国内引起了较广泛的讨论。①

　　这里需要重申,以上论述中的一个关键的认识和体会,是要从经验到理论再返回到经验检视的侧重实际经验的认识方法,这与一般社会科学从理论到经验到理论的侧重理论的方法正好相反。笔者提倡的方法所要求的是,在扎实的经验研究基础上进行抽象化和概括——既非纯经验堆积也非纯理论空谈,而是两者的结合,因此可以说是"双手并用"。这需要有意识地避免从抽象化概括跳跃到理想化、普适化的违反实际的理论。笔者追求的是对史实的最真实理解和概括,不是普适理论的建构。这才是"到最基本的事实中去探寻最重要的概念"的基本研究进路。

---

① 《史学理论研究》最先以《中国经济史中的悖论现象与当前的规范认识危机》为标题发表了拙作的前半部分(1993 年第 1 期,第 42—64 页)。在接下来的五期中,《史学理论研究》连载了一系列关于这篇文章以及华北农村和长江三角洲农村两本书的讨论。一开始是由四位学者对拙作的简短评论(1993 年第 2 期,第 93—102 页),接着是一篇论文(1993 年第 3 期,第 151—155 页),再接着是关于针对拙作召开的两次会议的报道,一次是由《中国经济史研究》期刊发起的,主题为"黄宗智经济史研究之评议"(《史学理论研究》1993 年第 4 期,第 95—105 页),一次是由《史学理论研究》、《中国史研究》和《中国经济史研究》三个期刊联合召开的,主题为"黄宗智学术研究座谈会"(《史学理论研究》1994 年第 1 期,第 124—134 页)。这一系列讨论终结于以"黄宗智学术研究讨论"为主题的六篇文章(《史学理论研究》1994 年第 2 期,第 86—110 页)。《中国经济史研究》也报道了两次会议的议程(1993 年第 4 期,第 140—142 页;1994 年第 1 期,第 157—160 页)。

二、表达 / 话语与实践：法律史研究

（一）《清代的法律、社会与文化：民法的表达与实践》

从 1989 年开始，笔者在其后的 15 年中将主要精力转入了法律史的研究，部分原因是获知诉讼案件档案的开放，认为这是进一步深入研究中国社会的极好机会，部分原因是在后现代主义理论潮流的影响下，笔者对自己过去隐含的唯物主义进行了一定的反思，觉得很有必要纳入后现代主义所特别突出的"话语"层面，而诉讼案件是明显具有话语表达和实践双重层面的史料。

在详细阅读每一个案件、记入卡片、梳理和分析来自三个县的628 起诉讼案件档案并将其与《大清律例》条文对照之后，笔者认识到的不是后现代主义所强调的、要以话语为研究的主要对象，而是话语 / 表达层面和实践层面的背离共存，两者共同塑造了长时段的历史变迁。笔者从经验证据逐步得出的结论是，中国法律体系是一个既包含高度道德化的表达，也是一个包含高度实用性的实践体系，两者所组成的是既矛盾又抱合的"实用道德主义"统一体。也就是说，"说的是一回事，做的是另一回事，合起来则又是另一回事"。其中关键在于"合起来"的"又是另一回事"。与后现代主义理论——例如，萨伊德（Edward Said）（1978）和吉尔茨（Clifford Geertz）（1983）的理论——不同的是，中国的法律体系绝对不能被简单视作一套话语或意义网，而需要看到其话语表达和实践间的相互作用。

布迪厄(Pierre Bourdieu)(1977,1990)的"实践理论"的重要贡献在于突破了主观主义和客观主义(以及意志主义和结构主义,唯心主义和唯物主义)的非此即彼二元对立,同时看到人们在实践之中的两个方面,超越了形式主义的经济学和社会学,用偏于单一方的理论建构来替代复杂互动的实践实际。相对那些理论,实践理论迈出了很大的一步。对中国法律史的研究来说,它促使我们突破了韦伯(Max Weber)所代表的西方主流形式主义的霸权,也突破了简单的法律条文主义,使我们能看到中国的法律体系所包含的两种不同但又相互依赖的逻辑。

同时,笔者深入档案的研究突出了(中国法律体系中的)实践与其表达/话语之间的不同,而这一点是布迪厄所没有考虑的。中国法律史的长时段演变其实多是由两者的背离和互动所推动的。与理论和经验间的连接一样,我们需要集中探讨的是表达和实践之间的背离和互动,而不是任何单一方面。基于此,笔者在1996年发表的(英文版)专著《清代的法律、社会与文化:民法的表达与实践》中建立了"实用道德主义"(既矛盾又抱合)的概念来表述清代民事正义体系的特色。(黄宗智,2001)与布迪厄的共鸣之处在于把真实的关键看作"实践",把"实践"看作是主观和客观,以及意志和结构互动的领域,而笔者的表达与实践二元合一的进路则更把法律历史看作是长时段中"实践"与"表达"两者互动中呈现的趋势。布迪厄则基本不考虑长时段的历史变迁,也不考虑"实践"与表达之间的背离和互动。

《表达与实践》一书的主要对话对象和理论启发是形式主义的韦伯、后现代主义的萨伊德和吉尔茨,以及实践理论的布迪厄。韦伯代表的是形式主义理性的视角,那既是他的中心论点,用来代表西方现代的理想类型,也是他本人的基本思维。笔者从韦伯的理论获得的是其极其宽阔的比较视野以及对现代西方法律体系的形式主义主导逻辑的认识。后现代主义则如前所述,促使笔者更多地关注到表达层面的建构和话语,并对韦伯的形式主义/普适主义提出了强有力的批判。与韦伯和后现代主义不同,布迪厄强调的则不是韦伯那样的理论化(和理想化)的"理想类型",也不是后现代主义的"话语",而是"实践"及其包含的"实践逻辑",这对笔者其后逐步形成的"实践历史"研究进路和方法有深远的影响。

但是,即便笔者明显受到三者的影响,但与三者都不同的是,笔者一贯以认识历史真实而不是建构普适理论为目标,因而特别侧重从经验证据出发的研究进路,凭此来决定对各种理论论点的取舍、重释或改组,最终目的是阐明中国的实际而不是建构理论,这是笔者提倡的"实践历史"的核心。而韦伯、萨伊德与吉尔茨、布迪厄则都是偏重建构普适理论的理论家。

笔者在法律史研究中选择的进路其实是过去的农村社会经济史研究进路的进一步延伸。同样从大量经验材料出发,借助、关注多种理论传统并凭经验证据来决定其间的取舍或选择性修改。与之不同的是,在经验与理论间的关联之外,更关注实践与话语/表达间的关联,而避免在两者之间作出非此即彼的选择,坚持在认知过程中两者缺一不可。我们研究的焦点不该是两者中任何一方面,而是两者之间的连接和媒介。

以上进路使笔者看到韦伯理论的一个重要弱点:当他遇到自己建构的"理想类型"与他转述的中国的历史实际不相符的时候,

也是历史学家的他曾试图合并自己建构的两种理想类型,以此来表述其真实性质,即关乎中国政治体系的世袭君主制(patrimonialism)和关乎西方现代的官僚科层制(bureaucracy),从而组成了悖论的"世袭君主官僚制"(patrimonial bureaucracy)概念。他同时也尝试着使用"实质主义理性"的悖论概念来论析中国的治理体系。但是,他最终(在其历史叙述中)仍然偏向单一方面的选择,凭借形式逻辑的标准而把中国的政法体系简单划归非理性的世袭君主制类型和实质主义非理性类型。在论述中国以外的其他非西方"他者"时,他也同样如此,由此展示的是深层的主观主义和西方中心主义倾向。(Weber,1968[1978];黄宗智,2001:尤见第9章;亦见黄宗智,2014b,第一卷:总序)

韦伯所建构的"形式理性"法律类型是一个既排除伦理/道德,也排除非正式法律制度的理想类型。他认为,像中国传统法律这样高度道德化的法律,最终只可能是"非理性的",只可能促使法外威权介入法律。同理,像中国以道德价值为主导的法律和(非正式)民间调解制度,在他眼中也只可能是非形式理性和非现代性的。他建构的形式理性理想类型是限定于完全由形式逻辑整合的体系,也是限定于正式制度的体系。(详细讨论见黄宗智,2015b;2014b,第一卷:总序)

至于偏重话语的后现代主义理论,它虽然可以视作是对韦伯的现代主义和西方中心主义的有力批评,但在话语/表达与实践的二元对立间,同样偏重话语/条文单一方面;而笔者认为,要理解清代的法律体系,需要的是分析其话语与实践二元之间的变动关系,而不是其单一方面。

至于布迪厄,他对实践的重视和阐释对笔者影响深远。但是笔者同时也看到,他缺乏关于表达与实践背离和互动的问题的思考,以及缺乏对长时段历史趋势的关注。基于经验研究,笔者认识到"实践逻辑"不仅是共时性横截面的逻辑,更是通过实践与表达二元合一的积累而形成的长时段历史趋势。两者既是相对独立的,也是相互作用的。两者间的互动关系才是笔者所集中探讨的问题,也是布迪厄没有着重关注的问题。这是笔者提倡的"实践历史"研究进路和他的"实践逻辑"的关键不同。

上述研究方法的核心是,面对理论和经验实际、表达和实践两双二元对立,我们要做的不是非此即彼的选择,而是要认识到,对真实世界来说,二元中的任何单一方面都是片面的,真正需要我们去集中关注的是两者间持续不断的相互关联和互动,而韦伯和后现代主义却都忽视了这个问题。布迪厄则虽然强调主观和客观、意志和结构二元在实践之中的互动,却忽视了实践与话语/表达之间的背离和互动。

(二)《法典、习俗与司法实践:清代与民国的比较》

在 2001 年第一次出版(英文版)的《法典、习俗与司法实践:清代与民国的比较》(黄宗智,2003a)专著中,笔者面对的是中西法律乃至中西文明碰撞与混合的大问题。从法典和大量实际案例出发,笔者发现的是,仅从表达或法典或话语层面出发,会造成民国时期的法律体系已经完全抛弃传统而全盘引进西方法律的错觉,看到的只是法律文本上的全面更改以及国家领导人与立法者全盘拒绝传统法律的决策。但是,从法律的实践/实际运作出发,则会看到众多不同的中国与西方法律并存和互动的实际:民国法律既包含鉴于社会实际而保留的清代法则和制度(尤其突出的是典权),也有与引进的西方法律相互妥协、适应和融合的方方面面(如家庭主义在产权、赡养、继承法律方面的顽强持续),也有充满张力的勉强并存(如妇女权利,从不符合中国社会实际的西方现代法律的妇女完全自主法则出发,结果因此抛弃了清代法律给予妇女的一些重要保护,如借助法庭来防止丈夫或姻亲强迫自己改嫁或卖淫——因为新法律不符实际地把妇女认定为独立自主抉择体,要到事后才可能制裁)。中西方法律两者的混合绝对不是一个简单的全盘西化过程,也不是一个简单的传统延续的过程,而是两者的并存和互动。这样,更突出经验和实践视野的不可或缺以及历史视野的必要,也突出了探寻兼容两者,甚或超越性地融合两者的必要。

从实践和实用的角度来考虑,法律不可能存在于简单抽象和理想的空间,在其实际运作中,必须适应社会现实,也就是说,韦伯型的形式理性理想类型和跨越时空的(形式主义理性)普适法律不仅是对实际的抽象化,更是脱离实际的理想化。读者明鉴,抽象化固然是认知的必要步骤,但理想化则不是——它多是脱离或违反实际的,用于西方本身已经如此,用于非西方的世界更加如此。简单地把西方法律移植于非西方世界,只可能是违反实际的法律。要研究中国现代的法律,我们必须在条文之上更考虑到实际运作,考虑到条文与实践之间的关联。近现代中国的一个给定前提条件是中国与西方、历史与现实、习惯与条文的必然并存。我们不可能,也不应该做出简单的西化主义或本土主义的非此即彼的抉择,必须从历史传统和社会实际来考虑立法和实际运作中的抉择。

(三)对研究方法和理论的进一步反思

与以上两本专著并行的是笔者继 1991 年(英文版)的《规范认识危机》一文之后对方法和理论的进一步反思。首先是根据笔者的法律史经验研究得出的结论:清代法律的一个基本特征是崇高道德理念的条文(律)和实用性的条文(例)的长期并存和互动。同时,法律条文主宰的正式审判制度与民间道德理念主宰的非正式调解实践和制度也长期并存,而像韦伯那样的理论则只考虑正式制度,无视非正式制度。更有进者,正式制度和非正式制度是相互作用的,并且在两者之间形成了一个越来越庞大的、具有一定特色的"第三领域"。笔者 1993 年(英文版)的《介于民间调解与官方审判之间:清代纠纷处理中的第三领域》详细论证了清代法律实际运作中的这个中间领域。(修改版见黄宗智,2001:第 5 章)

此后则是同年(英文版)的《中国的"公共领域"与"市民社会"——国家与社会间的第三领域》(黄宗智,1999)。此篇通过与当时在中国研究中十分流行的哈贝马斯(Jürgen Habermas)的"公共领域"概念/理论以及国内外广泛采用的"市民社会"理念/理论的对话,再次指出中国的悖论性:其关键不仅在于正式与非正式制度的并存,也在于两者互动所组成的中间领域,借此来拓展处于国家与社会之间、由两者互动而组成的"第三领域"概念。这里再次强调的是,面对理论中的二元对立,我们需要看到的不是两者中的对立或任何单—方面，而是两者之间的关联和互动。

再则是 2008 年的《集权的简约治理——中国以准官员和纠纷解决为主的半正式基层行政》（黄宗智，2008）。该文论证：长期以来中国的治理体系是一个（悖论的）高度中央集权和低度渗透基层的体系（不同于美国的低度中央专制权力但高度基层渗透权力——迈克尔·曼［Michael Mann］的论析）。与其相关的是"集权的简约治理"体系，国家高度依赖基层不带薪的"准官员"（由社区推荐，政府批准）来进行基层治理，只在那些准官员在执行任务中发生纠纷的时候方才介入。这也是"第三领域"的一个关键特色。

此外是 1995 年（英文版）的《中国革命中的农村阶级斗争——从土改到"文革"时期的表达性现实与客观性现实》（黄宗智，2003b），通过检视中国的土地改革和"文化大革命"来阐释表达/话语与实践两者间的变动关系。土改和"文革"都展示了激烈的阶级斗争话语，并导致了其与社会实际之间的张力和背离，阐明的首先是话语和实践既是相对独立的也是相互作用的，两者之间在"文革"期间的极端背离则最终导致"阶级斗争"被改革中的"实事求是"完全取代。如此的话语与社会实际和实践之间的变动关系，对真实世界的洞察力要超过单独考虑两者的任何单一方面。这个思路既受惠于布迪厄的启发，也与他有一定的不同——如上所述，他并没有关注话语与实践之间的可能背离与互动，也没有关注由两者的互动所组成的历史变迁。

在 1998 年（英文版）的《学术理论与中国近现代史研究——四个陷阱和一个问题》（黄宗智，2003c），笔者比较平实地回顾、反思了笔者自身学习和探讨理论与史实间的关联和背离的经验，由此来说明从经验研究到理论再到经验检视的学术研究进路,并突出尚待解答的中国的"现代性"问题。文章再一次强调,学习理论需要避免不加批判或意识形态化地使用理论,其中关键在于凭借经验实际来决定不同理论传统各部分的取舍,在于看到中国实际的悖论性,也在于不偏向二元对立的单一方。那样,才能够适当使用并借助现有理论的洞察力。

再则是 2000 年(英文版)的《近现代中国和中国研究中的文化双重性》(黄宗智,2005),从近现代中国历史、国外的中国研究学界,以及笔者自身经历的双重文化性角度,来探讨中西文化碰撞与混合的问题,提出了超越两者的融合的实例和设想。文章论证,我们需要区别在政治领域中的帝国主义 vs.民族主义的非此即彼二元对立,以及双重文化性与双语性(亦即越来越多的中国以及别处的青年知识分子的实际状态)中的中西并存与融合现实。在理论和学术层面上则同样需要超越普适主义(理性主义、科学主义、实证主义)和特殊主义(后现代主义、相对主义、历史主义)非此即彼的二元对立,探索其间的并存与融合。

这些论文既阐释和延伸了以上总结的基本主线,也展示了当时的一些困惑和未曾解决的问题,反映的是笔者自身核心思路的逐步形成。其中前后一贯的是拒绝在理论与经验、表达/话语与实践以及中国与西方的二元之间做非此即彼的抉择,强调要看到其实际上的二元并存和互动。在研究中要做的是认识到二元间的并存和互动,关注其间的连接和媒介。

三、现实关怀的学术研究

笔者2004年从加利福尼亚大学退休,之后转到国内教学,十多年来都主要以中文写作,把自己写作的主要对象从英语读者转为中文读者。在这个转变过程之中,自然而然地对中国现实问题从消极关怀(想而不写)转为积极关怀。在那个过程中,连接历史与现实很快成为笔者学术研究的新的主要动力。同时,在过去侧重经验性的实践历史研究进路之上,笔者更明确地关心另外两个问题:一是探寻建立符合中国悖论实际的研究方法和理论的道路;二是探寻解决中国现实问题的可能途径。

首先,在学术研究方面,对现实的关怀成为自己完成关于当代农村的第三卷和当代法律的第三卷的主要动力。我觉得需要对学生们说明,自己对明清以来的研究和理解对当代的现实问题具有什么样的含义。一方面是学术研究方法的问题,另一方面也是现实问题的解决路径问题。

同时,面对近年来农民的大规模进城打工以及他们所遭受的不平等待遇,笔者看到了中国面临的社会危机,并且自然而然地兴起了不平之感以及对中国未来的忧虑,希望能为这个问题作出学术性的贡献,尽自己的微薄之力。这样便很自然地将农村研究延伸到农民工的研究,作为自己在农业和法律两个领域之外最关心的第三课题,并为此写了一系列关于中国的"非正规经济"——即不带有或少有法律保护和福利的就业,包括最近快速扩展的"劳务派遣工"——的论文。(例见黄宗智,2009c;2010b;2013;2017a;2017b)

　　此三项研究都沿用了之前的研究方法,即从经验证据到理论再返回到经验的认知进路,并同样尽可能摆脱意识形态,采用多种理论资源,目的同样是更好地认识中国实际,而不是试图建构普适理论。为此,一贯地聚焦于同时掌握经验和理论、实践和话语以及中国和西方,看到它们的必然并存、互动和连接问题,试图由此来建立更符合中国实际的概括。此外,为了对青年学者们说明这是一个什么样的认知方法以及为什么要这么做,笔者写了一系列围绕实践和理论问题的方法论方面的论文。(纳入黄宗智,2015a)

(一)《超越左右:从实践历史探寻农村发展出路》

　　在农业问题上,首先是再一次从把现有理论当作问题的研究进路出发,再次看到了中国的悖论性。近三十多年来,中国经历了一场意义深远的农业革命,但这是和之前世界历史上的农业革命(以及根据其所得出的理论)很不一样的革命。它不是来自主要农作物因畜力和畜肥的使用(像 18 世纪英格兰的农业革命那样)而提高了产量;它也不像后来在 20 世纪 60 和 70 年代所谓的"绿色革命"中,主要由于现代投入(化肥、科学选种和机械)而提高了主要作物的产量。这是因为中国当时的现代投入并没有能够提高农民的劳动报酬——再一次是因为农业生产(在集体制度之下)和之前同样地过密化,总产量的提高多被人口的增长和劳动密集化所导致的边际报酬递减蚕食掉,以至于单位劳动生产率和农民收入并没有显著的提高。直到 20 世纪 80 年代以后,中国农业方才真正进入了新的局面。

其动力不是像人们熟悉的过去那种农业革命动力,而是来自十分不同的三大历史性变迁趋势的交汇。一是人们伴随非农经济增长而来的收入提高所导致的食品消费转型(从 8∶1∶1 的粮食、肉食、蔬菜比例向当今中国大陆中上阶层和中国台湾地区的 4∶3∶3 比例转化),以及随之而来的农业转向越来越高比例的高值农产品(鱼肉禽、高档蔬菜、水果、蛋奶等)的种植和养殖,而那样的高值农产品则既是现代投入/"资本"(如化肥、科学选种、饲料、生物剂、塑胶膜和拱棚等)密集化的,也是劳动密集化的(譬如蔬菜、水果种植以及种养结合需要数倍于粮食的单位面积劳动投入),由此既提高了农业收入也吸纳了更多劳动力。二是从 1980 年开始的生育率下降终于在世纪之交体现为每年新增劳动力的缩减。三是 20 世纪 90 年代以来农民的大规模进城打工。(黄宗智、彭玉生,2007)这三大趋势的交汇导致了农业的"去过密化"以及农业总产值的显著增长,随之而来的则是六个世纪以来农业收入的第一次显著提高。在农业总产值上,展示为 1980—2010 期间每年年均6%的增长,这远远超过之前的农业革命所做到的增长率(18 世纪英国才年均0.7%,20 世纪的"绿色革命"才年均 2%—3%)。在农场规模上,则逐步迈向更"适度"的(亦即从"隐性失业"到"充分就业"的演变)规模,从每个农业劳动力约占有 6 亩耕地增加到约 10 亩。

因为这样的变化并不显然易见,笔者称之为"隐性农业革命",它主要见于人多地少的后发展国家(特别是中国和印度),与西方人少地多(尤其是新大陆的美国)农业现代化模式十分不同。以上是笔者 2009 年出版的当代农业研究的阶段性成果《中国的隐性农业革命》专著的主要内容。(黄宗智,2009b;亦见黄宗智,2016b)

在其后续的研究中,笔者进一步论证,中国这种农业现代化模式具有多重"悖论性",它不是土地(和资本)密集的"大而粗"的农业,而主要是"劳动与资本双密集化"的"小而精"的农业。它的主体不是规模化的(雇工)资本主义企业生产单位,而主要是现代化了的小农家庭农场生产(尤其是一、三、五亩地的小、中、大棚蔬菜种植、几亩地的水果种植以及十来亩地的种养结合的小农场)。它主要依赖的现代投入不是节省劳动力的机械而更多是节省土地(提高地力)的化肥、良种等投入。这样,与西方(尤其是新大陆的美国)形成了世界历史上农业现代化的两大截然不同类型。在如今已经高度工业化的中国,小规模农场(即现代化了的小农经济)不仅顽强持续,还组成了中国现代化的一个关键部分。

这个隐性革命从西方经验和理论来看是悖论的,是与当前的主流经济学理论不相符的模式,因此它还没有被许多学者和决策者真正认识到。其中不少人仍然沉溺于之前的经典模式,错误地以为农业现代化必须主要依赖"规模经济效益"——在计划经济时代错误地以为必须是规模化的集体大农业,今天则以为必须是高度机械化和雇佣劳动的大企业农场。而悖论的事实是,中国的新型农业革命的主体其实是使用自家劳动力的小家庭农场,以及其结合主劳动力和家庭辅助劳动力的家庭生产组织。固然,伴随着生育率的下降、劳动力的外出打工以及新(劳动和资本双密集)农业所吸纳的劳动力,农业农场的规模正在朝向更适度的劳动力与耕地面积配合演变,但它绝对不像西方经验中的主要依赖农业机械化的大农场。

决策者和学者们由于认可之前经典理论(马克思主义经济学

和新古典经济学)，深信农业生产现代化必须像工业那样以规模经济效益为前提条件，没有认识到这些基本的悖论实际。为此，其在政策上也一直向农业企业公司和大农户倾斜，基本无视小规模的家庭农场。即便是 2013 年以来提出的发展"家庭农场"策略，实质上也是向(超过百亩的)大户倾斜，预期和依赖的仍然是较大规模的农场。(黄宗智，2014c)为此，笔者一再呼吁，要认识到几亩到几十亩的劳动和资本双密集化小家庭农场乃是今天农业发展的最重要和最基本的动力。它们亟须得到政策上的重视，需要政府更积极的支持，也需要政府更积极地引导和协助组织真正以小农为主体的合作社，来为农民提供融资和产—加—销"纵向一体化"(而不是横向一体化的农业产业化、规模化)的服务，借此把更多的市场利益归还给农业生产者，而不是像当前那样，让市场利益大都被商业资本获取。

后者采用的经营方式其实大多并非真正的规模化生产，而是凭借"合同"、协议或"订单"农业等形式来利用一家一户的相对廉价的家庭劳动力及其自我激励机制来进行农业生产，不是经典理论中那种大规模雇佣劳动的大农场。许多商业资本经营的只不过是一种虚伪的"产业化"生产，只是迎合了官方的招商引资要求，来争取更多的政府补贴。经过比较系统的数据检验，笔者(和高原、彭玉生)论证，截至(具有最翔实可靠数据的第二次全国农业普查的)2006 年[1]，农业中的全职受雇的劳动力只是全部农业劳动力中的 3%。中国农业迄今仍然基本是悖论的"没有无产化的资本化"

---

[1] 2016 年，本书《中国的新型小农经济》卷尚在修订的过程中，当时纳入了新数据和其讨论。

和没有资本主义的现代化——其主体是使用越来越多现代投入的小农户。(黄宗智、高原、彭玉生,2012)而且,他们的资金来源很多是农民家庭成员打工的收入(尤其是"离土不离乡"的农民工),而不是商业企业的投资(或国家的补贴)。(黄宗智、高原,2013)这些事实进一步说明小家庭农场的关键性以及中国农业的悖论实际。这一系列的悖论实际既不符合教科书新古典经济学的预期,也不符合马克思主义政治经济学的预期——笔者因此在 2014 年完成的农业第三卷的标题中采用了"超越左右"的表述。(黄宗智,2014a)

　　拙作同时论证,今天农户其实既是农业生产现代化的主体,也是(通过打工)工业生产的主体,在那样的现实下,解决农民问题不仅需要农业方面的决策,更需要对经济整体的重新认识和思考。我们需要认识到中国小农农户长期持续的"半工半耕"悖论特征,认识到其对中国经济发展所起的关键作用,以及其对扩大国内市场和内需所具备的巨大潜力。

　　同时,我们要认识到其被迫承受的差异身份待遇乃是不经济的决策。在法律层面上,我们应该为农民和农民工提供相当于城镇市民和居民的社会福利和法律权利。对农民和农民工的公平待遇其实是提高农民生活水平和购买力最好、最快速的办法,也是扩大国内市场的关键。优先提高农民和农民工生活水平是一条"为发展而公平,为公平而发展"的道路,特别适合中国当前的实际。它既不是集体时期那种贫穷下的公平道路,也不是近年来"发展主义"下的"先发展后公平"的道路。

(二)《过去和现在:中国民事法律实践的探索》

中国今天的法学界的分歧主要在二元对立的西化主义(移植主义)vs.本土(资源)主义,一方强调西方法律的普适性,一方强调中国历史与实际的特殊性。虽然如此,在全盘引进西方法律的今天,前者无疑是"主流"倾向。这个基本事实可以见于中国法律史的研究已经日趋式微,其教员、学生、课程日益减缩。中国法律史的研究其实已经呈现一种博物馆管理员的性质,偶尔可以展示其珍藏品,但与当前的实际毫无关系,在立法层面可以说几乎完全没有(或完全放弃)发言权。法理课程和研究的内容几乎全是舶来的理论,难怪法理与法史一般自行其是,基本没有关联。

面对这样的现实,笔者的研究再次强调实践层面,而不是舶来的文本。从实际运作来看,中国当今的法律体系非常明显地是一个三大传统的混合并存体,即古代法律、革命法律和从西方引进的法律。笔者在 2009 年出版的法律研究第三卷《过去和现在:中国民事法律实践的探索》(黄宗智,2009a)详细梳理、论证了一系列今天的法律实践中仍然延续着的古代法律传统(如调解制度,家庭主义的赡养、继承和产权法则和制度),以及当代中国一直适用的、来自革命传统的法律(特别是婚姻和离婚法律)和革命所创建的、在法律"第三领域"(即由于正式和非正式制度之间的互动所产生的中间领域)中的行政和法庭调解制度。再则是融合中西法律的方方面面(例如侵权法)。在刑法领域,传统和革命因素更加明显,尤其是一些负面的因素,例如嫌疑人权利的一定程度的缺失,"刑讯逼供"的存在以及官僚主义的干预等。其目的是要论证三大传统并存的经验实际。

在更深的层面上,笔者分析了中西方法律基本思维的不同,不仅在清代如此,在民国和当代也如此。西方强烈倾向逻辑和程序,中国则仍然展示了一定程度的道德和实质倾向。固然,从实践层面来观察,双方其实都具有对方的另一面,如中国古代的法庭断案和程序化规定,和西方法律中的非形式主义方方面面,包括人权和个人主义权利理念——我们可以质问韦伯:难道它们只是源自无可辩驳、与道德理念无关的形式主义演绎逻辑或给定"公理"? 更不用说美国的法律实用主义,提倡实用性和社会改革理念,长期以来一直都与其"古典正统"的"法律形式主义"抗衡,一定程度上与之共同组成美国法律体系的实际性质。(详细论述见黄宗智,2007;亦见黄宗智,2009a,2014b,第三卷) 当然,今天的中国法律已经相当程度上学习和借鉴了西方形式化法律。虽然如此,我们仍然可以看到,中国的正义体系依旧带有侧重道德和实质真实的顽强倾向,这和西方法律很不一样。

在更深的层面上,笔者指出,过去和今天的中国法律思维在其道德主义倾向之上,还带有实用(主义)倾向的一面。正因为其主导思想是道德理念,是关乎"应然"的思想,它不带有形式理性逻辑那么强烈的跨时空普适主义倾向,没有将用逻辑梳理出来的抽象法则等同于实然,没有将抽象法则推向对现实的理想化那么强烈的倾向。中国长期以来的道德主义化法律相对比较能够承认自身代表的是一种理想化,不会简单地把道德理念等同于实际或给定公理,会看到理念与实际之间的差距,并接受其间需要某种媒介来连接现实。这正是笔者所提出的"实用道德主义"的核心。

同时,中国法律,尤其是古代法律仍然可见于今天,也反映了一种从经验到理念/理论到经验的认知进路,要求寓抽象概念/理念/准则/法则于实际事例,坚决保持道德准则/法律原则与具体事实情况之间的连接,这和西方现代的形式理性强烈趋向把抽象推向脱离实际的理想化普适法则或理论不同。纯粹从逻辑化角度来考虑,后者肯定更简洁和清晰,而前者则显得模糊、复杂,甚至不符合逻辑。但是,从真实世界的实际来考虑,中国法律其实更贴近实际。即便是今天的中国法律,也展示出同样的倾向。譬如,中国侵权法虽然采用了西方的必分对错法理——有过错才谈得上赔偿,却又同时认定,在造成民事损失的案件中,双方都没有过错的案件普遍存在。它没有像西方侵权法那样基本拒绝考虑此种案件,将其排除于侵权法律涵盖范围之外,甚或认定其不可能存在。它从明显可见的实际出发,规定法律也可以适当要求没有过错的一方提供补偿来协助解决问题——由此修改了从西方引进的侵权法律。

基于此,《过去和现在》一书论析并提倡我们要从法律实践出发,从中找出连接社会实际和法律条文的实例——笔者把这样的研究进路称作"实践历史"。该书论证,这些实例之中既有明智的抉择,也有错误的抉择的例子。笔者在探索出反映"实践智慧"的具体立法经验和错误的立法经验基础上,指出朝向应然改变的方向。其中包括如何适当地到实践经验中去探寻综合中西方法则的方法,借此来探寻更贴近中国实际的立法进路。

在2014年出版的法律第三卷的增订版中,笔者更纳入了(作为附录）另外三篇新的文章。《中西法律如何融合？道德、权利与实用》（黄宗智，2010a；亦见2014c：附录一）明确提出了融合三者的框架性设想和具体实例，并把这样的分析延伸到刑事法律领域。《历史社会法学：以继承法中的历史延续与法理创新为例》再次提出了"历史社会法学"①——这是笔者与"实践历史"法学交替使用的词——新学科的初步设想，并以传统的家庭主义和引进的个人主义并存和拉锯于继承/赡养法律为实例，提出协调中西法学与法律的具体方式。（黄宗智，2014b，第三卷：附录二；亦见黄宗智、尤陈俊编，2009：001—016，003—031；黄宗智、尤陈俊编，2014：1—24）再则是《重新认识中国劳动人民——劳动法规的历史演变与当前的非正规经济》，质疑近年来越来越强烈的脱离这方面的中国革命法则的倾向，并直接联结了笔者的农村社会经济史研究、农民工研究和历史社会法学研究，指出法律和社会改革的必要。

---

① 除了笔者自身的研究外，"历史社会法学"研究实例见《从诉讼档案出发：中国的法律、社会与文化》（黄宗智、尤陈俊编，2009）及其后续卷《历史社会法学：中国的实践法史与法理》（黄宗智、尤陈俊编，2014）。两书纳入笔者主编的《实践社会科学》系列丛书中的子系列《中国法律：历史与现实》——见 http://www.lishiyushehui.cn/modules/books/cat.php？cat_id＝8。总系列《实践社会科学》中文部分见 http://www.lishiyushehui.cn/mod－ules/books/cat.php？cat_id＝81，英文部分见 http://en.lishiyushehui.cn/modules/books/cat.php？cat_id＝44。作者多是笔者几十年来的美国和中国国内的前博士生，也包括其他志趣相近的本行同仁。

四、为"实践历史"加上前瞻性的道德理念

(一)布迪厄的"实践逻辑"

如上所述,对现实的关怀不可避免地使笔者进入了前瞻性的思考,而笔者在这方面的思考主要是通过对布迪厄和韦伯的理论的启发与反思得出的。布迪厄特别突出的是实践,而不是现有二元对立的意志主义或结构主义的任何一方,探索的是他的所谓"实践逻辑"而不是韦伯的形式理性理想类型或马克思的阶级关系结构。首先,布迪厄批评了过去的非此即彼二元对立思想,并试图提出超越如此对立的理论概念。譬如,提出"习性"(habitus)概念:与传统马克思主义偏重客观生产关系不同,也与主观主义(意志主义)偏重主观抉择不同,争论人们的实践同时受到两者的影响。通过一生的生活习惯(地位、举止、衣着、言辞等)而形成一种习惯性的意识和倾向,从而影响(但不是完全决定)他们的实践。同时,人们在一定时空中的实践也具有一定的能动性,其行为同时也受到主观抉择的影响。这样,他试图超越结构主义和意志主义的相互排除二元对立。(Bourdieu,1977,1990)

他的"象征资本"概念则试图把马克思主义的"资本"论析拓展到非物质的象征领域,论析那样的象征资本(譬如,教育背景、特长、地位和声誉等)可以转化为物质/经济资本,而后又再转化为象征资本(从如今的世界来理解,我们还可以加上诸如企业品牌的实例),如此往复。他试图超越主观主义和客观主义的二元对立。他

更针对阶级关系而提出了"象征暴力"的概念,指出强势方会对弱势方采用掩盖实际关系的"礼品"行为来进一步巩固其权力,相当于一种"暴力"。这里,我们可以看到他具有一定程度上的马克思主义内核。(Bourdieu,1977,1990)

布迪厄的"实践逻辑"对以往的主观主义理论和客观主义理论,以及意志主义和结构主义理论无疑是一种超越。这样的理论也许没有韦伯型的形式理性理论那么清晰,但明显比其单一面的"理想类型"更贴近真实世界的实际情况。

但是,布迪厄的实践逻辑也带有一定的弱点。除了上面已经提到的缺乏长时段变迁的历史感和缺乏对表达与实践背离问题的关注外,他没有系统分析主观抉择的性质。"习性"说明的是某一种客观条件所导致的主观倾向。但在这种倾向以上的主观抉择呢?人们在实然层面上做出抉择的时候,到底是怎样受到主观意志的影响的?更有进者,从应然的角度来考虑,人们到底应该如何做出如此的抉择?布迪厄的"实践理论"不带有如此的前瞻维度。

(二)康德的"实用理性"

这里,我们可以借助启蒙大师康德(Immanuel Kant)而做出以下的概括:人们的主观抉择可能来自某种主观终极目标(例如某种宗教或意识形态信仰),也可以是纯功利性的(为了自己或某些人的利益),更可以是仅仅出于某一种特殊客观情况下的特殊行为。康德集中论析的则是源自其所谓的"实用理性"(practical reason)——介于"纯理性"(pure reason)和行动之间——而作出的抉择:在具有自由意志的人们之中,可以凭借实用理性来做出在众多繁杂的道德准则之中的理性抉择,由此来指导行为。此中的关键是他的"绝对命令"(categorical imperative)——"你要仅仅按照你同时也能够愿意它成为一条普遍法则的那个准则去行动"。(更详细的论析见笔者的《道德与法律:中国的过去和现在》——黄宗智,2015b;亦见黄宗智,2014b,第一卷:总序)

康德这里的贡献在于树立怎样在多种多样的特殊道德准则中作出抉择的标准。这是他实用理性的核心。他的论析可以为布迪厄的实践逻辑提供其所没有的道德价值维度,提供借此来从众多实践逻辑中作出抉择的方法,由此可以为其加上其所缺乏的前瞻性。布迪厄则因为罔顾"善""恶"问题,只关心(已经呈现的)实践行为,而使其"实践逻辑"最终只可能成为一种回顾性的,或旁观的(人类学)学者所观察出来的实践逻辑,不带有改变现实的前瞻性导向。也就是说,布迪厄的实践逻辑理论最终并不足以指导行为或决策的选择。布迪厄本人固然是位进步的、真诚的关心劳动民众和弱势群体的学者(此点尤其可见于他晚年的政治活动),但他并没有试图把自己的进步价值观和感情加以系统梳理。正因为布迪厄的理论缺乏前瞻性的道德辨析,它不足以指导我们关心的立法进路、公共政策或经济战略抉择等问题。

至于韦伯,康德的实用理性则提供了强有力的逻辑化论析,其足够说明韦伯对"理性"的理解只局限于理论理性,完全没有考虑到"实用理性"或道德理性,而后者正是理论理性与实际行为间的关键媒介。韦伯偏重理论理性,没有考虑到连接理论与实践的问题。这便是他归根到底是一位偏向主观主义的思想家的重要原因。

康德的"绝对命令""实用理性"思路其实和儒家的基本倾向有一定的亲和性。中国古代至当代的法律历史所展示的是,中国文明中最坚韧持续的特征之一是儒家的道德化思维,其核心长期以来可见于儒家"仁"理念的"己所不欲,勿施于人"的"黄金规则",以及据此而来的"仁治"理念。它实际上是汉代"[法家]法律的儒家化"的核心内容,至今仍然在中国的非正式民间调解以及半正式调解(包括法庭和行政调解)制度中被广泛援用。它其实完全可以被"现代化"为相当于康德的绝对命令的道德标准。它显然可以成为一个被一般公民接受和拥护的标准。它也和康德的"实用理性"一样附带有自内而外的道德抉择观点,与西方此前的"自然法"把道德视为客观存在于自然的思路很不一样。而过去的儒家思想虽然把如此的道德抉择局限于"君子",但这是个完全可以大众化、全公民化的理念(儒家自身便有"有教无类"的理念),也完全可以名正言顺地适用于今天的立法抉择。

固然,康德的出发点和儒家的很不一样。前者在于个人的绝对价值和对理性的追求,后者则在于人际关系与和谐。虽然如此,康德的绝对命令显然也关注到人际的关系(己之所欲,亦施于人)。也就是说,它是一条和儒家的"仁"有一定亲和性的"黄金规则"。对中国来说,更重要的是,如此的前瞻性道德理念正是中国长期以来的关键性"实用道德主义"的不可或缺的组成部分,也是可以贯通古代、现当代和未来的"中华法系"的特色。(黄宗智,2016a)

这样,我们可以辨析出一条超越韦伯的形式理性和布迪厄的不具备前瞻性的实践逻辑的道路,从而得出一条凭借实用理性和道德理性的标准来决定道德准则的取舍，借此来指导实践的道路。根据这样的标准所作出的抉择显然可以一定程度地适用于他人，甚或所有人。

(三)"实践理性"和"毛泽东思想"

我们也可以从实践与理论的关联的问题角度来回顾中国的革命传统。其实过去的"毛泽东思想"便是一套聚焦于如何连接实践与理论问题的思想。我们可以想象，在大革命失败之后，并在中国共产党高度依赖共产国际的物质援助和政治领导的早期阶段，要脱离共产国际所设定的依赖工人阶级夺取大城市的"总路线"，从实际情况出发而得出实用可行的建立(农村)根据地、游击(运动)战略以及从农村包围城市的实践方针是多么的不容易，多么地需要突破现有理论的条条框框，多么地需要从实践出发而概括出符合实际情况的方针，由此来连接基于中国实际情况的实践和马列主义理论(包括被共产国际提升到理论层面的苏联革命经验)。我们甚至可以把那段经验和革命传统视作这里提倡的学术对真实世界的认知进路的佐证，而当年的陈绍禹(王明)、秦邦宪(博古)等人，则使我们联想到今天主张简单借鉴和模仿美国经济和法律的全盘西化学者。

当然，中国共产党之所以胜利的一个关键因素在于"得民心"，在其把劳动人民从阶级剥削中解放出来的马列主义意图之上，更加上了党的"为人民服务"的崇高道德理念。后者的最好体现也许是解放军的"三大纪律、八项注意"，一定程度上也可见于党的"群众路线"。它们和传统的"得民心者得天下"的仁政理念有一定的关联,至今仍然起着重要的作用。在传统的村社一级,"仁政"尤其可见于村庄的简约治理和社区调解制度;在现当代,更可见于由传统非正规调解和国家正式机关之间的互动所产生的"第三领域"中的众多半正式调解体系:包括社区干部、行政机关、公安机关和正式法院所执行的调解。今天,那样的半正式体系传统更应该被延伸入涉及民生的重要公共政策的拟定和执行,可以把民众参与设定为其必备条件。如此的变化也许能够被引导成为一个来自"中国特色"传统(党自身的群众路线传统)的治理体系"民主化"/"社会化"道路。(黄宗智,2019)

毛泽东思想的洞见在于它非常清晰地认识到为众多理论家和学者所忽视的关键问题,即如何在理论和实践间进行媒介和连接。它的核心是一种认识上的方法论。它的贡献是在特定的历史情境中,能够反主流地质疑固定的认识而提出符合中国实际的不同构想。用它自己的隐喻来说,它是把马列理论有的放矢地射中于中国实际的思想。

笔者这里绝对不是要提倡把任何一种思想绝对化或宗教化,更不是要将任何人的思想构建为一种僵硬的意识形态,而是要指出在人们的认识中,理论与实践间的媒介和连接的关键性。我们可以说,毛泽东思想既为我们提供了这里提倡的认知方法的佐证和实例,也在一定程度上为我们敲响了对任何被绝对化、普适化理论的警钟。

以上的认知方法显然不仅适用于学术研究,也适用于国家决策。从后者的角度来考虑,"实践理性"和"仁政"理念同样十分必要。正是那样的实践理性和抉择，才能够区别"善"与"恶"之间的抉择。决策者到底是为了老百姓的幸福还是一己或某种狭窄的利益而做出抉择？对中国人民的未来来说，这是个关键的问题。我们不仅不该像韦伯那样拒绝道德在立法和决策中所应起的作用，而且要提倡借助于如此的道德标准来进行前瞻性的思考。（更详细的论述见黄宗智，2014b；尤见第一卷：总序；亦见黄宗智，2015b）

五、中国实践社会科学理论的建构

回顾笔者五十多年来的经验研究，一个关键的转折点是认识到（从西方主要理论来看待的话）中国实际的"悖论性"，亦即其"悖论实际"。现今的主流社会科学理论源自对西方某种经验的抽象化之后，将其进一步理想化，进而普适化和意识形态化。其原先可能是比较符合西方实际的抽象化理论，或一种聚焦于单一维度的认识方法，但之后，则通过逻辑推理而被绝对化，或被政权意识形态化。今天新古典经济学和形式主义法学，以及众多与两者相关联的理论，被广泛引进中国，被当作是中国"现代化"和"与国际接轨"的必要构成部分，甚至在研究中国自身方面也如此。在这样的大环境之下，我们只有从中国的经验实际/实践出发，而不是从舶来的理论出发，才可能看到中国的悖论性。理论可以被当作对经验证据提出的问题来使用，但绝对不能被视作已有的答案。我们不可像今天许多的研究那样，硬把中国的历史和现实盲目地塞进西方的理论框架。这正是笔者一贯提倡从经验/实践研究出发的根本原因。（何况，即便是对西方本身的认识，也需要如此地要求连接经验与理论,而不是单一地依赖理论,或强使两者分离,或让单一方完全压倒、吸纳另一方,由此陷入非此即彼的二元对立思维习惯和框架之中。但这不是本文主题。)

其后,通过笔者关于清代和民国时期的法律的研究,笔者进一步认识到,表达和实践可以是一致的,但也可能是相悖的。中国的正义体系(也包括其治理体系),长期以来一直有意识地结合高度道德化的理念/表达与比较实用性的实践,形成其"实用道德主义"的核心。而在中国近现代与当代的剧变过程中,以及在西方的强大影响下,我们更需要关注到表达与实践之间的背离,以及两者之间因此而必然会产生的既背离又抱合共存的实际。作为侵略方的西方,则不会考虑到如此的问题。正是通过对此点的认识,笔者也看到了布迪厄实践理论的一个关键弱点:布氏不会考虑到近现代中国这样既拥抱又抗拒西方的实际,既要求西化又要求本土化的实际。这样的实际更需要中国长期以来对待二元实际的基本思维倾向来认识——看到二元关系中的背离和抱合,既矛盾又合一,不会像西方经典理论那样偏重非此即彼的二元对立。只有认识中西方思维方式之间的这个基本差异,才有可能真正进入中国近代以来的历史实际。单一地关注其中任何一面,无论是全盘西化还是本土化,都只可能脱离现代中国面对的基本实际。

最后,我们也要看到布迪厄的实践理论最终是一个回顾性的理论,不带有明确的前瞻性,并不足以指导我们关于未来的思考。除了简单区别实践之中所展示的有效和失败的传统之外,我们还需要儒家长期以来关乎"仁"的"黄金规则"传统,来作为我们对善法和恶法、优良的和恶劣的公共政策做出抉择的依据和标准。它

类似于西方现代启蒙大师康德的"实用理性"及其"绝对命令"的
"黄金规则",更是历代中国正义体系的核心,今天仍然起着重要作
用。西方的主流形式主义理论则多把道德价值视作"非理性"或
"前现代"的因素。

　　以上的简单总结可以说是笔者自身研究和学习经历中至为关
键的三步:认识到中国的悖论性才有可能连接上中国的实际和现
代西方的社会科学理论,并建立扎根于实际的中国社会科学和其
主体性;看到中国传统和现代社会中道德性表达和理念与其实用
性实践的既背离又互动和抱合,才有可能掌握中国悠久历史中的
实用道德主义核心以及其对待二元合一的基本思维,这与西方非
此即彼的思维十分不同;认识到儒家的"仁"("己所不欲,勿施于
人")的核心道德理念才有可能赋予第一、二两步的认识所不可或
缺的前瞻性,才有可能认识到实践中所需要的抉择标准,以及如何
贯通中国的历史、现实与未来。笔者的三本新书,《中国的新型小
农经济:实践与理论》《中国的新型正义体系:实践与理论》和《中
国的新型非正规经济:实践与理论》,前两者是依据以上的三层主
要认识所写的前瞻性探索,是其进一步的延伸和具体化,也是经验
研究方面的进一步充实。它们相当于笔者之前两套三卷本分别的
第四卷。后者则主要是笔者关乎农民工的过去、现在和未来的论
述和探索,依据的也是上述的方法和认识。它们对笔者自身的总
体认识的影响还不是很清楚,还是个正在进行的过程。

参考文献：

黄宗智(1986)［英文版1985］:《华北的小农经济与社会变迁》,北京:中华书局,再版2000,2004。

黄宗智(1992)［英文版1990］:《长江三角洲的小农家庭与乡村发展》,北京:中华书局,再版2000,2006。

黄宗智(1993,2000)［英文版1991］:《中国研究的规范认识危机——社会经济史中的悖论现象》,文章前半部分以《中国经济史中的悖论现象与当前的规范认识危机》为标题首先发表于《史学理论》第1期,第42—60页。其后全文以原标题为题,作为《后记》纳入黄宗智(2000［2006］)《长江三角洲小农家庭与乡村发展》,北京:中华书局。

黄宗智(1999)［英文版1993］:《中国的"公共领域"与"市民社会"?——国家与社会间的第三领域》,原载邓正来与J.亚历山大编《国家与市民社会:一种社会理论的研究路径》,北京:中央编译出版社。修改版见黄宗智(2015a),第114—135页,北京:法律出版社。

黄宗智(2001［2007］)［英文版1996］:《清代的法律、社会与文化:民法的表达与实践》,上海:上海书店出版社。

黄宗智(2003a［2007］)［英文版2001］:《法典、习俗与司法实践:清代与民国的比较》,上海:上海书店出版社。

黄宗智(2003b)［英文版1995］:《中国革命中的农村阶级斗争——从土改到"文革"时期的表达性现实与客观型现实》,载《中国乡村研究》第2辑,第66—95页,北京:商务印书馆。

黄宗智(2003c)［英文版1998］:《学术理论与中国近现代史研究——四个陷阱和一个问题》,载黄宗智编《中国研究的范式问题讨论》,第102—136页,北京:社会科学文献出版社;修改版见黄宗智(2015a),第169—195页。

黄宗智(2005)[英文版2000]:《近现代中国与中国研究中的文化双重性》,载《开放时代》第4期,第3—31页。

黄宗智(2007):《中国法律的现代性?》,载《清华法学》第10辑,第67—88页,北京:清华大学出版社。纳入黄宗智(2009b),第8章。

黄宗智、彭玉生(2007):《三大历史性变迁的交汇与中国小规模农业的前景》,载《中国社会科学》第4期,第74—88页。

黄宗智(2008):《集权的简约治理——中国以准官员和纠纷解决为主的半正式基层行政》,载《开放时代》第2期,第10—29页。

黄宗智(2009a)[英文版2010]:《过去和现在:中国民事法律实践的探索》,北京:法律出版社。

黄宗智(2009b):《中国的隐性农业革命》,北京:法律出版社。

黄宗智(2009c):《中国被忽视的非正规经济:现实与理论》,载《开放时代》第2期,第52—74页。

黄宗智(2010a):《中西法律如何融合? 道德、权利与实用》,载《中外法学》第5期,第721—736页。

黄宗智(2010b):《中国发展经验的理论与实用含义:非正规经济实践》,载《开放时代》第10期,第134—158页。

黄宗智、高原、彭玉生(2012):《没有无产化的资本化:中国的农业发展》,载《开放时代》第3期,第10—30页。

黄宗智(2013):《重新认识中国劳动人民——劳动法规的历史演变与当前的非正规经济》,载《开放时代》第5期,第56—73页。

黄宗智、高原(2013):《中国农业资本化的动力:公司、国家、还是农户?》,载黄宗智、高原《中国乡村研究》第10辑,第28—50页,福州:福建教育出版社。

黄宗智(2014a):《明清以来的乡村社会经济变迁:历史、理论与现实》,三卷本,增订版。第一卷《华北的小农经济与社会变迁》;第二卷《长江三角洲的小农家庭与乡村发展》;第三卷《超越左右:从实践历史探寻中国农村发展出路》,北京:法律出版社。

黄宗智(2014b):《清代以来民事法律的表达与实践:历史、理论与现实》,三卷本,增订版。第一卷《清代的法律、社会与文化:民法的表达与实践》;第二卷《法典、习俗与司法实践:清代与民国的比较》;第三卷《过去和现在:中国民事法律实践的探索》,北京:法律出版社。

黄宗智(2014c):《"家庭农场"是中国农业的发展出路吗?》,载《开放时代》第 2 期,第 176—194 页。

黄宗智、高原(2015):《社会科学应该模仿自然科学吗?》,载《开放时代》第 2 期,第 158—179 页。

黄宗智(2015a):《实践与理论:中国社会、经济与法律的历史与现实研究》,北京:法律出版社。

黄宗智(2015b):《道德与法律:中国的过去和现在》,载《开放时代》第 1 期,第 75—94 页。

黄宗智(2016a):《中国古今的民、刑事争议体系——全球视野下的中华法系》,载《法学家》第 1 期,第 1—27 页。

黄宗智(2016b):《中国的隐性农业革命,1980—2010》,载《开放时代》第 2 期,第 11—35 页。

黄宗智(2017a):《中国的劳务派遣:从诉讼档案出发的研究(之一)》,载《开放时代》第 3 期,第 126—147 页。

黄宗智(2017b):《中国的劳务派遣:从诉讼档案出发的研究(之二)》,载《开放时代》第 4 期,第 152—176 页。

黄宗智(2019):《国家与村社的二元合一治理? 华北与江南地区的百年回顾与展望》,载《开放时代》第 2 期,第 20—35 页。

黄宗智(2020a):《中国的新型小农经济:实践与理论》。

黄宗智(2020b):《中国的新型正义体系:实践与理论》。

黄宗智(2020c):《中国的新型非正规经济:实践与理论》。

黄宗智、尤陈俊编(2009):《从诉讼档案出发:中国的法律、社会与文化》,北京:法律出版社。

黄宗智、尤陈俊编(2014):《历史社会法学:中国的实践法史与法理》,北京:法律出版社。

Bourdieu, Pierre.(1977). *Outline of a Theory of Practice*, translated by Richard Nice, Cambridge: Cambridge University Press.

Bourdieu, Pierre.(1990). *The Logic of Practice*, trans. Richard Rice, Stanford: Stanford University Press.

Geertz, Clifford.(1983). *Local Knowledge*: *Further Essays in Interpretive Anthropology*, New York: Basic Books.

Said, Edward.(1978). *Orientalism*, New York: Pantheon.

Schurmann, Franz.(1970[1966]). *Ideology and Organization in Communist China*, New and Enlarged Edition, Berkeley: University of California Press.

Weber, Max. (1968 [1978]). *Economy and Society*: *An Outline of Interpretive Sociology*, ed. Guenther Roth and Claus Wittich, trans. Ephraim Eschoff et al. 2 vols, Berkeley: University of California Press.

导　论

　　本书汇集、综合、更新了笔者最近十年来所写的关于"非正规经济"的主要文章。所谓的非正规经济指的是：没有或少有法律保护和社会福利的城镇就业。在中华人民共和国成立后的前三十年中，绝大多数的城镇就业人员都享有法律保护和社会福利的就业权利。但在之后的三十多年中，出现了先是极其快速扩增的、离土不离乡的农民工在小城镇非正规就业，而后是"离土离乡"的农民工大规模在城市非正规就业。同时，出现了先是20世纪90年代后期中小国企员工的"下岗"，也就是去正规化，后是最近十年城市大国企、事业单位和成规模民营企业的许多就业人员从法定正规"劳动关系"被转入非正规的临时性"劳务关系"。同时，许多新就业人员被直接纳入劳务关系。到2015年，非正规就业人员总数已经占到所有城镇就业人员的约四分之三，即四亿人员中的三亿，正规人员则仅占四分之一。这是个翻天覆地的变革。

历史实际与理论辩护

新的社会实际与长期以来的城乡差别紧密相关。如今几乎每一户农民家庭都有人在城镇打工,而农民打工者在城镇的身份和生活情况更加凸显了户籍农民与城市市民之间的差别,无论在收入、劳动法律保护、福利,乃至人命估价(如交通事故的抚恤金)层面上都如此。它在一定程度上造成了社会的不平等。回顾中国的革命历程,其主要社会基础乃是城乡劳动人民——他们,尤其是城市的产业工人,是通过革命获得较多利益的民众。但在改革四十年以来的历程中,主要获利者变成了部分大资本家,以及正规经济中的部分人士和事业单位专业人士、大型国企和民营企业中的白领人员。与他们形成鲜明对照的是非正规农民工、被去正规化的城镇中小国企就业人员、新近快速扩增的"劳务派遣工",以及农村农民,他们共同组成了如今中国社会的基层人员。少数的"中产阶级"与占大多数的基层人员间的差别,正是中国社会的差异和不平等所在。

但是,以上的基本实际尚未被许多人认识到或承认。今天占据主流,乃至霸权地位的新自由主义理论和话语仍然借用西方理论和经验坚称:在经济上,中国已经进入了一个(市场经济必定会导致的)整合的单一劳动力市场的"刘易斯拐点";在社会结构上,已经成为(市场经济必定会导致的)两头小、中间大的"橄榄型"社会;在法律上,已经适用把劳资关系视作权力对等的市场经济合同关系(而不是旧劳动法律所认定的支配与被支配关系)等一系列违背实际的主张。我们要认识到,如此牵强的新自由主义理论本身,便是整个历史性变化过程中的一个组成部分,是其霸权话语,也是其自我辩护,更是其对实际的劳动民众的一种掩盖事实的"象征暴力"。

与上述新自由主义理论潮流对立的经典马克思主义,也同样困扰于一系列不符实际的概念。譬如,要么仍然从简单的经典"无产阶级"范畴来认识"劳动者",把产业工人设定为脱离农村的个体化劳动者,并把他们认定为革命运动的主要社会基础;要么依据20世纪初以来的工人运动和它在有的国家争取到的法定权利来认识、设想中国的工人运动,把研究聚焦于其"依法抗争"的方方面面。那样的观点多忽视中国改革时期的非正规经济,大多数劳动者被置于劳动法保护的"劳动关系"范围之外,或被置于临时性的"劳务关系"之下,只具有低度的法律保护。我们亟须澄清实际的劳动者和法律与意识形态建构的"劳动者"间的不同。

在上述两大经典意识形态及其话语体系之下,我们很难清晰地认识到今天中国劳动人民的实质,因为中国的社会、经济和法律体系实际,相对左右经典理论的预期来说,几乎都是悖论的。经典理论完全没有预期到城镇产业"工人"会在中国改革期间大规模地成为非正规的"农民工"(以及去正规化的城镇就业人员)的事实。我们需要把现有两大理论的一系列前提概念置于一旁,从经验实际出发,鉴别其与经典理论的不同,重新进行紧密连接经验的概括,才有可能认识到中国的新实际。以上总结的是本书第一章、第二章论证的要点。

非正规经济与中国的发展经验

今天中国城镇就业人员的最大多数其实是来自"半工半耕"家庭的农村户籍人员。他们与其农村家庭组成真正的城乡"劳动者"的绝大多数。他们不符合左右经典理论的预期，即把工人和农民划分为两个截然不同的社群。一定程度上，如今中国的社会实际更贴近中国革命传统中把"工农大众"视作单一"劳动人民"的思想潮流。中国社会没有像西方近现代经历过从以家庭为主要经济单位的小农经济几乎全面地转化为以工人个体为主的工业经济，而是长期维持亦工亦农、半工半耕家庭的悖论社会形态。这是个可以追溯到明清时期的形态，之前是农业结合手工业，如今则是农业结合打工。其中关键的共同点是，在人多地少的资源禀赋条件下，农村家庭同样区分为主劳动力和辅助性劳动力（妇女、老人和儿童）、正业和副业，以及借助两种不同的生产活动来维持家庭生计。

如此的半工半耕家庭的经济行为要比个体化工人更多地涉及家庭而不是个人的考虑，也更多地涉及农村习惯和道德价值。它的经济行为不能用简单的"理性经济人"范畴和"成本收益"逻辑来理解，也与企业化的生产单位十分不同。首先，经典理论不能理解半工半耕的农民家庭中主劳动力和辅助性劳动力既分开又组合的现状；也不能理解农民工家庭为何特别重视代际关系，尤其是在老家为上、下代盖新房及下定决心让孩子凭借上大学来获得城镇身份，而不是简单追求营利与"扩大再生产"。半工半耕的户籍农民和正规法律的关系也迥异于一般城镇人民，他们很少受到正规法律保护,在生活中更多依赖农村习惯而不是法律,包括人际关系、口头协议和借条等非正式约定(而不是法律所认可的书面合同),结婚时的彩礼,以及民间调解和法外的"道理"和价值观等。要理解如今半工半耕家庭的行为,我们必须看到其与经典理论不同的经济逻辑、心态和预期。这是本书第三章的主要内容。

本书继而论述,20 世纪 90 年代中期以来,廉价的非正规农民工劳动力加上廉价的(城郊)农村土地,被地方政府十分有意识地作为招商引资的筹码,甚至称得上是其"秘诀"。在经济全球化的过程中,地方政府凭此使中国获得全球资本回报率最高的"理想"投资/外包去处的地位。这是它们赖以吸引国内外投资的主要手段,也是中国成为"全球工厂"的主要原因。中国各地地方政府及其官员在这方面的"政绩"的竞争,乃是中国改革时期高 GDP 增长率的一个关键动力。

这个实际说明的不是主流的学术理论——由市场机制和企业家创新动力所推动的发展,也不是仅由市场机制加上私有产权的激励所推动的发展,更不是仅由地方政府采纳类似市场经济中的企业行为所推动的发展。上述三大学术理论基本都无视廉价劳动力的实际,也多忽视由于政府占据了土地的最终所有权而促成的廉价土地征用,更忽视了政党—国家体系下的政府在三十多年来的经济发展中所起的关键作用,包括由其领导的发展战略和劳动、资本、土地资源的配置。我们需要的是从市场与政府紧密结合的实际出发,来建构关于中国发展经验的理论并设计其未来的走向。继续使用冷战时期遗留下来的非此即彼、二元对立的市场对计划、私有对公有、资本主义对社会主义等的理论框架和前提概念,只会掩盖中国的实际和其真正的理论含义。当然也会遮蔽中国在计划经济时期的成就,譬如相比同样处于严重人口压力和低收入压力下的大国,但基本是市场—私有—资本主义化的印度,中国的医疗卫生和教育(以及重工业发展)要优越得多。突破不符实际的意识形态化二元对立前提概念,才能认识到非正规经济既是中国经济发展成功的根源,也是其社会不公的根源。这是本书第四章论证的主要内容。

第五章继而把中国的发展经验置于更为宽阔的视野中来论析,聚焦改革的四十年中,中国经济为何那么快速增长的问题。文章论证,其中关键在于几种不同的"悖论"因素的巧合,带有一定的偶然性和不可预测性。最主要的是,被一般研究忽视的政党—国家行政体系在市场化和招引资本的战略决策上所起的领导和推动作用,以及其所用来"招商引资"的土地征用权力和巨大的非正规经济廉价劳动力。再则是从计划经济时期承继的一系列比较优越的条件,包括比较优越的干部人才。最后是中国在全球化经济中的"后发优势"。这些悖论因素的巧合说明,中国举世瞩目的经济发展成绩与其一定程度上的社会不公问题都与中国的政党—国家体制及半工半耕的非正规经济紧密相关。

劳务派遣工的理论与实践

中国的非正规经济在资本主义全球化过程中,为全球资本主义国家提供了其"外包"的廉价劳动力。同时,也对发达国家本身的劳动力市场和(追求最高回报率的)资本市场形成了强大的"反向逆流"压力,促使发达国家也采用了非正规的"灵活用工"来应对中国的廉价工人对其本国就业造成的挑战,从而导致在发达国家中有相当规模被"灵活用工"的"危难工人"(precariat)兴起。后者如今已经达到发达国家总就业人数中的10%到20%。虽然,它的规模仍然只不过是中国庞大的非正规经济的缩写。

这股潮流在中国的最新的浪头是"劳务派遣工"的兴起。吊诡的是,在全球化过程中,发达国家的灵活用工的理论和实践,又反过来对来自中国的反向逆流,形成了再反向的影响。结果是,中国借助西方的新保守主义(新自由主义)的合同理论,同样采用了灵活用工理论。在名义上,如此的用工仅限于"临时性、辅助性、替代性"的合同化劳务派遣工,但实际上则被用于对许多原有正规员工身份的重构,也被用于许多新雇用的全职人员。

2007年颁布的劳动合同法中关于"劳务派遣"的条款,促使"劳务派遣工"使用的大规模兴起。它实际上是中国劳动历史继农民工浪潮和中小国企员工下岗后的进一步"去正规化"和"非正规化"。目前,关于这个新兴现象的数据,尚处于类似2009年以前的有关"农民工"的数据——处在国家统计局进行系统统计之前的不确定状态。但我们可以说,其总人数应该不会少于已经广泛被采用的6000万或更多。

第六章对中国的非正规就业数据进行了更新、总结与再思考,纳入了关于全球化的上述论析,也纳入了"劳务派遣""新生代农民工",以及西方左派学术新近多使用的"危难工人"范畴的讨论。我们的目的是把中国及全球的非正规经济置于社会经济史的视野中来理解。首先是关乎农民工和非正规经济人员数量的梳理和论证,说明即便是国际劳工组织(International Labor Organization,简称 ILO)本身,如今使用的数据也严重低估了中国的实际。虽然如此,其在 20 世纪 60 年代带头提出的"非正规经济"概念仍然十分重要,但可以适当纳入新的"危难工人"的范畴,借此来突出"新生代农民工"的一些特征。同时,还要认识到,国际劳工组织只关注城镇的非正规经济范畴,完全没有考虑到中国悖论的半工半耕社会形态。

本书最后两章(第七章、第八章)是对中国非正规的劳务派遣工的研究,采用的是笔者长期以来研究法律实践历史所依赖的诉讼档案资料,借助当今最高法院丰富的裁判文书档案库,来对这个新现象进行比较系统的探讨。目的既是澄清基本事实,也是梳理其实践中所展示的法理。

最后两章论证的首先是 2007 年以来,先是国企,而后是事业单位和成规模的私营企业,都已广泛采用新劳动合同法来把许多原来处于"劳动关系"下的正规职工,转入由劳动派遣中介公司替代企业来与职工签订合同的非正规"劳务关系"下。同时,其广泛使用劳务派遣中介公司来聘任新就职的人员,由此形成了劳务派遣用工的大潮流。

其中,关键的法律手段是借助合同关系理论及"临时性、辅助性和替代性"员工的名义来重构许多原来是正规职工的法律身份,并广泛借此来聘任新就职的全职员工。在市场主义的理论中,合同乃是权力对等双方自由签订的协议,因此不需要援用旧劳动法理中把劳资双方视作不对等的支配和被支配的权力关系(所以需要对劳动者进行法律保护,除了工作条件和福利之外,还包括组织工会和进行集体谈判的权利,借此来平衡劳资双方的不对等权力)。新劳动合同法则把旧劳动法中的劳资关系(即法语中的"劳动关系")重新建构为对等权力合同关系下的"劳务关系",再把作为中介的劳务派遣公司建构为法定的新"用人单位",把真正的企业单位重新建构为"用工单位",亦即"只用工,不用人"的单位,使其成为不必对劳动者负旧劳动法律下的用人义务的单位,凭此来协助它们"甩包袱"。而新的"用人单位",即劳务派遣公司,虽然名义上是新的"用人单位",但因为其实质只是一个中介公司,不是实际的管理单位,也基本不用负责原定管理方对劳动者的法律责任。结果是,名义上的用人单位(劳务派遣中介公司)和实际上的用人单位(原企业),两者都基本不用对劳动者再负之前劳动法律所规定的义务。

固然,国家在一定程度上也同时试图将劳务派遣公司与其合同工人间的关系实质化,要求派遣公司肩负一定的法定义务,特别是违反合同法律应负的责任。这既是出于维稳的考虑,也似乎是为了维护一定程度的"社会公平"。无论如何,由于新建构的"用人单位"名不符实,只是个中介公司,不是实际管理的公司,所实际承担的只可能是较少较小的法律义务。这就形成了如今法理层面上一个巨大的"黑洞",所影响的主要是不懂或无法抗拒其中奥妙的劳动者。

本书最终的结论是,党和国家需要重新平衡改革获益者与基层劳动人民之间的日益显著、危险的巨大差别。作为劳动者的半工半耕户籍农民(包括农民工以及他们的留村家庭),说到底乃是中国人民中的绝大多数,是名副其实的工农大众和劳动者。回顾革命历史,中国共产党的革命之所以成功,之所以能够战胜比其强大得多的敌人,其中关键,说到底是"得民心者得天下"的历代至理,并为其建立了比西方国家中的选举更强有力的"正当性"。如今已是革命获得人民公认的正当性的七十年之后,党需要平衡权贵和新中产阶级与工农大众间较为不平等的权益。这既是一个社会改革的方案,也是一个通过社会改革来进一步扩大国内市场和推进可持续经济发展的方案。

第一章　重新认识中国劳动人民：劳动法规的历史演变与当前的非正规经济[1]

在社会主义与资本主义两种话语混合的演变过程中，人们很容易受到一些不符合中国实际的概念范畴的影响。譬如，把产业"工人"范畴等同于大多数的劳动人民，并把"劳动法"理解为为大多数劳动人民设置的法律。这是一个源自经典马克思主义的观点。有的左派学者因此聚焦于传统概念中的"无产阶级"产业工人的研究，譬如，研究他们的依（劳动）法抗争。[2] 而新自由主义学者

---

[1] 本章在笔者《重新认识中国劳动人民——劳动法规的历史演变与当前的非正规经济》（载《开放时代》2013 年第 5 期：56—73）文章的基础上，参照笔者的《中国被忽视的非正规经济》（载《开放时代》2009 年第 2 期：51—73）和《中国的非正规经济再论证》（载《中国乡村研究》2013 年第 10 辑：21—69），综合修改写成。所用数据更新到具有可靠农民工数据的 2009—2011 年。2012 年之后的变化则在第六章再详细论析。

[2] 最突出的研究之一是李静君之前的著作（Ching Kwan Lee，2007）。详细讨论见黄宗智，2013。

们，刚倾向于把占少数人员的正规企业和国有单位的正式全职"职工"想象为占大多数的就业人员，把在中国占少数的"中产阶级"想象为占大多数的人员，把中国社会想象为一个"橄榄型"的、中间大、两头小的社会。① 在市场经济的抽象理论和想象中，其更以为规模巨大的临时性、半正式和非正式员工已经被完全整合于单一的劳动力市场，以为中国已经进入了所谓的"刘易斯拐点"。② 诸如此类的理论先行和意识形态化想象，促使人们忽视了中国大部分真正意义上的劳动人民。

本章先从劳动法规的历史变迁切入，逐步重新梳理出中国大多数实际的劳动人民。他们既非经典左派设想的城镇工业"无产阶级"，也非经典新自由主义所想象的已经被整合入一个统一的国内劳动力市场的劳动人民，更不是其所想象的占据"橄榄型"社会中大多数的"中产阶级"。

一、劳动法规的历史演变

今天的"劳动"及与之紧密关联的"工人"两个法律与统计范畴的运用，包含着三个不同的传统：一是中国革命传统中的"劳动"概念，基本上是马克思主义"无产阶级"或"工人"范畴的意思；二是在共产党执政之下形成的传统，"工人"在意识形态与工资和福利上，其实是个地位相当高的等级；三是市场主义的改革时期，劳动法规实际上只适用于较少数的蓝领工人及国家官员和其他白领人员组

---

① 代表性的著作是陆学艺，2003，陆学艺编，2002。详细讨论见黄宗智，2009。
② 代表性的著作是蔡昉，2007。详细讨论见黄宗智，2009。

成的较高身份的正规"职工"，而大多数的劳动人民则被排除在法定"劳动关系"范畴之外。结果是，"劳动"和"工人"这两个法律和统计范畴的极其复杂和充满误导性的使用，亟须我们仔细分析。

（一）1949 年以前

在革命时期，"劳动"一词主要是从工人革命运动的视角来使用的，要为劳动人民争得有尊严的待遇，诸如安全、卫生的工作环境，最低限度工资，八小时工作时间，对妇女和童工的保护，社会保险，等等。如此的要求可以追溯到共产党建党初期。1922 年 5 月 1 日，在国际劳动节召开的全国劳动大会上通过了八小时工作制案。同年 8 月，党的"劳动组合书记部"拟定《劳动立法原则》，制定《劳动法大纲》（高学强，2010）。后在 1925—1929 年每年一度的五次（除了 1928 年之外）全国劳动大会上通过了一系列的具体规定：在八小时工作日（煤矿则限定六小时）之外的关于休息日、每周最多工作时间、保护妇女和童工的种种规定（禁止危险和困难工作、禁止哺乳期的妇女做夜工和特别强度的工作、哺乳时间每次相隔不准超过三个半小时、每周须有连续四十二小时之休息等）（国家劳动总局，1980:11—15）。这些都是革命劳工运动所采纳的决议。

同时，在共产党的根据地内，形成了与上述革命传统并行的革命党执政传统，这反映于 1933 年颁布的《中华苏维埃共和国劳动法》。首先，在之前采纳的具体规定之外，补加了其他的一些法定基本要求：关于正式合同规定，超时的额外工作工资的规定，更详细的妇女和童工保护规定，社会保险——包括医药、工伤、失业、退

休("残废及衰老时")、死亡或失踪时的"家属补助金"等。(《中华苏维埃共和国劳动法》,1933:第68条)

同时,苏维埃劳动法把共产党机关和政府机构员工及工人一起并入了劳动法新采用的"职工"范畴(第1条)。党是"无产阶级的先锋队",而国家则是党的行政机构。把政党—国家机关人员纳入"劳动"法律被认为是顺理成章的事。

延安时期,在解放区的工会完全被置于作为政党—国家机构的全国总工会的领导和管辖之下。在实践中,工厂的工会其实常常是由工厂管理者来领导的。正如中华全国总工会前副主席倪豪梅在2012年的一篇特别能够说明问题的回忆论文中所揭示的,当时和今天的工会的核心问题是怎样才能促使工会独立于厂方管理层而真正代表工人的实际利益。(倪豪梅,2012)

今天回顾,1933年劳动法的另一个特点是明确把非全日制工人、临时工和为了"完成某项工程"而被雇佣的工人全都纳入劳动法的"劳动"范畴之下(第91条)。该法甚至把农业雇工、"季候工人"、"乡村手艺工人"、"苦力"和"家庭仆役"也都纳入了"劳动"范畴和劳动法保护范围之内,所表明的是对"劳动者"范畴比较宽阔的理解。在这方面,1933年的劳动法与后来改革时期对正规"劳动关系"越来越狭窄的定义将会形成鲜明的对照。

(二)共产党执政之后

共产党执掌全国政权之后,基本延续了江西苏维埃时期把党政官员纳入劳动法"职工"范畴的做法。这样,("白领"的)党机关、国家机构和事业单位的职工全都与("蓝领"的)国有企业工人一起,被纳入"劳动"法律保护之下。这不是个小问题——2010年,"国有单位"职工总数几乎占到全国所有受到国家劳动法保护的正规职工总数的一半以上(相关论证见本章表1.5)。

从1950年代到1970年代,国家基本没有颁布新的劳动法,但发布了相当数量的关于劳动的指示和规则,包括针对资本主义企业的社会主义改造的法规。它们的重点在于建立统一的工资制度,并把劳动分配纳入政府和经济计划的管辖之下(国家劳动总局,1980:15页及其后)。

今天回顾,一个比较突出的现象是对"临时工"的政策,一定程度上是后来改革时期更大规模问题的先声。当时,不少单位使用了比较廉价的农村劳动力——称作"民工"——来处理一些特定的劳务需要,[①]其方式有所谓"合同工""协议工""季节工""轮换工"等,区别于正式工人。比如,特定的建筑和运输工作,季节性工作如轧棉花、晒盐、制糖、制茶等,一般都使用临时工(国家劳动总局,1980:40—43)。

当时,国家政策相当严格地限制临时工转正为长期的正式工人,在两者之间树立了不容易逾越的壁垒。因此,这在实际上已经划分了两个不同等级的工人。这时期的临时工规模虽然比较有限,但已为后来改革时期所形成的大规模非正规经济开了先例。

总体来说,计划经济时代,政府是比较严格限制民工的使用的,为此多次下达了相关规定。比如,1972年国家计委规定,要把

---

① 煤矿则有使用"亦工亦农"的"轮换工"者,被认为是特别适合煤矿用工的一个型式(国家劳动总局,1980:44—45)。

轮换工和县办企业常年使用的临时工都纳入国家劳动计划,不得在计划外招收;1977 年国家劳动总局规定,全民所有制的职工人数和工资总额都必须控制在国家下达的劳动计划以内;1979 年,计委明确规定,要压缩清理计划外用工。(国家劳动总局,1980:70—73)

总之,即便是在改革之前,正式的全职工人和党政官员干部已经从一个革命阶级党开始转化为一个执政的、具有一定特权的群体,他们的身份、地位和待遇都明显高于较低层次的集体单位职工,以及非正式的临时工和合同工,更不用说基层的仅仅务农的农民。

作为基层的农民,毋庸说是临时民工的主要来源。实际上,即便是在计划经济时期,城乡也有明显的差别。1958 年 1 月采用的户籍制度更进一步巩固了城乡之间的差异。之后国家规定,农村人民,无论其父亲的户籍如何,只能承继其母亲的身份,为的是要更加严格控制城镇户籍。

(三)改革期间

改革期间呈现的是处于国家劳动法规保护和福利制度之外的非正规经济的大规模扩增。首先是 1980 年代开始的农村工业化。初始时候的社队(乡村)企业是由农村集体单位用工分形式来支付其"离土不离乡"员工工资的,因此完全谈不上给予工业工人的劳动法律保护和福利。当时企业的用工概念基本还是原有的"民工"和"临时工",或结合非农就业与农业的"季节工"。其后则是"离土又离乡""农民工"的大规模进城打工，以及1990年代后期原来的(中小)国有单位员工的大规模"下岗"，为的是其企业单位的"破产"或"减负"。这两者同样被置于劳动法保护和国家职工福利制度之外。与此同时是小规模"私营企业"的快速扩增，它们一开始只是被视作半正当的单位，只是具有"自然人"身份而不是正式"法人身份"的企业，也基本被置于正规劳动法和福利制度之外。伴随以上这些非正规经济的快速扩增，非正规农民工和下岗工人很快就占到所有城镇劳动者中的大多数。

一般来说，国家机关和事业单位及较大的正规企业会更遵守国家法规(当然，大规模的企业也意味着它具有对当地政府更大的杠杆权力，能够绕过国家劳动法规)，而较小规模的"私营企业"，即便是在册的单位，大多并不具备正规"法人"身份，本来就不被国家法律认定为正规的"用人单位"，因此更不会太重视国家劳动法规。而为了节省劳动力成本，两者一定程度上都会依赖临时工、非全日工等如今属于"劳务关系"的人员。这些在大城市也绝不罕见的现象(例如餐馆服务员、社区保安；即便是大学的清洁工也常常如此——见李干，2008)，在乡村的"乡镇企业"和"私营企业"更加如此。至于未曾登记的小规模企业或只有一二名员工的"个体户"，就更不用说了。

当然，即便是属于正规"劳动关系"的蓝领工人，也不一定会得到法律的充分保护。譬如，企业可以与地方政府(作为"招商引资"的显性条件或隐性默契)不严格执行国家的劳动法规。即便不是这样，企业职工的维权也面对着重重障碍。在劳资争议中，一般的程序是，先要通过工会调解。调解不成，方才可以申请当地劳动与社会保障局的"劳动争议仲裁委员会"仲裁。而在这两个层次上,都可能会遇到当地招商引资的地方政府对公司的庇护。不服仲裁裁决,才可以向地方法院提起诉讼。即便是最后这个环节,仍然可能受到地方的阻挠。(例见《劳动争议纠纷案件现状及情况分析》,2012;《劳动纠纷起诉书——劳动纠纷案例一》,2010;《媒体公告解除劳动关系引出的诉讼》,2007)这些都是以往聚焦产业工人研究的左派学术已经说明的问题。(例见 Ching Kwan Lee,2007)

虽然如此,1995 年实施的"旧"劳动法仍然基本承继了 1933 年的《中华苏维埃共和国劳动法》的传统,延续并更详细地做出了关于劳动保护的规定:每周工作不得超过 44 小时,每日 8 小时;超额的工作不能超过 3 小时一天,并必须支付"百分之一百五十的工资报酬";普通假日的劳动必须支付"百分之二百"的工资,国家规定的假日则要支付"百分之三百";职工在工资之外,"依法享受社会保险待遇",包括退休、患病、工伤、失业、生育,即所谓的"五保"。再则是依法组织和参加工会的权利。此劳动法的主导思想基本仍然是旧型的,把劳资关系视作不对等权力的支配与被支配者之间的关系,因此需要保护作为弱势方的劳动者的基本权利,包括组织和参与工会的权利。(《中华人民共和国劳动法》,1995:第 2、36、38、41、44、70、73 条)

2008 年施行的新劳动合同法则引进了合同理论作为其主导概念,假定劳资关系乃是市场经济中的自由、平等关系,并明确建构了基于"劳务关系"的"劳务派遣"法律范畴,说明其适用于"临时性、辅助性或替代性的工作岗位",与适用旧劳动法的诸多关乎"劳动关系"的条文区别开来。(《中华人民共和国劳动合同法》,2007:

第 66 条;详细论证见本书第 7、8 章)

2012 年 4 月的一起案例特别能够说明问题。有两位老农在一个化肥厂打工,每日工资 50 元。半年之后,工厂获得正式法人身份,成为法定的正式"用人单位"。两位老农要求成为该工厂的正规工人,但还是被厂主解雇了。二人向当地劳动争议仲裁委员会申请仲裁,要求劳动法律保护,但没有得到支持。理由是,他们在工厂工作的那半年,工厂尚未获得正式的"法人"用人单位资格,因此他们与工厂的关系只能算是劳务关系,不能算是正规劳动关系。所以,其不适用国家的劳动法和劳动合同法。(《劳务关系不是劳动关系诉讼难得仲裁支持》,2012)

2008 年的新劳动合同法实施以来,"劳务派遣工"人数快速扩增。先是大型国企,而后是事业单位和大型私企,都开始广泛使用劳务派遣中介公司,一方面把许多原来是长期的、正规的劳动关系职工从企业转入劳务派遣公司,凭借后者的"护身符"来解除企业对其众多的法定义务("甩包袱"),基本上把旧正规职工转为临时性的劳务派遣工;另一方面越来越多地使用派遣公司来雇佣新的职工,为的也是减轻自身对劳动者的法定义务。(详细论证见本书第 7、8 章)2010 年,通过劳务派遣公司被雇佣的农民工人数已经达到至少 1000 万,这是人力资源和社会保障部(原来的劳动和社会保障部的新名称)的官方估计。社会人士(如关注该问题的一些人大代表)则更倾向于使用 2500 万人的数据。(人力资源和社会保障部劳动科学研究所,2010:263—266)2011 年 6 月,全国已经有 3700 万企业劳务派遣工,其后更加快速地扩增。之后,我们虽然缺乏精确可靠的数据,但媒体广泛使用的人数是 6000 万。

总而言之,经过上述历史演变,在国家劳动法规保护的正规经济之外,中国形成了一个庞大的基本处于劳动法规之外的非正规经济。下面我们转入对非正规经济概念的进一步说明,然后论证其在当今中国的具体规模和人数。

二、全球视野下的非正规经济

在世界上其他发展中国家,"非正规经济"早在20世纪六七十年代以来便已伴随资本的国际化而高速扩展。发达国家企业之所以进入发展中国家,一个主要目的就是寻求低于本国价格的劳动力。而其资本一旦进入发展中国家,不仅意味着企业本身将雇佣当地的劳动力,也使得与其关联和为其服务的本地公司兴起,更会触发一系列的连锁效应,包括必要的基础设施、产品的运输和销售,以及员工的各种各样的服务(例如交通工具、餐饮、娱乐、清洁、家政等)。除了新兴的现代经济部门的正规职工之外,还有与其关联的处于正规经济部门之外的众多员工和个体户,而他们也需要各种各样的旧型或半旧型服务(例如工匠、裁缝、小摊贩、廉价餐饮、维修等)。而当地农村越是人多地少,剩余劳动力就越多,其所能为现代部门提供的非正规廉价劳动力也就越多。这些现象先出现于中国以外的发展中国家,但在中国脱离计划经济之后,也非常快速地在中国扩增,其规模远大于大部分其他发展中国家。

正如联合国的国际劳工组织(ILO)、世界银行的"社会保护单位"(Social Protection Unit),以及诺贝尔和平奖选拔委员会等机构所指出的:规模庞大并不断扩展的"非正规经济"是世界上发展中国家的普遍现象。根据国际劳工组织的数据,它在"亚洲"①已经扩展到非农就业的 65%(北非是 48%、拉美是 51%,撒哈拉以南非洲地区是 78%)。(ILO,2002)已有众多的研究一再指出发展中国家的这个现象,其中包括世界银行的社会保护单位所发表的多篇论文。(例见 Blunch, Canagarajah and Raju,2001;Canagarajah and Sethurman,2001;Das,2003)

　　国际劳工组织在 1919 年由国际联盟组建,并因提倡社会公正而于 1969 年获得诺贝尔和平奖。它对"非正规经济"及其就业人员采用了合理和实用性的定义②:缺乏就业保障、福利和法律保护的劳工。在中国,最恰当的例子当然是人数庞大的"离土离乡"的农民工,包括城镇中新兴的较小规模的"私营企业"的员工及"个体户",更包括乡村的"离土不离乡"乡镇企业和私营企业员工。

　　非正规经济人员之中有许多以低报酬、无福利的临时工或承包身份就业于正规部门,大多没有在政府部门正式注册。③ 在 1970 年代和 1980 年代,国际劳工组织曾经将其注意力集中于当时被认定为可以和正规部门明确区分、处于其外的"非正规部门"

---

① ILO 统计的是印度、印度尼西亚、菲律宾、泰国和叙利亚,未纳入中国。

② 这是因为它在组织上比较强调实践,其管理机关和每年的国际劳工会议由政府工作人员、企业主和工人代表组成(见 *The Nobel Place Prize*,1969,Presentation Speech)。这里引用的 2002 年的报告是由一组知名研究人员所写,牵头的是哈佛大学的 Martha Chen 和联合国统计部的 Joann Vanek。

③ 根据本章使用的概念,正规部门的非正规人员应该包括承包正规企业工程的非正规私营企业、个体户及未经正式登记的人员,不限于正规部门单位正式上报的在册临时工。如果简单地从正规部门单位上报的在册就业人数出发,减去正规职工,得出的只是几百的人数,完全没有考虑到绝大多数实际存在的农民工。例见《制造业、建筑业的就业人员数与职工数》(《中国统计年鉴 2007》:表 5-6,135;表 5-9,142)。

(informal sector)，但后来，鉴于众多受雇于正规部门的非正规临时工的事实，改用了更宽阔的"非正规经济"（informal economy）这一概念，将在正规部门工作的非正规人员（ILO，2002）也纳入其中，最近几年则更倾向用"非正规就业"（informal employment）一词。虽然如此，但其基本定义并没有变。

三、中国的农民工

2006 年之前，因为农民工一直没有被纳入国家正规统计系统的指标，我们只能依赖 2000 年人口普查所显示的该年在城镇就业人员数，和国家登记的在册正规单位就业职工人数之间的差数，来推测未被登记的非正规农民工人数。这个方法虽然没错，但因为没有更直接的经验材料，因此常有一定的不确定性。2006 年发表的《中国农民工问题研究总报告》（下称《总报告》）初步填补了这方面的空缺。那是在国务院总理的指示下，由国务院研究室牵头、召集有关部门和研究人员所做出的报告，但也仅是在 31 省（直辖市、自治区）、7000 个村庄的 6.8 万农户的、尚未充分精确化的、在抽样问卷调查基础上形成的研究，其中难免含有不甚精确的部分。①

之后，2008 年底，国家统计局终于正式建立了农民工统计监测制度，于 2009 年开始，每年发布关于农民工的调查监测报告。这些

---

① 《总报告》对"城镇"范畴的定义是和国家统计局就业人员统计一致的，即限于县城关镇及其以上的城镇，不算其下的镇，但人口普查则纳入所有的镇，两个口径的统计因此有所不同（《中国统计年鉴 2007》：123、180）。

报告仍然是根据 6.8 万户的抽样调查的研究,但在 2006—2009 年间,关于农民工方面的抽样调查已经高度精确化——譬如,系统纳入了外出还是本地、各行业、参保、教育背景、地区分配等数据。当然,由于农民工依然未被树立为一个正式的统计指标(而作为流动人口,也确实不容易统计),数据不是按户或按人的直接调查或登记,而是凭借抽样的推算,因此难免带有抽样调查不可避免的误差幅度,但是其精确度和可信度已经比此前要高得多了。如今,其无疑是关于农民工的最权威的数据。

表 1.1 列出了 2006 年到 2011 年的农民工数据。可以看到,2006 年报告的数据推测和估计多于系统估算,而 2009 年和 2011 年的数据则明显比较精确,依据的是更细致的抽样调查,然后按照系统的统计方法估算而得。

表 1.1　农民工人数、工作时间、参保率

调查年份	总数(万人)	外出农民工(万人)	本地农民工(万人)	工作时间	养老	医疗
2006	20 000	12 000	8000	平均 11 小时/天?	15.0%	10.0%
2009	22 978	14 533	8445	89.4%多于 44 小时/周	7.6%	12.2%
2010	24 223	15 335	8888	90.7%多于 44 小时/周	—	—
2011	25 278	15 863	9415	84.5%多于 44 小时/周	13.9%	16.7%

数据来源:《中国农民工问题研究总报告》,2006;中华人民共和国国家统计局,2011、2010。

据此,我们可以看到,2011 年的"离土离乡"的农民工共 1.59 亿人,占城镇非正规就业人员的绝大部分。而"离土不离乡"的农

民工则有 0.94 亿人，其中绝大部分是乡村的"乡镇企业"和"私营企业"就业人员。外出和本地农民工两者加起来的总数是 2.53 亿（25 278 万）人。

根据 2006 年的《总报告》，农民工中有 30.3%（0.364 亿）在制造业部门工作，22.9%（0.275 亿）在建筑业工作。此外，约 0.56 亿就业于"第三产业"，其中 10.4%（0.125 亿）从事"社会服务"，如保姆、清洁工、清运垃圾人员、社区保安、理发店员工、送货人员等；6.7%（0.08 亿）是住宿餐饮业服务人员；4.6%（0.05 亿）是批发与销售业人员，如小商店、摊位人员和小贩等。

农民工不具有正规城镇户口，与城镇居民在身份上存在一定差异。他们从事的是低报酬和没有福利的工作。根据 2006 年的《总报告》，2004 年他们平均工资只有 780 元/月，每日平均工作 11 小时，每周 6—7 天。也就是说，他们的工作时间比正规职工多将近一半，而获得的报酬仅是后者的 60%。当时的调查者推测，他们中只有 12.5% 具有工作合同，10% 有医疗保障，15% 有退休福利（根据后来更精确的数据，这些推测其实偏高——见表 2.1）。因为不具备城市居民身份，他们只能负担更高的医药费用和子女的"择校"教育费用。在全国每年 70 万工伤受害者中，他们占了最大多数。这些基本事实也可见于众多较小规模的研究。①

以上事实在一份国际调查中得到进一步证实。这是一个由国外学者和中国社会科学院共同完成的（1988 年、1995 年和 2002 年三次调查中的）第三次"中国家户收入调查"（Chinese Household Income Project）。该项调查是以国家统计局的抽样调查为基础，根据经过修改的范畴而抽样进行的。② 2002 年的调查覆盖了 120 个县的 9200 个农户及 70 个城市中具有城市户口的 6835 户，同时对"农村移民"（rural migrants）进行了次级样本调查。该项调查发现，农民工的工作报酬比城市居民平均要低 50%。③ 而这个数字尚未将两者之间在工作时间、医疗保障和教育费用等方面的差别考虑在内。（Gustafsson, Li and Sicular, 2008：12、29；Khan and Riskin, 2008：76）

从表 1.1 中我们可以看到，在参与社会保障方面，2009 年到 2011 年有一定的进步。农民工在养老和医疗保险的参保比例方面

---

① 例如，北京市丰台区 2002 年的一项有关调查显示，被调查的城市居民平均工资是 1780 元/月，二农民工则只有 949 元。他们之中有1/3的人员每天工作时间超过 12 小时，1/6 超过 14 小时（李强、唐庄，2002）；另一项关于合肥市的研究，基于 836 份有效问卷，发现 80% 按月报酬在 800 元以下，86% 为工作时间 10 到 14 小时（方云梅、鲁玉祥，2008）；另一个 2007 年关于武汉、广州、深圳和东莞等城市的研究，根据 765 份有效问卷发现，农民工工资在 2004 年以后有显著增长（49.5%月薪达到 1000 元以上），但他们平均每周工作 65 小时。如果按小时计算，他们的工资只达到 2005 年全国正规职工收入的平均水平的 63%（简新华、黄锟，2007）。当然，《总报告》是最为全面的调查。

② 比如，加上了自家所有房子居住人的房租等值估算，但是仍然没有纳入城市居民在医疗和教育上的所享有的"暗补"的估算（Guatafsson, Li and Sicular, 2008：15-17）。应该指出，也没有考虑到工作时间的差别。

③ 这是按每就业人员计算。如果按人均计算，则低 35%。

有一定的提高,从 2009 年的 7.6% 和 12.2% 提高到 13.9% 和 16.7%,但客观上仍然很低。工资方面也有一定的提高,但我们欠缺可比价格的数据。虽然如此,可以确定的是,绝大比例依然违反国家劳动法律规定的每周最多工作 44 小时,2009 年是 89.4%,2010 年是 90.7%,2011 年仍然高达 84.5%。中国的农民工虽然在其家乡具有大部分其他国家的"非正规经济"人员所不具备的承包地权,但在其他方面(没有国家劳动法律保护和没有或只有低等社会保障)是和其他发展中国家基本一致的。

四、城镇的正规与非正规就业人员

国家统计局根据 2010 年的全国人口普查数据,对之前的就业人员数据做了全面的调整。结合上述农民工数据,我们今天可以获得比较完整的关于农民工和非正规经济,以及正规经济就业人员的数据。由此,我们可以比此前更有把握地论述农民工和中国非正规经济的规模和演变过程。

表 1.2　中国城镇历年非正规经济就业人员数(万人)

年份	私营企业	个体	未登记	非正规经济总数	占城镇就业人员%	正规经济总数	占城镇就业人员%
1978	—	15	0	5	0.2%	9514	99.8%
1985	—	450	0	450	3.5%	12 358	96.5%
1990	57	614	2313	2984	17.5%	14 057	82.5%
1995	485	1560	1704	3749	19.7%	15 291	80.3%
2000*	1268	2136	8163	11 567	50.0%	11 584	50.0%

年份	私营企业	个体	未登记	非正规经济总数	占城镇就业人员%	正规经济总数	占城镇就业人员%
2005	3458	2778	10 928	17 164	60.5%	11 225	39.5%
2010*	6071	4467	11 384	21 922	63.2%	12 765	36.8%

* 2010 年的数据根据第六次人口普查把 2001 年之后的城镇就业人数往上做了调整。根据新旧数据并存最后一年（2009 年）数据的比较，该年城镇就业人员总数经调整之后增加了 0.22 亿人，同时乡村就业人员数减少了 0.44 亿人，城乡总就业人员数往下调整了 0.22 亿人。这些调整所反映的主要是比原先数据更快速的城镇化，也反映了相当数量的农村人员在城镇化过程中从农业就业变成非农就业，以及没有就业人员的演变。

数据来源：《中国统计年鉴 2011》：表 4-2。

表 1.2 是根据最新调整的就业人员数据所列出的中国历年正规和非正规经济就业人员数（2000 年及之前的数据没有变动）。这里的"正规经济"范畴纳入了统计局惯用的正式登记的、具有法人身份的国有单位、集体单位、股份合作单位、联营单位、有限责任公司、股份有限公司、港澳台商投资单位，以及外商投资单位的正式在册人员。这些都是国家相对比较严格要求执行国家正式劳动法规的在册单位（虽然有一定比例并没有完全达到国家劳动法规所定标准，也没有达到正规职工所享有的福利水准）。在正规单位之外的，是规模较小的（虽然是经过正规登记的）、不具有法定正规"用人单位"身份的"私营企业"（区别于较大型的民营股份单位和公司及港澳台和外资单位）和个体（户），以及数量庞大的未经登记人员。他们更适合我们这里采用的非正规经济范畴。

所谓的"私营企业"按照国家统计局的定义,乃是"由自然人投资或自然人控股"的单位。因此,它们不具有"法人"身份,与具有如此身份的"有限责任公司""股份合作单位""港澳台商投资单位"及"外商投资单位"等较大的非国营企业不同(《中国统计年鉴2007》:表5-7,138)。我们绝不应像在美国语境中(和有的美国研究中)那样把"私营企业"(private enterprise)按照其英文的字面意义理解为所有的非国有企业。事实上,这些"自然人"所有的私营企业的就业人员在2006年只占全国就业人员总数的14%,绝对不应被等同于中国"资本主义"的全部或其最大部分(《中国统计年鉴2007》:表5-2,128;黄宗智,2013)。

如此定义的"私营企业"多为小型企业。2006年全国共有0.05亿(500万)家经登记注册的私营企业,在城镇登记的雇用人员为0.395亿,在乡村登记的雇佣人员为0.263亿,每个企业平均13个员工(《中国统计年鉴2007》:表5-13,150)。[1] 根据2005年对这些企业的第六次(1993年以来每两三年一次的)比较系统的抽样(每一千个企业抽一)问卷调查,其中只有1.13%是规模大于100位员工的企业。[2] 绝大多数乃是小型的、平均13位员工的企业,包括制造业部门(38.2%)、商店和餐饮部门(24%)、"社会服务"(11.1%)和建筑业(9.1%)部门。如上所述,如此的非正规员工大多数缺少福

---

[1] 这里的"城镇"再次指县城关镇及以上,"乡村"则包括其下的镇。见本章第3部分"中国的农民工"第一个脚注。2009年,私营企业数增加到624万,人员增加到9000万人,平均15位员工一个单位(《第八次全国私营企业抽样调查数据综合分析报告》,2009)。

[2] 2003年年底全国有0.0344亿(344万)这样的企业。当然,也有极少数符合美国语境内想象的那种中、大规模的资本主义企业。

利、工作保障或国家劳动法律保护（"中国私营企业研究"课题组，2005）。[1]

至于2010年在城镇登记的4467万自雇个体就业人员，他们大多是登记人本身和一两位亲朋的个体经济（2006年平均2.2人/个体户——数据见《中国统计年鉴2007》：表5-14，151）。这些"自雇"人员包括小商店、小摊子人员，旧的和新型手工业工人及其学徒，小食品商人，各种修理店铺人员等。这些人员数快速增长的部分原因是新兴现代经济部门对这方面服务的市场需求，部分是新近进城打工的农民工对这方面的需求。改革以来的城镇个体工商户，包括旧式（类似1949年前）的手工业者和小商业主的大规模复兴（人民公社化之后几乎完全消失），正是出于这样的需求。

根据国家工商管理局的数据，个体工商户的户均注册资本在2002年是16 000元，2010年上升到39 000元。（工商总局，2012）显然，这些都是较小的生意。即便与（小规模的）私营企业相比（其户均注册资本在2007年是170万元）也相去较远。我们绝对不应该像有的美国学者那样，把个体户等同于所谓的"私人企业家"（private entrepreneurs）。（详细讨论见黄宗智，2013）这样的就业人员大多没有福利和工作保障。

从阶级分析的角度来说，这些"个体户"符合马克思主义生产关系视角所突出的关于"小资产阶级"的特点，即以自家劳动力使用自家所有的生产资料（土地、工具、资本）的阶级（也可以称作"自

---

[1] 当然，在私营企业"就业人员"中，也包括那些可被视为小型"资本家"的五百万企业所有者，以及一些高技术的高薪人员。但其绝大多数无疑是普通员工，也是待遇低于正规经济职工的就业人员。

雇者"［self-employed］ Wright, 1997, 第 1 章），因此既不同于资本家，也不同于无产阶级。同时，也符合韦伯市场关系视角所突出的"阶级情况"，即销售自家（部分）产品的农户、手工业者或销售小商品的小商业者，因此与那些靠占据稀缺资本而具有垄断销售权力的资本家不同，也和在市场上出卖自己劳动力的工人阶级不同。（Weber, 1978, 1：302—307）正因如此，马克思和韦伯同样把小资产阶级这样的个体生产经营单位当作资产阶级和无产阶级之外的第三阶级看待。（详细讨论见黄宗智，2008；黄宗智，2010：第 9 章）当然，我们也可以把他们纳入"非正规经济"的范畴。

然后是 11 384 万（2010 年）未经登记的非正规就业人员。在技能和工作稳定性方面，他们还要低一个层次，许多是临时性的人员，诸如保姆、清洁工、社区保安、餐馆服务员、运送人员、学徒等。不用说，他们绝大部分同样没有福利和劳动法律保护。

总体来说，以上三种主要的城镇非正规经济就业人员（私营企业人员、个体户和未登记人员）共同构成了一个低报酬、低稳定性、低或无福利、没有国家劳动法律保护的城镇经济体。[1]

---

[1] 当然"私营企业""个体"和未登记人员中不仅包括农民工，也包括 20 世纪 90 年代后期和 21 世纪初的 10 年中，数量可能达到 5000 万的就业于非正规经济的城镇居民。其中许多是下岗职工，在非正规经济重新就业，大部分在服务业（"第三产业"）就职。我们缺乏全面、可靠的材料，但根据 1997 年一个相对系统的在 17 个省 55 个城市的问卷调查，大部分下岗职工是"中年"人员（年龄 30 到 50 岁的占 64%），只具备相对较低的文化水平（其中小学和初中学历占 56%，上过大学或大专的仅有 5.7%），绝大部分成为交通运输、批发零售、餐饮和"社会服务业"等部门的非正规就业人员，或在小型的所谓"私营企业"工作，或者变成自雇的个体户，大多只比农民工稍高一个层次。只有很少部分的下岗人员（4.7%）认为国家的各项就业工程对他们有过"很大帮助"（"城镇企业下岗职工再就业状况调查"课题组，1997 年；亦见 Ministry of Labor and Social Security, n. d.）。

由此可以看到,1985 年以来,中国的非正规经济就业人员已经从所有城镇就业人员的 3.5% 爆炸性地扩展到 2010 年的 63.2%。这部分是由于(小)私营企业和个体户就业人员数的膨胀,2010 年分别达到了 6000 万人和 4500 万人的数目。更主要的则是未经注册人员的大幅度增加,从 1985 年的零人达到 2010 年的 1.1 亿人,其中当然主要是农民工。同时期,正规经济职工 2010 年的就业人员总数(1.28 亿)却和 1985 年基本一样(1.24 亿)(1985—1995 年的 10 年中有所增加,但 20 世纪 90 年代后期中小国营企业改制,其工人大规模下岗,正规职工基本返回到 1985 年的绝对数),而其所占城镇总就业人员的比例已经从 1985 年的 96.5% 下降到 2010 年的 36.8%。这个变化非常巨大。

五、乡村的就业人员

至于乡村就业人员,2010 年人口普查发现,之前根据抽样调查估计的数据有比较严重的误差。国家统计局根据更可靠的 2010 年普查对乡村就业人员数据做出了相当幅度的调整,下调 4369 万人,如表 1.3 所示。

表 1.3　乡村就业人员数(1980—2010)(万人)

年份	原数	调整数	增减	乡镇企业	私营企业	个体	农业
1980	31 836	—	—	3 000			
1985	37 065	—	—	6 979			
1990	47 708	—		9 265	113	1491	36 839

年份	原数	调整数	增减	乡镇企业	私营企业	个体	农业
1995	49 025	—	—	12 862	471	3054	32 638
2000	48 934	—	—	12 820	1139	2934	32 041
2001	49 085	48 674	−411	13 086	1187	2629	31 772
2002	48 960	48 121	−839	13 288	1411	2474	30 948
2003	48 793	47 506	−1287	13 573	1754	2260	29 919
2004	48 724	46 971	−1753	13 866	2024	2066	29 015
2005	48 494	46 258	−2236	14 272	2366	2123	27 497
2006 *	48 090	45 348	−2742	14 680	2632	2147	25 889
2007	47 640	44 368	−3272	15 090	2672	2187	24 419
2008	47 270	43 461	−3809	15 451	2780	2167	23 063
2009	46 875	42 506	−4369	15 588	3063	2341	21 514
2010	—	41 418	—	15 893	3347	2540	19 638

　* 根据 2006 年的全国农业普查,该年有 2.12 亿劳动力全年从事农业劳动 6 个月以上,0.91 亿 6 个月以下(《中国第二次全国农业普查资抖汇编·农业卷》,2009:表 2-1-15)。由此可见,后者之中有相当比例被归纳为乡镇企业、私营企业或以个体为主业的就业人员。

　数据来源:《中国统计年鉴 2010》:表 4-2。

　　此前,根据全国 6.8 万农户的抽样调查,国家统计局低估了 2001—2010 年全国城镇化的幅度,所以要以每年平均 485 万的人数对这些年份的乡村就业人数进行调整。农民的更快速城镇化意味着农业就业人数以相同幅度比较快速地递减。同时,乡镇企业从业人员在这 10 年间每年平均增加 281 万,2010 年达到 1.59 亿,乡村私营企业也比较快速地扩增，每年平均增加 216 万就业人员，2010 年达到 3347 万就业人员。[1] 毋庸赘言，农村乡镇企业和私营企业人员大多同样处于国家劳动法规保护和社会保障制度之外。一般的研究都合理地把他们也纳入"农民工"范畴，即"离土不离乡"的"农民工"，以区别于"离土离乡"的农民工。

至于乡村个体就业人员，他们在 1995—2000 年间达到 3000 万人左右的顶峰之后，下降到 2004 年的 2066 万人，之后再次攀升，2010 年达到 2540 万人（例如工匠、裁缝、修理铺、理发师、运输者、小摊小贩等）。我们当然可以把他们理解为一种"自雇"的"小资产阶级"，并将其等同于城镇的个体户，纳入"非正规经济"范畴。但由于他们多住在农村，其中不少人部分时间也从事一点农业，更合理的做法应该是把他们纳入"农民"（而不是"农民工"）范畴。

至于以农业为主业的就业人员，在这 10 年间平均减少 1213 万人/年，多于国家统计局过去的估算。也就是说，从每年 1 个百分点提高到 2 个百分点。第 1 个百分点可以根据彭玉生和笔者在 2007 年的文章里分析的三大因素（生育率下降、城镇非农就业扩增、农业结构转化）来理解。（黄宗智、彭玉生，2007）第 2 个百分点则一半来自比我们预测的要更快速的城镇化，另一半来自我们没有充分考虑到的乡村非农就业（即乡镇企业及私营企业和个体户就业）的扩增。

---

[1] 这里应该附带说明，中国农村今天越来越多的就业人员同时从事不止一种职业，譬如部分时间耕种、部分时间在乡镇企业或私营企业就业，或以个体身份从事小买卖、运输、工匠等工作。以上的统计是按照主要业务——每年就业 6 个月以上——来归纳的（详见《中国第二次全国农业普查资料综合提要》，2008；以及《中国第二全国农业普查资料汇编·农业卷》，2009）。

结果是，2010 年的（以农业为主业的）农业就业人员已经下降到低于 2 亿人，仅为 1.97 亿人（根据国家 2006 年的全国农业普查的定义，农业就业人员是每年从事农业 6 个月以上的人员——《中国第二次全国农业普查资料综合提要》，2008）。他们无疑应该被划归到"农民"的范畴，因为他们大多在农村居住，也因为他们大部分时间从事农业。

但是，我们同时也要指出，国际劳工组织的"非正规经济"这个概念用于中国并不完全理想。ILO 等使用此词的出发点基本把"非正规经济"认作一个仅仅是城镇的现象，并不对农村多加考虑，而中国的社会实际则是，如今"农"与"工"紧密交织不可分：大多数的城镇"非正规人员"是农村户籍人员，在老家还有土地（承包地权）和房子。反过来说，几乎所有的"农户"都有一两位家人在外打工或从事其他的非农就业，他们几乎都是（笔者称作）"半工半耕"的家庭（黄宗智，2006），不允许简单的"工""农"划分。这是中国社会实际的悖论方面，要求我们同时考虑到"农"与"工"，而不是完全像正统马克思主义思想那样，聚焦于工业生产中的"工人"/"无产阶级"，也不像 ILO 那样，把非正规经济视为一个纯粹的城镇现象。我们在使用"非正规经济"概念的时候，需要同时认识到中国社会的特殊性——占据其大多数人民的农村户籍农户今天乃是亦工亦农、半耕半工的农户，绝对不可简单想象为一个城乡完全分化了的社会。如果我们完全像国际劳工组织那样，把非正规经济视作完全或主要是城市经济的现象，便会过分隔离中国的城镇与农村，过分隔离农民工与农民，不符合中国的实际情况。

中国社会的特色之一是顽强持续的"小农经济"及如今半耕半

工的农村户籍农户。在明清和民国时期,由于耕地不足,中国农民不能简单依赖农业谋生,长期以来农民一直都借助手工业副业来谋生;在改革时期,手工业逐步让位于工业打工,并逐渐形成以工业打工为主、农业为辅的生产模式。虽然如此,其在人口压力下结合两种生产来谋生的道理则一仍其旧,并由此形成以半工半耕农民为主的社会形态。(详细讨论见黄宗智,2011;黄宗智,2012、2011、2006)

按照这样的思路,我们完全可以使用中国革命传统中把"工农"概括为单一社会阶层,认作"劳动大众"的概念,甚或把乡村的非农和务农人员也都纳入广义的"非正规经济"。那样的话,更能突出城乡之间在身份上的差别,更能突出"农"与"工"之紧密交织的实际,更能突出如今只占据所有从业人员中较少数的"正规经济"人员与占据大多数的"非正规经济人员"间的差别。如表1.4所显示的,前者只占据总就业人员中的不到16.8%,后者则占到83.2%。

表1.4　全国正规与非正规经济就业人员数和比例(1978—2010)(万人)

年份	总就业人员数	正规经济+集体人员数	正规经济人员%	城镇非正规经济人员数	乡村非正规经济人员数	非正规经济人员%
1978	40 152	40 152	100%	0	0	0%
1990	64 749	14 057	21.7%	2 984	47 708	78.3%
1995	68 065	15 291	22.5%	3 749	49 025	77.5%
2000	72 085	11 584	16.1%	11 567	48 934	83.9%
2005	74 647	11 225	15.0%	17 164	46 258	85.0%

年份	总就业人员数	正规经济+集体人员数	正规经济人员%	城镇非正规经济人员数	乡村非正规经济人员数	非正规经济人员%
2010	76 105	12 765	16.8%	21 922	41 418	83.2%

数据来源:《中国统计年鉴2011》:表4-2。

当然,我们仍然需要认识到工农业间的一些基本不同。现代产业的典型是工厂生产,产业打工者多是聚集起来在工厂、工地工作的人员。这个事实是和广为人们接纳的规模经济效益概念紧密相关的。但农业不同,今天中国农业的主体仍然是分散的小规模(数亩地到几十亩地的——平均才10亩地)家庭农场。对在工厂打工的非正规人员来说,提高其(劳动)法律保护是主要的问题。但务农人员所面对的主要问题不是法律上的劳动保护,而是在"大市场"中所需要的高效、廉价加工和销售服务。城镇打工者出路的关键在劳动法律的改革,农村务农者的出路则主要在摆脱目前商业资本对其的榨取(这是笔者《中国的新型小农经济:实践与理论》一书的主要议题)。

六、中国的正规经济

我们最后要检视今天的法定正规经济的组成。上面已经看到,2010年城镇正规工人总数只是全国76 105万就业人员总数中的12 765万人,即16.8%。如下表1.5所示,其中有不止一半(6516

万)是"国有单位"的职工,包括不止 2200 万的党政机关职工、将近 2200 万的"事业单位"职工,以及 2000 万的国有企业职工。显然, 这些职工中的大多数其实是"白领"的职员,只有少数是"蓝领"的 "工人"。他们的共同点是享有国家劳动法律的保护、较高的工资 和较优厚的福利。

表 1.5　**按登记注册类型分的中国城镇就业人员**(2010)

登记注册类型	就业人员数(万人)
国有单位	6516
中国共产党机关	567
国家机构	1326
其他	319
事业单位	2196
国有企业	2108
集体单位	597
股份合作单位	156
联营单位	36
有限责任公司	2613
股份有限公司	1024
港澳台商投资单位	770
外商投资单位	1053
总数	12 765

资料来源:《中国统计年鉴 2011》:表 4-2;《中国劳动统计年鉴 2011》:表 4-1。

此外则是表中所列的具有正规"法人身份"的非国有单位的正 规职工,最主要的是较大规模的民营企业(有限责任公司和股份有限公司),共约3600万职工,香港、澳门和台湾,以及外资投资的单位,共约1800万职工。上面已经说明,即便是这些正规单位职工,也并不一定完全具有国家劳动法规定的社会保障福利(因为企业可能违反或无视国家劳动法的规定),但总体来说,较高比例是具有正规法律保护和福利的。

这些就是今天中国正规经济的主要组成部分,其中较上层的人员(政党—国家官员、事业单位的专业人士、大型国企和民企的"白领"职工及少数的高级"蓝领"技术工人)乃是占据今天所谓的"中产阶级"的大多数的群体。他们多是城市的有房、有车者,消费上的要求和习惯已经越来越趋同国际大城市的"中产阶级",和农民及农民工存在较大差异。

在一定程度上,今天的劳动法规已经把原来革命传统中"劳动人民"或"工农阶级"的大多数排除在外,这与革命传统中的劳动立法十分不同。

结 论

总而言之,我们惯常使用的"工人"和"农民"两个范畴,对中国当前的社会实际都带有比较严重的误导性。他们更适用于西方,而不是中国社会的历史演变。无论是马克思主义的历史观,还是与其对立的新自由主义历史观,都以为从农业进入工业社会将会是一个简单的过程,即大多数以家庭为主要生产单位的农村农民将转化为个体化的城市工业工人和其他职工。一般第一代的农民进入城市,便不会再返回农村,而会成为城镇人,成为工人。但中国的近现代历史其实是一个很不一样的过程。今天中国的劳动人民其实并不能清楚划分为工人和农民，而是两者紧密交织的半工半耕家庭的成员。

传统的"工人"和"农民"两个阶级范畴其实掩盖了改革期间的最庞大、最关键的社会经济变迁。今天，大多数的城镇"工人"不是城镇居民，而是农村户籍人员，部分家庭仍然在农村；而大多数的户籍"农民"不单纯是务农人员，也是非农就业人员，部分家庭人员同时在城镇和乡村打工或从事非农就业。这些半耕半工的家庭其实是中国最庞大、最基本的经济单位，他们结合农业和工业、农民和工人，组成一个密不可分的大群体。对这个群体的表述，最贴切的可能还是原来的中国革命的"工农"，即（广大）"劳动人民"，而不是我们常用的、能够清楚划分的"工人"和"农民"范畴。

不同于实际的传统意义的"工人"和"农民"，对我们关于中国社会和经济史的思考影响深远，也对我们的劳动立法历史影响深远，更对我们思考中国的社会不公问题的根源影响深远。传统的马克思主义视角促使我们的左派学者们聚焦于对正规的产业工人"无产阶级"的研究。他们的用意是为广大劳动人民说话，但是实际上，他们所研究的只是广大劳动人民中的较少数——全职、正规的蓝领产业工人，总数才约 2000 万人。

同时，国家对源自马克思主义的"劳动"和"劳动法"概念范畴的使用，同样使我们忽视了位于正规法律之外的绝大多数的真正劳动人民。2010 年，"旧"劳动法其实只适用于具有特殊身份的正规职工，只占城镇总就业人员的三分之一，非正规人员则占到三分之二。我们如果把城镇正规人员与全国工农人员相比，则前者只占约六分之一,后者占到六分之五。

新自由主义经济学理论的"拐点"理论同样促使我们简单地聚焦于正规经济,并想象全国的劳动人民已经,或行将被整合为一个同等待遇的单一劳动市场,完全无视巨大的非正规经济。与此密切相关的是美国的"橄榄型"社会模式理论。它促使大家想象一个中间大、两头小的社会结构,以为中国的社会结构已经达到,或在快速地趋向这样一个模式。他们同样忽视了大多数劳动人民,把约六分之一的"中产"职工等同于大多数就业人员。

实际上,今天中国除了顶层的国家官员和大企业家之外,主要由两个悬殊的阶层组成:一方面是新兴的占到人口约六分之一的正规经济人员中的较上层的"中产阶级"。他们在生活习惯、消费要求和价值观上,已经越来越和国际大城市的"中产阶级"趋同。另一方面则是处于国家劳动法规和社会保障制度保护之外的非正规人员——主要由九亿农村户籍的"半工半农"家庭所组成的广大劳动人民。他们的家庭人员部分从事农业,乃是农业从业人员;部分在城镇打工,组成城镇就业人员中的大多数,也是城镇非正规经济人员中的绝大多数。他们既非传统意义的"工人",也不简单是传统意义上的"农民",而是亦工亦农的农村户籍人民。他们才是中国真正的"劳动人民",亟需我们去重新认识。

参考文献:

蔡昉(2007):《中国经济面临的转折及其对发展和改革的挑战》,载《中国社会科学》第3期:第4—12页。

"城镇企业下岗职工再就业状况调查"课题组(1997):《困境与出

路——关于我国城镇企业下岗职工再就业状况调查》,载《社会学研究》第 6 期:第 24—34 页。

《第八次全国私营企业抽样调查数据综合分析报告》(2009),《中国工商时报》,http://money.163.com/09/0326/09/55AQSU10002524SD.html.

方云梅、鲁玉祥(2008):《农民工生存状况调查》,载《中国统计》第 3 期:第 25—27 页。

高学强(2010):《新民主主义政权劳动保护立法的历史考察》,载《历史研究》第 1 期:109—110。

工商总局(2012):《十年来我国个体、私营经济快速发展》,http://www.gov.cn/jrzg/2012—10/03/content_2237467.htm.

国家劳动总局政策研究室编(1980):《中国劳动立法资料汇编》,北京:工人出版社。

黄宗智(2012):《中国过去和现在的基本经济单位是家庭还是个人?》,载《学术前沿(人民论坛)》第 1 期(创刊号):第 76—93 页,http//www.lishiyushehui.cn.

黄宗智(2011):《中国的现代家庭:来自经济史和法律史的视角》,载《开放时代》第 5 期:第 82—105 页,http://www.lishiyushehui.cn.

黄宗智(2010):《中国的隐性农业革命》,北京:法律出版社。

黄宗智(2009):《中国被忽视的非正规经济:现实与理论》,载《开放时代》第 2 期:第 52—73 页。

黄宗智(2008):《中国的小资产阶级和中间阶层:悖论的社会形态》,载《中国乡村研究》第 6 辑:第 1—14 页,福州:福建教育出版社,http://www.lishiyushehui.cn.

黄宗智(2006):《制度化了的"半工半耕"过密型农业》,载《读书》第 2 期:第 30—37 页;第 3 期:第 72—80 页。

黄宗智、彭玉生(2007):《三大历史性变迁的交汇与中国小规模农业的前景》,载《中国社会科学》第 1 期,第 74——88 页。

简新华、黄锟(2007):《中国农民工最新情况调查报告》,载《中国人口资源与环境》第 17 卷第 6 期:第 1—6 页。

人力资源和社会保障部劳动科学研究所编(2010):《2008—2009 年中国就业报告》,北京:中国劳动社会保障出版社。

《劳动纠纷起诉书——劳动纠纷案例一》,中顾法律网,2010-05-04,http://news.9ask.cn/xzss/hjtt/201005/564760.html.

《劳动争议纠纷案件现状及情况分析》,华律网,2012-09-12,http://www.66law.cn/laws/45557.aspx.

《劳务关系不是劳动关系诉讼难得仲裁支持》,中国劳动资讯网,2012-04-11,http://www.51labour.com/newcase/showarticle.asp? artid=1760.

《劳 务 派 遣》,百 度 百 科,2013,http://baike.baidu.com/view/15253.htm.

李干(2008):《新(劳动法/实施后高校后勤劳动用工的管理》,载《宏观管理》第 12 期:第 9—10 页。

李强、唐庄(2002):《城市农民公与城市中的非正规就业》,载《社会学研究》第 6 期:第 13—25 页。

陆学艺(2003):《当代中国的社会阶层分化与流动》,载《江苏社会科学》第 4 期:第 1—9 页。

陆学艺编(2002):《当代中国社会阶层研究报告》,北京:社会科学文献出版社。

《媒体公告解除劳动关系引出的诉讼》,中国劳动资讯网,2007-09-08,http://www.51labour.com/newcase/showArticle.asp? artid=1115.

倪豪梅(2012):《论延安时期党的工会工作方针》,载《湖湘论坛》第 2 期:第 68—72 页。

《全国人民代表大会常务委员会关于修改〈中华人民共和国劳动合同法〉修改的决定》,2012 年 12 月 28 日公布。

《中国第二次全国农业普查资料综合提要》(2008),北京:中国统计出版社。

《中国第二次全国农业普查资料汇编·农业卷》(2009),北京:中国统计出版社。

《中国劳动统计年鉴》(2007、2011),北京:中国统计出版社。

《中国农民工问题研究总报告》(简称《总报告》)(2006),载《改革》第 5 期,http://www.tecn.cn.

中国私营企业课题组(2005):《2005 年中国私营企业调查报告》,http://www.southcn.com.

《中国统计年鉴》(2007、2010、2011),北京:中国统计出版社。

《中华人民共和国劳动法》,1994 年 7 月 5 日通过,1995 年 1 月 1 日起施行。

《中华人民共和国劳动合同法》,2007 年 6 月 29 日通过,2008 年 1 月 1 日起施行。

中华人民共和国国家统计局(2011):《2011 年我国农民工调查监测报告》,国家统计局网站,http://www.stats.gov.cn/tjfx/fxbg/t20120427_402801903.htm.

中华人民共和国国家统计局(2010):《2009 年农民工监测调查报告》,http://www.stats.gov.cn/tjfx/fxbg/t20100319_402628281.htm.

《中华苏维埃共和国劳动法》(1933),见国家劳动总局政策研究室编《中国劳动立法资料汇编》,北京:工人出版社,第 366—392 页。

Blunch, Niels-Hugo, Sudharshan Canagarajah and Dyushyanth Raju.
(2001). "The Informal Sector Revisited: A Synthesis across Space and Time," *Social Protection Discussion Paper Series*, no. 0119, Social Protection

Unit, Human Development Network, The World Bank

Canagarajah, Sudharshan and S. V. Sethurman. (2001). " Social Protection and the Informal Sector in Developing Countries：Challenges and Opportunities," *Social Protection Discussion Paper Series*, no. 0130, Social Protection Unit, Human Development Network, The World Bank.

Das, Maitreyi Bordia. (2003). "The Other Side of Self-Employment：Household Enterprises in India," *Social Protection Discussion Paper Series*, no. 0318, Social Protection Unit, Human Development Network, The World Bank.

Gustafsson, Bjorn A. , Li Shi, and Terry Sicular eds.(2008). *Inequality and Public Policy in China*, New York：Cambridge University Press.

Huang, Philip C. C.(2013)."Misleading Chinese Legal and Statistical Categories：Labor, Individual Entities, and Private Enterprises," *Modern China*, 39, no. 4 (July)：347—379.

Huang, Philip C. C. (2011), "The Modern Chinese Family：In Light of Social and Economic History, "*Modern China*, 37, no. 5：459—497.

ILO (International Labor Office). (2002). *Women and Men in the Informal Economy：A Statistical Picture*, Geneva：International Labor Organization.

ILO(International Labor Office). (1972). *Employment, Incomes and Equality：A Strategy for Increasing Productive Development in Kenya*, Geneva：International Labor Organization.

Khan, Azizur Rahman and Carl Riskin. (2008). " Growth and Distribution of Household Income in China between 1995 and 2002," in Gustafsson, Li and Sicular eds. , 2008, pp. 61—87.

Ching Kwan Lee(李静君).(2007). *Against the Law：Labor Protests in*

China's Rust Belt and Sun Belt, Berkeley: University of California Press.

Ministry of Labor and Social Security, Department of Training and Employment, People's Republic of China. n. d. (2002). "Skills Training in the Informal Sector in China," International Labor Office.

The Nobel Peace Prize. (1969). Presentation Speech, http://nobelprize.org.

Weber, Max. (1978). *Economy and Society: An Outline of Interpretive Sociology*, 2 vols. , Berkeley: University of California Press.

Wright, Erik Olin. (1997). *Class Counts: Comparative Studies in Class Analysis*, Cambridge, England: Cambridge University Press, 1997.

第二章 非正规经济：理论、话语与意识形态[①]

在中国的户籍制度下，农村人进城打工，使得长期以来的城乡差别凸显为更加尖锐的身份差别。一种身份是城镇正规单位就业的"职工"，享有中国革命传统和计划经济遗留下来的劳动法规保护和福利；另一种身份则是进城打工的农民，作为非正规的临时工和城市的暂住者，他们很难享有正规职工的法律保护和福利，也很难享有城市居民的权利，尤其是子女接受义务教育的权利。作为基层的劳动力，他们做的是城市里最脏、最重、最低报酬的工作。伴随城市的蓬勃发展和越来越多的农民工打工，中国在一定程度上凸显为一个城乡、富贫悬殊的社会和经济体。

在过去的计划经济时代，城乡差别虽然存在，但并不那么悬殊。在农村，人民生活水平虽然要低于城市，但差别绝对没有后来

[①] 本章是《中国被忽视的非正规经济：现实与理论》（载《开放时代》2009 年第 2 期，第 52—73 页）文章的理论讨论部分。纳入本书时做了些许修改。

城市经过极其快速发展之后那么显著。至于在城镇内部,之前基本上所有工作人员都属于正规人员,归属国家或集体单位,受到国家劳动法规和福利制度的保障。但是,伴随大规模的农民入城打工浪潮,越来越多的城镇就业人员来自农村户籍,越来越多、越来越高比例的劳动者变成没有正式城镇身份,没有被正式纳入正规单位的"流动人口"。

中国今天的经济—社会,除了顶层的高级官员和资本家之外,其实主要由正规和非正规两个等级组成。前者包含国家机关、事业单位、正规企业的白领职员,以及少数的、具有优厚社会福利条件的蓝领工人;后者则主要包含农民工及其"半工半耕"家庭的其他就业人员。上一章已经详细论证,前者总数只是全社会所有就业人员中的六分之一,后者则占到六分之五。两个等级间的差别是今天中国社会经济危机的关键,亟须改革。

在世界其他发展中国家,"非正规经济"早在20世纪六七十年代以来便已伴随资本的国际化而高速扩展。发达国家企业之所以进入发展中国家,一个主要目的是寻求低于本国价格的劳动力。而其资本一旦进入发展中国家,不仅意味着企业本身将雇佣当地的劳动力,也将使与其关联和为其服务的本地公司兴起,更会触发一系列的连锁效应,包括其所需要的基础设施建设,为其产品提供的运输和销售,以及为众多新旧型人员提供的各种各样的现代、半现代和前现代服务(例如交通运输、维修、餐饮、娱乐、清洁、裁缝等)。除了新兴的现代经济部门的正规职工,还有与其关联的处于正规经济部门之外的众多员工和个体户,而他们也需要各种各样的半旧型或旧型服务。这些员工多来自低收入的农村,而当地农村越是人多地少,剩余劳动力越多,其所能为现代部门提供的非正规廉价劳动力也就越多。这些现象先呈现于中国以外的发展中国家,但在中国脱离计划经济之后,也非常快速地在中国扩增。本章对现有理论、话语和意识形态进行了系统的梳理。

一、"二元经济"理论和美国模式

美国 1960 年代的主流发展经济学,也就是今天国内的主流发展经济学,是刘易斯(W. Arthur Lewis)的"二元经济"理论。[①] 刘易斯着眼的是发展中国家(尤其是亚洲国家)人口过剩的事实。"无限的人口供应"是他"二元经济"论的出发点,并借此来区分传统农业部门与现代资本主义工业部门。前者的"工资"徘徊于糊口水平,后者则因资本投入、劳动生产率提高、利润扩大、信贷增加、更多的资本投入、更大的产出、更高的利润,以及更多的劳动力需求而发展。伴随着如此的发展,现代部门吸纳越来越多的农村过剩劳动力,直至其不再过剩而达到一个"转折点"(其后被人们称作"刘易斯转折点"或"刘易斯拐点");此后就会进入新古典经济学所勾画的劳动力(和其他生产要素一样)稀缺状态,工资将随之快速上升。因此,经济发展基本是一个减少过剩劳动力而达到整合现代劳动市场的过程。[②](Lewis,1954;亦见 Lewis,1955)

[①] 笔者 1958 年作为普林斯顿大学本科生曾经选过刘易斯的课(刘易斯几年之后才正式受聘于普林斯顿),至今记忆犹新。

[②] 人们多称刘易斯 1955 年的著作为他的"经典"之作,但事实上他 1954 年的论文《劳动力无限供应下的经济发展》才是他真正影响最大著作(Lewis,1954、1955;亦见 Tignor,2006:273 页及其后)。

刘易斯的分析和一般的古典经济学分析有一定的不同。比如,1979 年和他同时被授予诺贝尔经济学奖的舒尔茨(Schultz)力争,即便在传统农业经济中,劳动力同样是一种稀缺资源,同样通过市场机制而达到最佳配置,因此,并无剩余劳动力的存在。(Schultz,1964)在这方面,刘易斯可以说更符合实际。但他对市场经济运作及由其推动的资本主义发展的信赖则是和舒尔茨完全一致的。

刘易斯的分析后来被费景汉(John C. H. Fei)和拉尼斯(Gustav Ranis)数学化("形式化"),并得到进一步巩固和推进。他们两人特别突出了发展中国家的"冗余"劳动力(redundant labor)的概念。正因为是多余而无成本代价的劳动力,它才能够在发展现代工业部门时起到重要的作用。这个论点对近三十年的中国毋庸说具有特别的意义。(Fei and Ranis, 1964;亦见 Lin, Cai and Li, 2003 [1996])刘易斯的模式后来又被托达罗(Michael P. Todaro)延伸,加上了"城市传统部门"(traditional urban sector)的概念,认为许多面对城市高失业率而仍然迁入城市的移民,其动机不在于实际的高收入,而在于对高收入的预期。这样,他们的行为仍然是理性的,来自合理的收入概率估算,虽然是未来而不是眼前的收入。其间,他们会在"城市传统部门"工作,暂时接受低于现代部门的待遇。(Todaro,1969;亦见 Todaro,1989:278—291)

鉴于中国劳动力的相对过剩,以及由国家从 1958 年以来确立的城乡二元户口制度,人们认为"二元经济"论特别适合中国实际乃是意料之中的事。我这里的讨论仅以蔡昉一篇分量较重(《中国社会科学》主题)的论文(蔡昉,2007)为例。①

在这篇文章里,蔡昉对刘易斯模式提出两点补充,但基本上接受其核心观点。首先,他加上了"人口红利"的概念,即在人口从高生育—低死亡到低生育—低死亡的转型中,在一段时期内,不从事生产的消费人口(儿童和老人)相对生产性人口比例会降低,形成刘易斯所没有考虑到的特殊有利条件。其次,中国的二元户口制度,过去反映了"二元经济"的事实,但今后亟须改革,以便促成中国向整合的现代劳动市场转型。但这两点并不影响刘易斯的基本论点,蔡本人也没有如此的意图。蔡实际上完全接受刘易斯的模式,特别强调中国其实已经进入了刘易斯从"二元经济"到整合劳动力市场的"转折点"。

吴敬琏差不多完全同意蔡昉的观点。和其他"主流"经济学家们一样,他特别强调中国"三农问题"只可能通过城市化和市场机制来解决,由现代工业部门来吸纳农村的过剩劳动力。和刘易斯与蔡昉一致,他把农村经济视作一个基本停滞的部门,认为发展只可能来自城市现代部门。(吴敬琏,无出版日期;吴敬琏,2005:第3章)此外,吴强调中国需要依赖中小型私营企业,脱离过去计划经

---

① 蔡昉和林毅夫、李周多年前合写的《中国奇迹》则提出了比较简单化的论点,认为"传统"计划经济没有恰当利用中国劳动力丰富的"比较优势"乃是关键因素(其实,费景汉和拉尼斯早已更精确地突出了这一点)(Lin,Cai and Li,2003[1996])。张曙光(2007)的书评指出,该书过分单一地强调发展策略,也没有充分考虑制度经济学理论,并且比较极端地完全否定计划经济(就连其对1950年代国家确立主权的贡献都没有予以考虑)。

济思路下的那种大规模生产单位。[①]（吴敬琏,2002）

作为上述分析的延伸,蔡昉还引用了库兹涅茨（Simon Kuznets）的理论。库兹涅茨在他著名的 1955 年对美国经济学会的主席演讲中提出,在早期的经济发展过程中,社会不平等会加剧,要等到发展的微波外延,才会产生进一步的平等（Kuznets,1955）。蔡昉没有提到的是,库兹涅茨的经验证据来自美国、英国和德国;并且,库兹涅茨本人当时便指出,他的模式乃是"5%数据,95%推测"。（蔡昉,2007:5、10—11;Kuznets,1955:4、26）蔡昉想要强调的是,中国已经进入库兹涅茨所预期的后期经济发展,即趋向进一步的平等,进入了刘易斯拐点之后的社会经济状态。

以上这些美国 1950 年代和 1960 年代的主流发展经济学观点当时还引用了所谓"三个部门理论"（three sector theory）来充当现代化模式的另一理论支撑。该理论始于早期新西兰经济学家费舍尔（Allan G. B. Fisher,1935[1966]:32—34）和澳大利亚经济学家克拉克（Colin Clark,1940:337—373）,两人率先强调发达国家中"第三产业"（服务部门）兴起的重要意义,认为伴随经济发展和收入的提高及基本物品需要的满足,人们的消闲时间会增加,对私人服务（例如娱乐）的需求将会持续扩展。这条思路最为通俗化、简洁明了地阐述了来自法国经济学家富拉斯蒂埃（Jean Fourastie）的理论。他认为,经济发展都是从以农业为主,到以工业为主,再到以服务业为主的线性演变。在"传统文明"（诸如欧洲的中世纪和

---

① 吴关于具体问题的讨论多同时采用不同的理论视角,并紧密连接经验。最近的一个例子是他和张剑荆的访谈（吴敬琏,2008b;亦见吴敬琏,2005）。但他无疑基本同意"二元经济"论。

后来的发展中国家)时期,"第一产业"(即农业)占就业人员的
70%。(工业20%,服务业10%)在"转型时期",农业所占比例下降
到20%,工业上升到50%,服务业占30%;最后,在"第三文明"时
期,农业进一步降低到10%,工业降至20%,服务业则上升到就业
人员的70%。(Fourastie,1949)

这个"三个部门理论"及其观点也被许多中国学者接受。例
如,中山大学的李江帆和他所在的中国第三产业研究中心,几乎完
全接受了富拉斯蒂埃的概念框架,大力主张"第三产业"乃是中国
当前和未来发展的关键。(李江帆,1994、2005)国内主流经济学家
(如吴敬琏)相当普遍地引用了这个观点(例见吴敬琏,2005)。

以上主张并不限于经济学,也包含社会学领域。它集中体现
于将"现代社会"等同于"橄榄型"社会结构的概念。其理论来源是
美国社会学家米尔斯(C. Wright Mills)1951年的经典著作《白领:
美国的中产阶级》(Mills,1956)。其核心观点很简单:当时的美国
社会正戏剧性地向一个以"新中产阶级"为大多数的社会演变,尤
其显著的是在20世纪上半叶大规模扩展的"白领阶层"。在众多
使用这个观点来研究中国的著作之中,由陆学艺牵头的《当代中国
社会阶层研究报告》(陆学艺编,2002)尤其突出。陆争论,中国社
会已经走上了这条轨道,正在迅速地从传统和不平等的"金字塔型
社会结构"向"现代橄榄型结构"转型。中产阶级正在以每年(所占
社会就业人员比例的)1%的速度扩增。到2020年,陆预测将达到
30%—40%的比例(毋庸说,正是这样的好几亿中产阶级消费者的
想象在促使跨国公司在中国大规模投资)。其结论很明显:伴随经
济发展,中国正沿着必然美国化的道路前进。(陆学艺编,2002;陆

学艺,2003、2007)这也是吴敬琏(2008a)和蔡昉(2007)的基本观点。他们共同强调的是,中国已经像美国那样,进入由庞大的"中产阶级"所组成的"橄榄型"社会。

现今中国的"主流"经济学和社会学观点可以说基本就是美国化或"美国模式"。它预测越来越高比例的人员将从传统部门转入现代部门,从农村进入城市,从贫穷阶层进入中产阶层,亦即必然向美国模式转型。这正是1960年代在美国学术界占主流地位的观点,也是当时组成所谓"现代化理论"(modernization theory)的核心。它从西方经验的一方面的抽象化出发,伸延到发展中国家,容纳了一定的修改,例如农村劳动力过剩,以及短期的耽搁,例如刘易斯的"二元经济"和托达罗的"城市传统部门",但它的核心概念一直没变,即由市场推动的资本主义发展必然会导致全面"现代化",最终和美国一样。

但在美国,这个现代化模式,连同新古典经济学的一些基本理论前提,在1960年代之后受到广泛的批评,直至美国学术界几乎完全否定了现代化模式,甚至把它等同于头脑简单的观点(下面还要讨论)。但是那个发展经济学的"革命"后来被1980年代和1990年代的"反革命"取代,而新古典经济学则因美国"新保守主义"(Neo-Conservatism)的兴起而在经济学界取得了霸权地位,几乎被等同于经济学的全部。其后则明显伴随美国在伊拉克的失败和国际声誉的下降及2008年的金融海啸而衰落。[①] 下面,我们首先回顾1970年代和1980年代西方社会科学界对上述现代化理论的批评。

---

① 笔者从1966年到2004年在加利福尼亚大学执教38年,这些变化可以说是目睹和亲身经历。

二、"非正规经济"

对"二元经济"模式和现代化理论的批评最初不是来自理论家，而是来自应用经济学家和经济人类学家的经验研究。事实是，大多数的发展中国家（"第三世界"）在 1960 年代和 1970 年代所经历的城市化规模要远超过其现代工业部门所能吸纳的新就业人员，由农村流入城市的人口其实大部分没有进入现代部门，而是进入了传统与现代之前的部门。我们看到托达罗曾经试图用所谓的"托达罗模式"来概括这个事实。但后来在"第三世界国家"做实地调查的研究者们提出的"非正规经济"概念，才更精确、贴切地概括了这种在城市中的低层次就业。

首先是国际劳工组织 1972 年的肯尼亚报告。（ILO，2002）它是一个动员了 48 位研究者的大规模研究，由辛格（Hans Singer）和乔利（Richard Jolly）两位英国著名的发展经济学家主持（两位都在英国萨塞克斯［Sussex］大学发展经济研究所就职，后来于 1994 年和 2001 年分别获得英国女王伊丽莎白二世的封爵）。当时肯尼亚的现代企业多是资本密集、带有外国投资的企业，所雇用人员十分有限（虽然其经济是以每年 6% 的速度增长的）。在城市就业的人员，其实大部分不是在正规现代部门就业的工人，而是在非正规部门就业的（被调查者称作）"穷忙人员"（working poor），包括小规模的、不经国家管理甚或是被国家法规压制的企业，也包括小贩、木匠、修理工、厨师等，区别于受国家管理和支持的大企业。此外，很多非正规人员从事的是"现代"而不是"传统"的经济活动，诸如机器维修、现代建筑建造、销售、家具制造、开出租车等。这些事实都不符合"二元经济"模式假设的传统与现代两部门由此到彼的简单转型。为此，报告的作者们没有采用当时影响极大的"二元经济"模式，而改用了正规与非正规相区别的框架。他们强调，政府不应压制非正规部门，应该为其对发展和就业的贡献而给予积极的支持。

此后是经济人类学家哈特（Keith Hart，后来执掌剑桥大学非洲研究中心）对加纳的研究。和国际劳工组织的报告一样，哈特使用了"非正规部门"这一范畴，特别突出其中的自雇者，强调要区别于受雇的领工资者。他搜集的数据和国际劳工组织的报告同样突出了此部门的人员数量和低报酬。（Hart，1973）

此后有很多类似研究，这里要特别提到的是荷兰经济人类学家布雷曼（J. C. Breman）关于印度的研究。布雷曼一方面进一步确认上述研究，同时也指出其中一些概念上的问题，尤其是本书上一章已经提到的在正规部门中就业的非正规人员问题（Breman，1980）。其后的社会经济史研究则证实，即便是在欧洲，城镇工人的增加也造成了对廉价物品和服务的需求，多由旧"小资产阶级"提供，其中"自雇"的"个体户"居多。另外，传统与现代经济的连接也推动了小商业、手工业工人、服务人员、运输人员等在城市的兴起。（Crossick and Haupt，1995；Mayer，1975；黄宗智，2008）

国际劳工组织在整个过程中起了重要的作用，一方面在全球范围搜集了基本数据，另一方面鲜明地提倡要为非正规劳工争取"有尊严的"（decent）待遇。关于"第三世界"这方面的经验信息和数据积累是如此的强劲有力，甚至连世界银行这样的组织都建立了"社会保护部"（Social Protection Unit），归属于其"人类发展网络"（Human Development Network），以及"社会发展部"（Social Development Department），完成了众多的研究报告。它们的目的，正如其组织名称所显示的，乃是"社会保护"、"人类发展"和"社会发展"。此外，尤努斯（Muhammad Yunus）之所以在 2006 年获得诺贝尔和平奖也绝非偶然，他的格莱珉（Grameen）银行一直为非正规经济中最底层、弱势的人员——孟加拉农村从事非农就业的妇女——提供关键性的金融服务。

三、意识形态化的理论争执

国际劳工组织打出的"非正规部门"，以及后来的"非正规经济"范畴，具有重要的理论含义。它指出发展中国家与发达国家现代社会形态的不同，即从（一般西方）理论视角来看的悖论性。但是在冷战大背景下的理论界的争执中，最抢眼的位置很快就被马克思主义和新古典经济学间的论争占领。对"二元经济"提出挑战的影响较大的一位理论家是弗兰克（André Gunder Frank）。他试图把现代化理论颠倒过来，争论帝国主义非但没有给后进国家带来发展，非但没有缩小城市与乡村间的差别，反而给它们带来了"一国之内的殖民结构"，体现于"中心城市"与乡村"卫星地区"之间的关系。乡村的经济绝对不像"二元经济"理论构建那样与城市隔绝，而是成为城市的"依附"（dependency）地区，与拉丁美洲成为美国的依附卫星地带一样。帝国主义的借口是现代化，但其引发的结果实际是依附性和发展不足。对弗兰克来说，其中关键的经济逻辑是马克思主义的"剩余价值"剥削——从劳动者所创建的价值和付给他们的工资间的差别所掠取的"剩余"。"依附性"说到底就是剩余价值的剥夺和流出，从农村到城市及从卫星国家到发达国家。(Frank, 1973)

如果弗兰克对新古典经济学及由其衍生的"二元经济"论的批评显得有点意识形态化，甚至是控诉化，华勒斯坦(Immanuel Wallerstein)的"世界体系理论"可能显得比较客观。与弗兰克不同，帝国主义对华勒斯坦来说不是出于某些国家或某些人的恶毒意图，而是源自16到18世纪一个世界体系的形成。这个"世界资本主义体系"(world capitalist system)结果分化成为三个地带，即"中心"地带(core)、"边缘"地带(periphery)和"半边缘"地带(semi-periphery)。剩余价值由边缘地带流向中心地带(而半边缘地带则既是剩余的抽取者也是被抽取者，它在该体系之内起到了免除两极分化的功能，由此协助维持整个体系)。华勒斯坦指出，如此的剩余流动并不一定意味着"第三世界"的劳动者越来越贫穷，事实上他们的经济状况多有提高，但是从全球视野来看，中心地带与边缘地带间的差别没有缩小，而是在持续扩大(Wallerstein, 1979)。

弗兰克和华勒斯坦这种来自马克思主义经济学的理论带动了发展经济学界在1970年代和1980年代的"革命"，但是在1980年代之后，则被新古典经济学的"反革命"(这里又一次使用托达罗的用词)取代。这一学术界的"反革命"当然受益于苏联和东欧共产党政权的瓦解，以及在里根(及其下的"里根经济学"[Reaganomics])、老布什和小布什总统任下的"原教旨市场主义"

洋洋得意的霸权的兴起。其间的一个关键差别是对廉价外国劳动力使用的理解:前者认为是剥削,后者认为是使得经济最优化的市场机制的作用。

新制度经济学是伴随新古典经济学的“反革命”而兴起的,并对其起了重要的支撑作用。其主要理论家包括哈耶克(Friedrich A. Hayek)、科斯(R. H. Coase)(都是芝加哥大学的),以及诺斯(Douglass North)。哈耶克从对新古典经济学的强有力批评入手,指出它当作前提的完美理性、知识和信息都不可能在真实世界的个体中存在。(Hayek,1948:第1、2、4章)但是,在此书后面几章我们能看到,哈耶克的最终目的其实并不在于对新古典经济学的批评,而是对社会主义计划经济的攻击。他认为,后者才真正把“科学主义”的弊病推到了极端。他的结论是:不完美的个人,通过价格机制而做出自由抉择,乃是真实世界中最贴近理想状态的经济制度。劳动力的合理配置当然是其中的一个方面。(同上,第6章;亦见汪晖,2004:下卷,第2部,1438—1492页的讨论)毋庸说,如此的视角完全排除用剥削概念来理解(非正规经济中的)廉价劳动力的使用。

至于科斯,他也是以批评新古典经济学的姿态来立论的。他认为:最佳的资源配置不可能像新古典经济学假设的那样,只依赖个别“理性经济人”和价格机制来达成。他特别突出了经济活动涉及的“交易成本”问题,认为“公司”(the firm)和产权法律的兴起正是为了要把这些成本极小化。(Coase,1988)诺斯则争论新古典经济学忽视了“国家”和“制度”。他认为:“制度”所指最终其实只不过是清晰的排他性的产权法律。在他对经济史的理论性回顾中,只有西方国家的那种私有产权法律才可能推动真的经济发展。(North,1981)科斯和诺斯同样排除剥削劳动者的概念。

他们三人——哈耶克、科斯和诺斯——都毫无保留地反对国家干预市场和提供福利。他们虽然似乎是在批评新古典经济学,但每一位都保持了对市场机制的信念——认为唯有在自由市场下,个人追求效率最大化及公司追求利润最大化,才可能做到资源的最佳配置而赋予最大多数人最大利益。他们对此所做的改动只不过是另加了唯有排他性的产权才可能降低"交易成本",由此提高经济效益这样一个概念。最终,他们只不过进一步强化了新古典经济学的核心信念:国家对市场运作的干预越少越好。

对许多追随新制度经济学的学者来说,这套理论要比简单的新古典经济学更具说服力,因为它似乎考虑到了政治(法律)制度。对中国的许多经济学家来说,出于历史原因,新制度经济学自始便具有特殊的吸引力。正因为它强调市场经济的创新力,也因为它提倡私有产权,并要把国家角色最小化,许多中国"主流"经济学家都把它认作中国改革的灵丹妙药,其影响在中国可能要大于任何其他经济学流派(例见吴敬琏,2005:18—20)。有的经济学家固然把"制度"理解为广义的政治"体制"和国家政策,不限于其原来狭窄的产权含义(例见樊纲,2008;樊纲、陈瑜,2005;樊纲、胡永泰,2005)。有的经济学家则可能是在有意识地利用其理论来讨论比较敏感的政治改革问题。

但是,今天回顾起来,原来在美国的马克思主义和新古典经济学(以及制度经济学)之间的争论,相当部分其实源自政治和意识形态多于学术研究,因为双方都只可能被卷入冷战时期的意识形态斗争。为此,哈耶克对古典经济学原来极有说服力的批评——它设想不符实际的完美理性和知识、它对平衡分析过分痴情、它以理论设想替代实际、它对数学技术过分依赖——最终完全被他对计划经济的意识形态化批评掩盖。他批判的火力最终完全转移到了计划经济上。我们可以看到,对国家"干预"的攻击,哪怕只不过是凯恩斯主义那样的干预,才是他的目的。同时,弗兰克、华勒斯坦对资本主义帝国主义的合理批评——指出其对"第三世界"廉价劳动力的剥削(和对其原材料的榨取)——最终无论有意还是无意,都被等同于完全拒绝市场经济而采用集权的计划经济的论点。

计划经济的众多弱点早已被社会主义国家转向市场化充分证实。毫无疑问,这种计划经济导致了庞大而僵硬的官僚体制的产生,更不用说结构性的"预算软约束"和"短缺经济"等问题。(Kornai,1980;进一步的讨论见本书第 4 章)至于马克思主义基于其劳动价值论的核心概念"剩余价值",看来无法更充分地考虑资本和技术及市场供需对价值所起的作用。事实上,对马克思主义经济学和计划经济的否定,今天已经走到了极端,有的论者甚至完全否认计划经济在重工业发展、有效医疗、教育服务和对劳动者的公平待遇等方面的成就。

今天,在新保守主义霸权逐步衰落的趋势之下,以及使人们联想到 1930 年代经济"大萧条"的金融海啸之后的经济衰退现实面前,也许我们能够更加清醒地看到新古典经济学的盲点和缺失。哈耶克多年前提出的学术性批评部分是十分中肯的。此外,无约束的利润追求和市场机制显然引发了许多越轨行为,无论产权清晰与否都如此。① 新古典经济学所理想化的理性行为,明显不能解释市场资本主义在历史上多次显示的贪婪和剥削、畏惧与恐慌(尤其是19—20世纪的帝国主义、1930年代的经济大萧条,以及2008年的金融海啸)。制度经济学在新古典经济学上附加了产权论点,但它还是在其主流理论传统中,同样教条性地完全反对国家干预市场和提供福利。

回顾起来,马克思主义和新古典经济学的论争双方都有失偏颇。在冷战的氛围中,两者的真正洞见都被自己的意识形态立场模糊。新古典经济学及制度经济学指出:市场经济和私有产权能够激发企业的创造力和竞争力,远胜于计划经济,这无疑是正确的。马克思主义经济学则指出:放任的资本主义利润追求会导致越轨行为、不平等及对劳动者的剥削,帝国主义的过去如此,全球资本的今天也如此。这无疑也是正确的。

四、对经验现实的误导

中国主流经济学无保留地接纳了新古典经济学和美国模式,不仅影响了有关数据的表述,也决定了什么样的数据会被搜集或

---

① 譬如,美国证券与交易委员会(Securities and Exchange Commission)主任 Christopher Cox 公开承认该委员会的监督计划"自始便具有基本问题",因为它允许"投资银行自愿从被监督退出"(*New York Times*,2008年9月26日)。而联邦储备银行前主任 Alan Greenspan 则十多年以来"都猛烈地反对任何关于金融衍生品在国会或华尔街的检视"(*New York Times*,2008年10月9日)。在2008年10月23日的国会听证会上,Greenspan 承认他过去可能确实过分信赖市场的自律能力(*New York Times*,2008年10月24日)。

不被搜集。非正规经济中对劳动者的不公平待遇几乎被认作不存在。比如《中国劳动统计年鉴2007》给出的"城镇单位就业人员平均劳动报酬"和"全国平均职工工资"数,一是 20 856 元,一是 21 001 元,因此,这给人以正规和非正规人员报酬十分接近的错误印象。(《中国劳动统计年鉴2007》:表 1-28,52;表 1-43,82—83)实际上,这些数据主要只关乎正规职工,也就是当时 2.83 亿城镇就业人员中的仅有的 1.15 亿人,只考虑到少量的(总共才几百万)由所在单位正式上报的低等待遇临时工,并不包括承包正规企业工程的非正规(经过登记的)私营企业或个体户的人员,更不用说未经登记的农民工和城镇非正规人员。(《中国劳动统计年鉴2007》:表 1-1,2;表 1-14,24;《中国统计年鉴2007》:表 5-6,135;表 5-9,142)我们已经看到,2004 年,农民工的平均劳动报酬才 780 元/月,亦即(假定全年全职)9360 元/年,和《劳动统计年鉴2004》报道的那年的 16 159 元"全国""平均报酬"相去很远。

《中国劳动统计年鉴》报道的每周工作时间数据也一样。根据被列出的数据,各年龄和教育水平组的每周工作时间全都介于平均 40—50 小时之间。(《中国劳动统计年鉴2007》:表 1-68,119)这当然遮盖了农民工《总报告》所得出的平均每天 11 小时,每周 6—7 天的事实。后者为一般中国公民所熟知,也是众多小规模研究所得出的结果(见第 1 章第 3 节脚注 2 所提到的关于北京、合肥和武汉等城市的研究)。

有关"第三产业"的统计数据也同样具有误导性。在概念上,国家统计局把这个指标定义为"第一、二产业以外的其他行业"。其下的划分是:交通运输仓储和邮政业,信息传输,计算机服务和软件业,批发和零售业,住宿和餐饮业,金融业,房地产业,租赁和商务服务业,科学研究,技术服务和地质勘查业,水利环境和公共设施管理业,居民服务和其他服务业,教育、卫生社会保障和社会福利业,文化体育和娱乐业(原来的教育、文化艺术和广播电影电视业,现把教育分列)、公共管理和社会组织(即原来的国家机关、政党机关和社会团体)。(《中国统计年鉴2007》:表5-6,135—137;表5-4,131)这些听来差不多全是相当"现代"的范畴,尤其是信息企业(IT)、房地产、金融、大学和研究机关、电视和电影及党政国家公务人员,也差不多全符合"白领""新中产阶级"的图像。难怪李江帆等经济学家会毫无保留地把"第三产业"整体认作最先进的产业。[1] (李江帆,1994、2005)

这些统计数据再次限于正规经济,2006年其中约6000万属于服务部门(约5000万属于第二产业,主要是制造业和建筑业),完全忽视了5600万在服务业工作的农民工,以及大多在服务部门工作的5000万非正规就业城镇居民。这样把非正规保姆、清洁工、垃圾清运人员、社区保安、送递人员、餐饮和住宿服务人员、小贩等与信息技术人员、高级研究人员和公务员等混为一谈,便很容易把"第三产业"从业人员全部想象为"白领"或即将变作"白领"的中产阶级人员。

结果是,由于劳动与社会保障部忽视了非正规经济,使得真实

---

[1] 国家统计局从1985年开始采用了一个四层次(等级)的划分,以流通部门的运输、商业、饮食业等为第一层次,金融、保险、房地产、居民服务等为第二层次,教育、文化、广播、电视、科研等为第三层次,国家政党机关为第四层次。2003年改用以上讨论的新划分。(李江帆,2005:14)

情况被部分掩盖,值得深思的是,这个工作是由名义上与国际劳工组织对口的单位来做的。今天,国家也许应该更系统、更正规地搜集这个巨大并在继续扩展的非正规经济的数据,并将其纳入正式的统计数据。那样,才有可能使中国的社会经济实际在正式统计材料中得到体现。

系统统计材料的欠缺,结合来自原教旨市场主义和现代化主义教条的理论,乃是以理论企望来替代实际的一个重要起因。如此才会使社会学界的部分领军人士,虽然掌握了相当翔实的农民工研究成果,但仍然坚持中国社会已经进入了"现代"的"橄榄型"结构,并预测"白领""新中产阶级"将于 2020 年达到全人口的38%—40%。如此的预测完全忽视了非正规经济已经从微不足道的数量而爆发性地达到了城镇就业人员的不止 60%,其扩增率要远比他们模拟的"中产阶级"快速。我们已经看到,在全国范围内,非正规经济占到城镇所有就业人员的 63.2%;如果我们把农民也纳入非正规经济,则是所有就业人员中的 83.2%(见第 1 章表 1.2、1.4)。

这里可以进一步讨论一下刘易斯转折点的问题。2010 年,中国正规部门就业人员总数不过与 1985 年的绝对数(1.2 亿)相等。要真正达到刘易斯的转折点,即正规和非正规部门的整合,正规部门尚需要纳入城镇的 2.2 亿非正规人员及同年乡村的 4.1 亿非正规就业人员。这谈何容易!让全体就业人员在短期内完全进入一个整合了的单一现代正规经济部门,实在是在拟造一个神话。

中国今天的社会结构距"橄榄型"显然还很远,其实现在更像个"烧瓶型"(也有人称作"倒丁字型")。最上面是国家高、中层官员,资本家及高级技术人员,近年来人数确实有所扩增,可以说已经不是简单的"金字塔"型。但是,我们绝对不该夸大精英阶层或所谓的"中产阶级"的人数和比例。我们上面已经看到,2010年"中产阶级"充其量只是所有就业人员中的16.8%。

中国社会的基层部分则包含2.2亿的城镇非正规经济人员及4.1亿的乡村就业人员,加起来总共占全国就业人员的83.2%(见第1章表1.2、1.3、1.4)。中国面对的难题是,这样的结构可能会成为长期的社会模型,其中占少数的高收入现代部门长期处于占大多数的低收入非正规经济之上。

中国的人口在近年来的经济发展中固然是个有用的资源,但它也是个沉重的负担。其规模是如此之大,和美国是如此的不同,在中短期之内农业就业人员比例根本就没有可能会像美国那样缩减到总就业人员的1.6%(2004年)。庞大的人口数量所导致的大量务农人员和剩余劳动力在相当长的时期内将是中国的基本国情。

有的读者也许会问,所谓"东亚"模式和"四小龙"模式呢?日本、韩国和中国台湾地区和在人口密集性(和文化)上,不是和中国大陆基本相似吗?但它们不是已经成功地转型为发达国家(地区)和橄榄型社会了吗?这里要再次指出,问题是它们的规模是完全不同的。出于特殊的历史原因,2007年日本务农人员只占其就业人员全数的4.5%,与美国相似,和中国大陆完全不同。即便是中国台湾该年的6.6%,或韩的8.1%也和中国大陆相去很远(更不要说像新加坡和中国香港那样的城市了)(《中国统计年鉴2007》:1020、1002)。从人口负担的规模和经济大小来看,中国台湾和韩国其实更像上海市及其郊区,实在不能和中国大陆相提并论。真正合适的比较是中国台湾/韩国与上海市,不是它们和中国大陆。

毋庸说,劳动力的供应量乃是决定非正规经济所占比例及其长期性的一个关键因素。从这个角度来说,国际劳工组织所研究的印度和印度尼西亚对中国而言要远比美国和四小龙模式都更具可比性。当然,中国未来或许能够真正完全去内卷化/过密化[1]、解决其劳动力过剩的问题,但目前我们需要的是直面真实问题,而不是想象其不存在或必定会很快消失。

这一切绝对不是想要贬低非正规经济。它无疑为许多没有就业机会的人提供了机会;它赋予农民非农就业的收入来源,因此提高了农民的总收入;同时,农民工及其他的城镇非正规人员对国民经济的发展做出了十分重要的贡献。此外,我们也可以看到,在最高度发展的城市中,非正规就业报酬已经有一定的提升,其参保比例也略有增加。我们没有理由否定以上任何一个论点和事实。其实,国际劳工组织、世界银行、社会保护单位等的研究,都已经强调了非正规经济的这些积极方面。

但这并没有改变非正规经济就业人员社会地位较低的事实,其大多数是在达不到标准的工作条件下,为了较低的报酬(而且大多数缺乏福利)而工作。正因为如此,国际劳工组织和世行的社会保护单位,同样把提高非正规人员工作条件定为主要目标。他们提倡的是个简单的要求,即有尊严的就业条件。这是一个既出于社会公正,也出于可持续发展考虑的目标。社会的不平等,以及对

---

[1] "内卷化"/"过密化"指的是笔者在《华北》(1986)、《长江》(1992)两书中所详细论证的,在人口相对过剩压力下,(农村)劳动者为递减的报酬投入越来越多的劳动力的历史过程。

劳动者的不公正待遇，不明智也不经济。提高非正规就业的待遇，既可赋予劳动者利益，也会提高其生产率，并可以扩大国内消费需求，由此推动国民经济发展。

五、抛开意识形态

新古典经济学的美国模式最基本的教条是原教旨市场主义，即认为国家对市场的监督和干预越少越好。自由市场的机制本身会导致最优化和最高效率，推进经济发展。它会给最多的人带来最大的利益。在"二元经济"理论中里，这一切都没有受到质疑，它只附加了发展中国家会因为传统部门劳动力过剩而比较滞后这样一个备注。发展会由农业到工业到服务业顺序演进的"三个部门"理论，以及社会结构将从"金字塔型"进步到"橄榄型"理论，只不过是对同一模式的进一步阐述。

新制度经济学，起码在其主流理论中，基本上重新确认了这个模式对国家制度的看法。国家应该通过法律建立清晰且高效的私有产权制度，为市场经济制造"制度"环境，但不可干预市场运作，尤其不可掺入社会公正。它的基本信念仍然是新古典的，即通过市场机制而理性地追求个人效益最大化及公司利润最大化，是最佳的经济模式，并会为大多数人带来利益。

但非正规经济的现实不符合这样的逻辑。在大多数的发展中国家里，尤其是中国和印度这样的国家，劳动力无疑是（相对）过剩的。在那样的情况下，市场和利润最大化的逻辑，肯定会使企业、公司试图把工资尽可能压到市场机制所允许的最低限度，并把工作时间尽量延长到劳工所能忍受的极限。在劳动力过剩的情况下，有更多的后备人员愿意接受现有的工作条件，加之没有国家法规限制，一个纺织公司或餐馆为什么要支付更高的工资或接受较少的工作时间？这正是为什么非正规经济中的就业人员平均工作时间是正规人员的 150%，而只获得正规人员工资的 60%（这是没有考虑两者的不同福利的差别），对拥有庞大剩余劳动力的中国来说，这样的情况很可能会长期延续。

今天我们应该把理论双方真正的洞见及其意识形态化的偏颇区别开来。新古典经济学和制度经济学认为，市场和私有产权可以激发企业创新动力和竞争，那无疑是正确的；但新保守主义坚信，市场是一切社会经济问题的万应灵药，这肯定是错误的。市场主义的极端趋向事实上已经在 2008 年再次把世界经济推到了大萧条以来最严重的危机。中国非正规经济中不良的工作条件也来自同样的趋向。正如诺贝尔和平奖获得者尤努斯指出的，新古典经济学把企业家构建为只顾及利润最大化的追求者，并且不仅是事实如此，而且是应该如此，因为唯有如此才能配合市场机制而把经济推向最高效率，其实鼓励了贪婪行为，几乎等于是一种自我实现的预言。（Yunus，2006）

同时，马克思指出资本主义的利润追求会造成严重的不平等和剥削，也无疑是正确的。但社会主义国家过去完全拒绝市场经济，完全依赖计划，造成了庞大沉重的官僚制度及僵化的经济。这当然也是应该承认的事实。

中国的非正规经济是对两大经典理论的不同的很好说明。自由市场主义者赞扬非正规经济提供就业机会的功能，以及它所显示的创新力和企业潜能,这无疑是正确的。他们认为国家不应压制或过分控制非正规企业,也是正确的。但他们之中意识形态化的论者反对国家采取社会公正措施,认为放任的市场机制乃是达到多数人的最大利益的最好途径,无疑是错误的。至于马克思主义者,他们指出非正规经济使农民工遭受了不公平的待遇,这无疑是正确的。他们之中有不少人认为国家应该提供公共服务和社会福利,这也是正确的。但他们之中的高度意识形态化论者完全拒绝市场,要求严格控制或取缔非正规经济,甚或回归官僚经营或计划经济,这无疑是错误的。

为非正规经济采取社会公正措施,当然并不意味着为公平而牺牲经济发展。正如众多学者早已指出,社会公平是社会—政治稳定性的一个关键因素,因此也是可持续发展的一个关键因素(社会—政治不稳定的经济成本该如何核算?)。恰当结合国家的社会公正干预和市场的创新动力可以理解为国际劳工组织和尤努斯获得诺贝尔和平奖的真正意义——为全世界的劳工争取"有尊严的"工作条件。这或许也是"社会主义市场经济"所应有的含义。

参考文献:

蔡昉(2007):《中国经济面临的转折及其对发展和改革的挑战》,载《中国社会科学》第 3 期:第 4—12 页。

樊纲(2008):《改革三十年——转轨经济学的思考》,http://www.xschina.org.

樊纲、陈瑜(2005):《"过渡性杂种"——中国乡镇企业的发展及制度转型》,载《经济学》(季刊)第 4 卷第 4 期:第 937—952 页。

樊纲、胡永泰(2005):《"循序渐进"还是"平行推进"? ——论体制转轨最优路径的理论与政策》,载《经济研究》第 1 期:第 4—14 页。

黄宗智(2008):《中国的小资产阶级和中间阶层:悖论的社会形态》,载《领导者》第 22 期:第 55—64 页,http://www.tecn.cn.

黄宗智(1992[2000、2006]):《长江三角洲小农家庭与乡村发展》,北京:中华书局。

黄宗智(1986、[2000、2004、2009]):《华北的小农经济与社会变迁》,北京:中华书局。

李江帆(1994):《第三产业发展规律探析》,载《生产力研究》第 2 期:第 49—53 页。

李江帆编(2005):《中国第三产业发展研究》,北京:人民出版社。

陆学艺(2003):《当代中国的社会阶层分化与流动》,载《江苏社会科学》第 4 期:第 1—9 页。

陆学艺(2007):《2020 年三成中国人是中产》,载《共产党员》第 16 期:第 12 页。

陆学艺编(2002):《当代中国社会阶层研究报告》,北京:社会科学文献出版社。

汪晖(2004):《现代中国思想的兴起:下卷》第 2 部,北京:三联书店。

吴敬琏(2002):《发展中小企业是中国的大战略》,载《宏观经济研究》第 6 期。

吴敬琏(无出版日期):《来自实践的真知灼见——评伏来旺〈转移战略论〉》,http://www.tecn.cn.

吴敬琏(2005):《中国应该走一条什么样的工业化道路》,载《洪范评论》第 2 卷第 2 期。

吴敬琏(2008a):《从〈大国崛起〉看各国富强之道》,http://www.tecn.cn.

吴敬琏(2008b):《中国的市场化改革:从哪里来,到哪里去?》,张剑荆专访,9 月 2 日,http://www.tecn.cn.

张曙光(2007):《中国腾飞之路和国家兴衰理论——兼评林毅夫等著〈中国的奇迹:发展战略与经济改革〉》,http://www.lunwentianxia.com.

《中国劳动统计年鉴 2007》,北京:中国统计出版社。

《中国农民工问题研究总报告》(2006),载《改革》第 5 期,http://www.tecn.cn.

《中国统计年鉴 2007》,北京:中国统计出版社。

Breman, J. C. (1980). "*The Informal Sector*" *in Research*:*Theory and Practice*, Rotterdam:n. pub.

Clark, Colin. (1940). *The Conditions of Economic Progress*, London:Mac-Millan and Co.

Coase, R. H. (1988 [1990]). *The Firm*, *the Market and the Law*, Chicago:University of Chicago Press.

Crossick, Geoffrey and Heinz-Gerhard Haupt. (1995). *The Petite Bourgeoisie in Europe, 1780—1914*:*Enterprise, Family and Independence*, London and New York:Routledge.

Fei, John C. H. and Gustav Ranis. (1964). *Development of the Labor Surplus Economy*:*Theory and Policy*, Homewood, I11.:Richard D. Irwin Inc..

Fisher, Allan G. B.(1966[1935]). *The Clash of Progress and Security*, New York:Augustus M. Kelley,Publishers.

Fourastie, Jean. (1949). *Le Grand Espoir du XXe siècle* , Progrès technique, progrèss économique, progrèss social. Paris:Presses Universitaires de France.

Frank, Andre Gunder.(1973)."The Development of Underdevelopment," in C. K. Wilber ed., *The Political Economy of Development and*

Underdevelopment, New York: Random House.

Hart, Keith. (1973.) " Informal Income Opportunities and Urban Employment in Ghana," *The Journal of Modern African Studies*, vol. 11, no. 1: 61—89.

Hayek, Friedrich A. (1948 [1980]). *Individualism and Economic Order*, Chicago: University of Chicago Press.

ILO (International Labor Office). (2002). *Women and Men in the Informal Economy: A Statistical Picture*, Geneva: International Labor Organization.

ILO. (1972). *Employment, Incomes and Equality: A Strategy for Increasing Productive Development in Kenya*, Geneva: International Labor Organization.

Kornai, Janos. (1980). *Economics of Shortage*, Amsterdam: North-Holland Publishing Co.

Kuznets, Simon. (1955). " Economic Growth and Income Inequality", *The American Economic Review*, vol. 45, no. 1 (Mar.): 1—28.

Lewis, W. Arthur. (1954). " Economic Development with Unlimited Supplies of Labour," *The Manchester School of Economic and Social Studies*, vol. 22, no. 2 (May): 139—191.

Lewis, W. Arthur. (1955). *The Theory of Economic Growth*, London: George Allen & Unwin Ltd..

Lin, Justin(林毅夫), Fang Cai(蔡昉), and Zhou Li(李周). (2003 [1996]). *The China Miracle: Development Strategy and Economic Reform*, rev. ed., Hong Kong: The Chinese University Press.

Mayer, Arno. (1975). " The Lower Middle Classas Historical Problem," *The Journal of Modern History*, vol. 47, no. 3 (Sept.): 409—436.

72

Mills, C. Wright. (1956 [1951]). *White Collar: the American Middle Classes*, New York: Oxford University Press.

The New York Times. (2008a). "S. E. C. Concedes Oversight Flaws Fueled Collapse," September26.

The New York Times. (2008b). "Taking Hard New Look at a Greenspan Legacy," October9.

The New York Times. (2008c). "Greenspan Concedes Flaws in Deregulatory Approach, "October24.

North, Douglass C. (1981). *Structure and Change in Economic History*, New York: W. W. Norton.

Schultz, Theodore. (1964). *Transforming Traditional Agriculture*, New Haven: Yale University Press.

Tignor, Robert L. (2006). *W. Arthur Lewis and the Birth of Development Economics*, Princeton: Princeton University Press.

Todaro, Michael P. (1969). "A Model of Labor Migration and Urban Employment in Less Developed Countries," *American Economic Review*, vol. 59, no. 1:138—148.

Todaro, Michael P. (1989). *Economic Development in the Third World*, 4th ed. , New York and London: Longman Group Ltd.

Wallerstein, Immanuel. (1979). *The Capitalist World-economy*, Cambridge: Cambridge University Press.

Wu, Jing Lian (吴敬琏). (2005). *Understanding and Interpreting Chinese Economic Reform*, Mason, Ohio: Thomson/South-Western.

Yunus, Muhammad. (2006). "Nobel Lecture," 2006 Nobel Peace Prize, http://Nobelprize.org.

第三章　"半工半耕"的小农家庭与非正规经济[①]

第一章已经论证,中国今天的劳动人民主要由"半工半耕"的小农家庭组成。这是一个与经典理论预期相悖的社会实际,堪称一种中国特色的"社会形态"。它附带有自己独特的经济逻辑。本章追溯其历史起源,说明其与"人多地少"的中国基本国情的关联,结合两种不同生产来维持家庭生计,之前是明清以来的结合手工业与农业,如今则是改革以来的结合农业与非农业打工。在其演变过程中,传统的"男耕女织"和今天的"半工半耕"(一定程度上

---

① 本章根据笔者之前的两篇文章(《中国的现代家庭:来自经济史和法律史的视角》,载《开放时代》2011 年第 5 期:82—105;以及《中国过去和现在的基本经济单位:家庭还是个人?》,载《学术前沿(人民论坛)》2012 年 3 月第 1 期(创刊号):76—93,http://www.lishiyushehui.cn)综合、修改、补充而成。之前,笔者在《超越左右:从实践历史探寻中国农村改革出路》(北京:法律出版社,2014)一书第 13 章中,做过初步的综合与修改。纳入此书,作了进一步的修改、删节和补充。

是"男工女耕")带有一定的延续性,决定了其特殊的经济逻辑,也决定了"小农经济"的顽强持续。一方面,它强韧地妨碍、排除规模化农业经营;另一方面,它为今天的巨型非正规经济提供了社会经济基础。如今大多数的城镇就业人员已经成为来自半工半耕小农家庭的非正规就业人员,而那些非正规人员及其"半耕"的家庭人员则共同组成中国工农劳动民众的绝大多数,也是全社会就业人员中的大多数。我们亟须仔细分析其经济运行逻辑,以及其与经典理论预期的逻辑间的不同。不然,我们只会继续误解中国的社会经济现实,只会长期受困于不符实际的理论预期,只会继续欠缺真正可以理解中国实际的理论概括。

一、两大经典理论与中国历史经验

亚当·斯密开宗明义地讨论规模化生产和劳动分工,用的例子是编织针制造中的 18 个不同环节。他指出,由个体化的劳动者分工承担的话,10 名工人一天可以生产 48 000 枚针,而一个人单独工作,没有分工的规模经济效益,一天绝对不可能生产 20 枚,甚或一枚都不能。(Smith,1976[1776]:8)这是现代资本主义制造业较早的,也是影响最深的一幅图像,所反映的是英格兰进入"早期工业化"时的状况。其后,马克思则更细致地指出,在如此的"工场的分工"(division of labor with in the workshop)[1]之前,有简单的工场

---

[1] 同时,马克思非常清晰地指出,在斯密所描述的"工场内的劳动分工"之外,还有"社会的劳动分工"(division of labor in society),即不同产业、部门和地区的劳动分工。(Marx,2010[1887、1967],vol. I, part VIII, chap.14, sect.4)

"合作"生产,即集合多人共同进行同一生产(他举的例子是 20 名
织布工人在同一工场工作),带有一定的规模效益;其后则是使用
现代动力和机器的大工厂的分工(例如纺织工厂)。(Marx,2010
[1887、1967]:第一卷,第 13、14、15 章)

作为上述认识的一部分,斯密和马克思都认为,进入资本主义
工业生产,雇工经营的大农场将取代以家庭为基本经济单位的家
庭小农场。马克思对在 18 世纪英格兰发生的这个过程做了详细
的论述(Marx,2010[1887、1967]:第一卷,第 27 章,第 5—10 节),
而斯密则只简单提到,资本进入农业,将会导致更多农场"佣人"
(servants)的劳动投入(Smith,1976[1776]:384—385)。列宁的《俄
国资本主义的发展》便直接继承了马克思的认识。(Lenin,1956
[1907])但是,中国经济史的实际与斯密、马克思及列宁所看到和
所预期的十分不同。

(一)明清到现代的农业:小家庭农场战胜雇工经营的大农场

首先,明清以来,中国的小家庭农场几乎完全战胜了雇工经营
的大农场。20 世纪 30 年代,华北农村只有 10% 的耕地是雇佣劳动
的经营式农场,90% 是小家庭农场。(黄宗智,[1986、2000]2004
[2009])在更高度商品化的长江三角洲,则完全没有雇工经营的经
营式农场,所有农场主要都是依赖家庭自身劳动力的小农场。(黄
宗智,[1992、2000]2006)

我早已详细论证过其中的逻辑。长江三角洲和华北的小家庭
农场的主要的不同是,长三角的小家庭农业生产要比华北的更加

76

高度"家庭化",即更高度依赖家庭辅助劳动力来从事手工业"副业"生产,主要是纺纱、织布和养蚕、缫丝。如此结合农业和手工业、主业和副业的小家庭农场,能够比雇工经营的大农场支撑更高的地租,即更高的地价,因此最终完全消灭了雇工经营的大农场。这个道理在明末清初的《沈氏农书》及其后的一些农书中,表述得已经相当清楚:自己雇工经营的大农场的纯收益已经与出租土地的地主没有什么分别,久而久之,几乎所有占有相当规模土地的地主都选择了出租土地的经营方式,而放弃自己雇工经营。(黄宗智,[1992、2000]2006:63—69;亦见《沈氏农书》,1936[1640前后])

以上描述的长江三角洲小家庭农场的农业主业+手工业副业的经营形式,不仅决定了农场组织,其实也决定了中国后来与西方的"早期工业化"的不同。

(二)"早期工业化"小农户的农业+副业战胜城镇化手工业

在英国和西欧的"早期工业化"过程中,手工业与农业逐渐分离。前者逐渐成为独立的工场生产,即由个体化的工人集合在一起共同生产,主要在城镇进行。这也是上述斯密和马克思所指出的过程。其后的学术研究证实,在这个过程中,仅凭手工业就业,青年人就能维持生计,不必待在家里等继承家庭的农场后才能够自立,因此推动了(比之前要)早结婚(和更高的成婚率)和人口的加速增长。如此的手工业发展和人口行为转型,也推动了"早期城镇化"。我们也可以说,后两者乃是前者的很好佐证。(黄宗智,

［1992、2000］2006：265—266；亦见 Mendels，1972；Medick，1976；Levine，1977；Wrigley and Schofield，1989［1981］；De Vries，1981、1984；参照 Huang，2002：517—520）

　　但在中国，手工业则一直非常顽强地与家庭农业结合在一起，密不可分，直到20世纪中叶仍然如此。简单地说，在人口/土地压力之下，农村户均耕地严重不足（平均只有基本生存所需的10—15亩地的3/4），"贫下中农"的农场更是如此。正如小农经济理论家恰亚诺夫在1920年代已经说明的，在如此的情况下，小农户生产单位，作为一个既是生产又是消费的单位（这是其与资本主义生产单位基本的不同，后者的生产与消费是完全分开的），为了消费需要，会忍耐一个资本主义单位所不会忍耐的劳动密集化（即在劳动边际报酬低于市场工资之下，仍然继续投入更多的劳动力，而在相同的情况下，一个资本主义雇佣劳动的经营单位则会停止雇工，因为它会得不偿失）。（Chayanov，1986［1925］）由此导致了（我称之为）内卷化（或过密化），即以"家庭化"的农业＋副业模式来自我维持，前者由主劳动力承担，后者则由家庭辅助劳动力——妇女、老幼承担。这是明清时期长江三角洲小农经济的普遍现象。（黄宗智，［1992、2000］2006）其中，占时间最多和报酬最低的是纺纱——当时，一亩地能生产约30斤皮棉，要用91天纺为棉纱（另加23天来织成布匹，46天弹花与上浆等），它只给农户带来农业1/3到一半的收益。（黄宗智，［1992、2000］2006：46、85）

　　这里，熟悉关于18世纪中国和英国生活水平相同或比英国水平更高的论说的读者可能会问：以上的分析不是受到彭慕兰（Kenneth Pomeranz）、李中清（James Lee）、王国斌（Bin Wong）和李伯重等的挑战了吗？应该说明，早在 2002 年，我已经撰长文（黄宗智，2002）论证他们在经验研究层面上的基本错误。今天，经过中外经济史领域将近 10 年的论战和研究，这个议题已经接近最终定论。首先是计量比较经济史家麦迪森（Angus Maddison）关于中英人均收入的比较合理的估计——中国 1700 年和 1820 年是 600"国际元"，不列颠则在 1700 年是 1405 元，1820 年是 2121 元——直接否定了彭慕兰等的论点。（Maddison, 2007:44, 表 2.1; 2001:47、90、304, 表 2-22a、表 C3-c; 亦见黄宗智, 2014: 第 6 章）在最新的研究中，特别值得一提的首先是苏成捷（Matthew Sommer）对李中清、李伯重和王丰关于长江三角洲具备有效生育控制（堕胎）论点经验依据的全面检查。这是他们的总体论点——中国的人口压力并不比英国严重——的重要部分，也是彭慕兰、李中清、李伯重等全组人赖以立论的根本依据。苏成捷证明，他们的论说其实连一个真实的案例都没有，并且，鉴于当代更完整的材料和数据，甚至是极其不可能的。（苏成捷, 2011; 英文版见 Sommer, 2010）其次是一组国际学者的最新研究，使用了多种新材料，证明在 18 世纪中叶，伦敦（和牛津）一个普通工人的工资和生活水平要比北京（及苏州、上海和广州）高出 3 到 4 倍。（Allen, Bassino, Ma, Moll-Murata&van Zanden, 2011）

这种农业+副业、主劳动力+辅助劳动力的生产模式形成之后，逐渐展示了其高经济"效率"及强韧的经济竞争力。上面已经提到，作为一个基本生产单位，它可以承担比个体化雇工的"经营式农场"更高的地租，即更高的地价。因此，明末清初之后，经营式农场基本消失，家庭小农场占到绝对优势。到 20 世纪 30 年代，长江三角洲农业雇工所占农业劳动力总额的比例只有 2%—3%，而且不是受雇于大经营式农场的雇工，而是受雇于小家庭农场的长、短工，实际上只不过是小农经济的一种补充，而绝对不是资本主义农业的"萌芽"或"转型"。也就是说，小农农场，在与经营式农场长时段的市场竞争之下，占据了绝对的优势。这个状况一直维持到革命前夕。（黄宗智，[1992、2000]2006；亦见黄宗智，2011）

　　同时，农村家庭手工业生产作为农业的副业，一直顽强持续，排除了英国和西欧发展经验中那样的分化、人口行为转型及城镇化。即便是在 1920 年代兴起的现代纺纱厂和织布厂的强烈冲击之下，农村手工业仍然顽强持续：由于机器纺纱的劳动生产率远远高于手工纺纱（40∶1），许多农户放弃纺纱，但他们仍然织布（机器织布与手工织布劳动生产率之比仅为 4∶1），由农户购买机纱（有的用"洋经土纬"）来织成比工厂生产要耐用的土布。（黄宗智，[1992、2000]2006：123—124、130—131；黄宗智，2002：519、523；亦见徐新吾，1992）小农户的农业＋手工业基本模式顽强持续，因此也谈不上西欧那样的人口行为转型和"早期城市化"。

　　基于马克思的经典观点，国内过去曾有"男耕女织"乃是"封建主义""自然经济"的特征之说。但这完全是来自马克思理论的建构，并不符合中国的历史实际。（黄宗智，[1986]2004：200—201）这里要指出的是，明清时期长江三角洲的"男耕女织"绝对不是所谓的"自然经济"，而是高度商品化的经济。正是家庭化的农业与手工业的结合，推动和支撑了当时农村经济的蓬勃商品化（我在《长江》一书中称之为"过密型商品化"）。之后，其进一步阻碍了手工业与农业的分离，没有形成斯密和马克思所描述的那种规模化城镇工场生产。再之后,与(使用现代动力和机械的)工厂进行顽强抗争,例如土布生产的顽强持续。而斯密和马克思则以为,商品化会导致手工业工厂取代小农户生产,最终完全消灭小农户生产从而形成资本主义工业工厂生产。

· 长江三角洲和华北的不同主要在于长江三角洲的小家庭农场生产更加高度"家庭化",但其同时依赖农业主业和手工副业的基本道理则是一样的。在华北,小家庭农场在一定程度上同样依赖纺纱织布来支撑家庭经济(贫农农场则更依赖打短工为支撑家庭生计的另一柄"拐杖")。(黄宗智,[1986]2004:第11章)在那样的组织基础上,家庭农业也同样比雇工经营的农场具有更强的竞争性,因此占到总耕地面积的90%。其与长江三角洲的不同是,农业+副业的家庭生产结构没有达到同等高度的"发展"(其纺织业没有松江府那样"衣被天下"),因此,也没有能够完全消灭经营式农业。

(三)集体时期与没有城镇化的农村工业化

以上历史的根本逻辑其实不仅呈现于明清至近现代的中国经济,更非常顽强地持续至今天。与西方国家相比,中国现代经济发展的最大特点之一是农村的工业化,亦即(我称之为)"没有城镇化的工业化"。和西方的早期工业化不同,中国20世纪80年代的农村工业化基本没有把工业从农村中分离出来,而是自始便与农业紧密结合,自始便是以半工半耕的农户家庭为主体的工业化。最好的具体例证是村庄所办的工业,以及"离土不离乡"的、住在村庄家里而在村办或乡办工厂打工的早期农民工。

毛泽东时代的家庭农场虽然让位于集体化生产（即基本经济决策单位从家庭转为生产队），但农业和副业仍然紧密结合。在集体的小队和大队中，手工业如以往那样没有从村庄分离出来，而是仍然顽强持续地作为村庄经济的重要拐杖，并没有像英国和西欧那样分化为农村从事农业、城镇从事手工业的形式。集体化生产虽然不再是家庭生产，但其基本组织规律同样——它也同时依赖农业与副业生产，并由此形成了当代中国汉语中"副业"一词的广泛使用。在二十多年的集体化组织下，集体的村庄经济和家庭农场一样，仍然同时依赖农业和副业。（黄宗智，[1992、2000]2006：第10章）与以上的事实相对应，当时中国国家统计局一直都把副业纳入"大农业"指标之内（农、林、牧、副、渔）。

其后，在家庭联产承包责任制下，均分土地，中国农村经济再次返回到人均才两三亩地的小家庭农场。去集体化的一个重要结果是提高了劳动效率。例如松江，在总产出没有下降的基本状态下，从农业中释放出了约三分之一的劳动力，由此导致了（我称之为）"没有（产出）增长的（劳动生产率的）发展"。随着三分之一劳动力的释放，1980年代在（国家号召的）基层干部的积极领导和城镇工厂的扶助下，兴起蓬勃的农村工业化，最终取代了手工业在之前所占的位置，成为农业的主要"副业"，后来更成为农户的主业，转而使农业成为副业。

在全国范围内，从1993年开始，国家统计局取消了过去的"副业"统计指标。其后，（大）"农业"统计指标只包含"农、林、牧、渔"。如此的统计指标调整也说明，此前的家庭和集体手工副业已被新兴农村工业取代。① 而养猪、自留地蔬菜等家庭"副业",以及集体种、养"副业"等则被纳入"农、林、牧、渔"范畴,农村工业则划归工业范畴。

(四)"离土又离乡"的打工浪潮

其后,在上述的 1980 年代蓬勃的"离土不离乡"的非农就业之上,加上了 1990 年代开始的"离土又离乡"的大规模城市打工浪潮,非农就业逐渐在越来越多的地区变成农村家庭的主要收入来源。进入 21 世纪,非农就业逐渐成为主业,农业已经越来越妇女化和老龄化,成为许多农户的次要生产活动(我原来调查的华阳桥则已完全城市化,被纳入上海市区)。

与 1960 年代以来在世界发展中国家快速蔓延的"非正规经济"一样,中国新兴的农民工经济的一个基本特征是,缺乏社会保障和国家劳动法的保护,而这正是国际劳工组织对"非正规经济"的基本定义。(详见本书第 1、2 章;亦见黄宗智,2014:第 11 章)

今天,总数 2.5 亿(2011 年数字)的本地和外出农民工,相对于不到 2 亿(见本书表 1.1、1.3)的农业就业人员,意味在全国大部分的农村家庭都有人从事非农就业。而城镇打工的收入,虽然比城

---

① 应该说明,在集体时期,"副业"这个统计范畴含义甚广,"家庭副业"不仅包括手工业,也包括养猪和自留地(蔬菜)种植。此外,还有"集体副业",在华阳桥包括梨园、温室蘑菇、花木苗圃、奶牛、兔毛等。1984 年前,就连村办工业也被纳入"副业"统计指标(黄宗智,[1992、2000]2006:203—207、215—218)。但是,"副业"所指的核心是手工业,而手工业之所以被农村工业取代,乃是统计局取消"副业"指标的基本原因。

镇居民低得多,但一般仍要高于农村农业的报酬,因此对许多农户来说,非农收入已经成为其主业(即主要收入来源),而农业已经成为其"副业"(即次要收入来源)。

在以上所有变迁之中,没有变的是,农民生产仍然由两种生产所组成,仍然是主业+副业的基本结构,由主要劳动力从事主业,较廉价的辅助劳动力从事副业。所不同的是从原来的农业主业+手工业副业,转化为工业主业+农业副业(我称之为"半工半耕"——黄宗智,2006)的结构。今天,这是中国农村比较普遍的现象。

至于农业领域,改革以来展示了深远的(我称之为)"隐性农业革命",但它的主要生产单位仍然是人均才两三亩地的小家庭农场。

根据对现有数据的系统梳理,我们论证,截至2006年(根据最可靠的《中国第二次全国农业普查资料汇编·农业卷》),雇(年)工经营的农场乃然只占到总农业劳动投入的3%(另有0.4%的短工)。小家庭农场则占到将近97%,再一次明显压倒雇工大农场。(黄宗智、高原、彭玉生,2012)

正是工业主业+农业副业在农村家庭的紧密结合,促使今天中国经济结构与斯密和马克思在西方所看到和所预期的截然不同。农业主体没有成为雇工经营的规模化大农场,同时,城镇工业没有变成完全脱离农业的个体化工人所组成的工厂生产,相反,如今其大多数的成员是来自与农业紧密结合的"农民工"。

二、"半工半耕"小农家庭的经济行为与资本主义—个人化行为的不同

这里我们要进一步问,半工半耕的小农家庭的经济行为有什么特点?对研究经济行为的经济学又具有什么意义?

(一)家庭与资本主义制度下的个人和公司的不同

迄今,关于家庭经济单位的最好的分析仍然是恰亚诺夫的理论。和一般的经济学理论家不同,他的出发点是一些最基本的经验实际:小农家庭农场,作为一个既是生产又是消费的单位,和一个只是生产单位的资本主义企业(公司)很不一样。它的"会计学"原则完全不同:它的报酬是全年的收成,不是减除劳动工资等费用之后的"利润";按时计算的个别劳动者的"工资"对它来说是没有意义的。正如恰亚诺夫指出的,家庭经济的劳动人员是给定的,不能够像一个使用雇佣劳动力的资本主义经济单位那样,按照利润最大化的需要而调整。在消费(生存)需要的压力下,这样的一个单位能够承担一个按照资本主义会计学原则运作的单位所不愿承担的劳动力使用。譬如,如果一个家庭农场具有比它耕地所需要的更多的劳动力,为了满足家庭消费要求,它会继续投入劳动,即便是到边际报酬显著递减并低于市场工资的程度(Chayanov, 1986 [1925]:第4章,亦见第113页)。我们上面已经看到,这个道理在农业中非常明显。它也可见于农业以外的生产单位,例如伴随全

球化和市场化而蔓延的"夫妻"服务店。

恰亚诺夫所点到但没有充分强调的是另一种家庭生产单位的基本特征,也是本章所特别强调的特征,即区别于个人化的劳动者,它附带有家庭的辅助劳动力,包括主要劳动力的业余时间,以及妇女、老人和儿童的劳动力。后者是不容易在市场上出售的劳动力。正是那样的劳动力吸纳了低报酬的副业,支撑了农村生产中农业与副业紧密结合的基本特征。上面我们已经讨论过明清时代长江三角洲的"生产家庭化"和"内卷型商品化"是怎样由这样的家庭劳动力所支撑的。①

所以,一个家庭生产单位对劳动力的态度是和一个资本主义制度下的公司和个人很不一样的。首先是因为,在没有其他就业机会的情况下,其劳动力是给定而不可减少的。一个资本主义企业不会在边际劳动报酬低于市场工资的时候还继续雇工投入劳动,而一个家庭农场,如果没有其他就业机会,会继续投入劳动来满足其家庭的消费需要,逻辑上一直到其边际报酬近乎零。其次是因为,它的辅助劳动力,是不能用简单的"机会成本"概念来理解的劳动力,因为那样的劳动力不容易在市场上出售,但那种劳动力可以在副业生产上起关键性的作用。正是那样的劳动力支撑了明清时代长江三角洲的纺纱、织布和缫丝的副业,组成了"农村生产

---

① 此外,还应该提到,恰亚诺夫基于家庭周期(假定其他因素不变的)"人口分化"概念:当生产人员与消费人员达到1:1的比例时(孩子长大后参与劳动),一个家庭将会处于其顶峰经济时期,而在1:2(或更多)的比例时(孩子小的时候或者双亲年老不劳动的时候),则相反(Chayanov,1986〔1925〕:第1章)。这种现象可以见于集体化时代的中国农村,当时劳动力成为收入的决定性因素,村庄中经济条件最好的家庭一般是劳力对消费人员比例最优越的家庭。

的家庭化"。①

即使不考虑辅助劳动力而只考虑主要劳动力，并且假定其他就业机会的存在(像今天的中国那样)，我们仍然不能简单地只把其所能获得的市场工资与其目前的"工资"相比，即所谓"机会成本"，而由此得出所谓的"理性的选择"，亦即基于资本主义会计学原则的选择。这是因为，其一，这个劳动力外出打工与否，并不简单取决于其个人的抉择，而常常更多的会是家庭的抉择。譬如，如果家庭的承包地可以用其辅助劳动力来耕种，那么，外出打工就更划得来(因为那样不必牺牲家庭农场的收益)。其二，不可简单等同在外固定时间的打工和在家庭农场上参差不齐的投入。一个在家乡附近乡镇企业就职的"离土不离乡"的农民工，仍然可以在业余时间干农活(例如，在家庭的自留地种菜及在节日和假期帮忙种地)，相当于一种副业型的生产工作。同时，他们也会将其工资"投资"于家庭农场的现代投入(如拱棚、化肥、良种、机械服务等)。这样，即便家乡的农业或非农业工资(例如农业短工或乡镇企业的工资)要低于外出打工的工资，但其对家庭收入的实际贡献仍然可能高于外出打工。也就是说，一个从个人视角看来是"不理性的选择"，从家庭经济单位的视角来看，却可能是十分理性的。

忽视家庭经济单位与个人的这些差别，会导致严重的误解。在农业领域，出于现代主义和资本主义意识，不少研究只着眼于西方式的资本主义型(和资本密集型)的大农场，即高度机械化、使用

---

① 正因为棉花和桑蚕是长江三角洲当时的商品化的主要推动力，所以笔者把整个过程称作"内卷型商品化"(黄宗智，2006[1992])。

雇佣劳动力及达到规模效益的农场。因此,忽略了远比这样的农场重要的劳动和资本双密集化的小规模家庭农场,例如 1—5 亩的拱棚蔬菜,以及 10 亩左右的种养结合农场。笔者已经详细论证,这些才是中国主要的"新农业",它们组成了近年的"隐性农业革命",一个由高值农产品——诸如鱼、肉、蛋、奶和蔬菜、水果——的市场需求推动的"农业革命"。这些小规模家庭生产单位是高效率的,因为它们适合新型的拱棚蔬菜和种养结合的生产,可以在一个较长的工作日中投入众多零碎和参差不齐的劳动,也可以动用家庭辅助劳动力来承担部分工作。这样,家庭生产常常要比雇佣固定时间和工作日的劳动力合算。(黄宗智,2010)

它们与历史上的"内卷型"家庭农场的不同是,由于新技术的发展,这种新农业的劳动力是比较高度地"全就业"而不是"隐性失业"的。这是因为新农业中的资本化所带来的进一步劳动密集化,比如一个 1 亩地的蔬菜拱棚需要 4 倍于 1 亩露地蔬菜的劳动投入,而使用经过生物剂发酵的秸秆作为饲料并结合种植 10 亩地与养殖 10—20 头猪的新农场,也需要数倍于原来只养 1—2 头猪的旧农场的劳动投入。[①] 这两种新农场的按亩和劳动单位的收益都要高于旧式的农场。虽然如此,新农场的经济道理是和旧农场基本相同的:它们对劳动力的态度和使用迥异于一个资本主义企业。

这样的农场不是一般经济学所能理解的,因为它们的会计学原则和工厂十分不同,所依赖的不是资本化和规模效益、大型机械

---

① 当然,前者是为了出售牟利,后者是为了自家食用。前者每头猪只需要原来的劳动力的 1/3,但它们养殖的数量是原来的 10 倍(《中国农村统计年鉴 2008》:255,表 10-4)。

和雇佣工人。但是,迄今中国改革的农业政策主要被普通的新古典(教科书)经济学主宰,因此导致了对新近的变化和发展的严重误解。2000年以来,国家一直重点扶持资本型的所谓(农业)"龙头企业",相对忽略了新型的资本—劳动双密集的小规模家庭农场,而它们才是新近农业发展真正的依据和动力(黄宗智,2020a;亦见黄宗智,2010b、2014)。

同时,对农业企业来说,与其雇佣全职的工人,不如说它们可以凭借与这些主要依赖辅助劳动力的小家庭农场签订"合同"、协议或订单,来减低其劳动成本。除了借助相对廉价的辅助性劳动力之外,还可以借助其为自身劳动的高效激励机制,不必另外雇佣监工人员。因此,许多进入农村和农业的资本会演变成为主要在流通而不是生产领域运作和营利的商业资本,和真正直接参与农业生产的(农业产业化)资本性质很不一样。(详细论证见黄宗智,2020a;亦见黄宗智,2012)

这些道理用于跨国公司则更加明显。要理解如此体系的整体,需要认识到西方的(跨国)农业公司和中国的半工半耕家庭经济相互搭配的逻辑。除了借助廉价的辅助性家庭农场劳动力之外,还可以在加工和销售方面也利用"夫妻店"的廉价服务。

这就和科斯的公司理论预期很不一样。根据科斯的分析,一个公司将会扩大到其继续扩大的边际成本高于在市场上通过与别的单位签订合同的成本来做同一件事情(Coase, 1988 [1990]、1991)。在一个发达的资本主义市场经济中,我们可以预期一个公司将会同时追求"横向一体化"(因为雇佣100个工人要比与他们分别签订合同的"交易成本"低),借以减低其交易成本(即信息、交涉、签订合同、执行和解决纠纷等成本），直到其边际成本变得高于通过与别的公司签订合同来进行这样的"一体化"。但如果可以使用家庭的廉价劳动力，而不必雇佣工人，这套逻辑便会很不一样。当今的中国实际说明，家庭生产单位生产成本是如此之低，即便是今天的资本主义式的农业龙头企业，也大多依赖分散的小规模家庭来进行生产，而不是"横向一体化"的雇佣劳动生产。

中国家庭经济单位与科斯型公司和个体员工的不同，也意味着不能凭借刘易斯的"二元经济"理论来理解中国的经济实际。根据刘易斯理论的分析，中国经济是由（具有劳动力无限供应的）传统和现代两个不同工资的部门组成，而伴随经济发展，这两个部门即将会整合为一个单一的劳动力市场。（Lewis, 1954）但中国的实际则是（西方和中国自己的）资本主义公司与中国半工半耕家庭生产和服务单位的搭配运作，形成了一个顽强持续的结合体。这再次是因为家庭生产单位的特殊劳动力组成和运用，其部分原因是家庭经济的"理性"与新自由主义所建构的市场经济中的个体职工理性的不同。结果是，非正规经济中的半工半耕家庭非但没有伴随"现代发展"而快速消失，它实际上爆发性地扩展到中国城镇就业人员的60%以上，如果加上其家庭的务农人员，则占到全就业人员的83.2%。（2010年数字；见本书表1.2、1.4）

（二）家庭的"理性抉择"

家庭生产单位对资本和投资的态度也和资本主义的单位不同。一个公司会为"资本主义性的获得"（capitalist acquisition，韦伯的用词——Weber,1978:381)而追求扩大再生产,而中国的农民和农民工则会有其他更迫切的考虑。他们的投资决策多会受到其家庭多种因素的影响。农民工在城市抱的是暂住者的心态(也不可能购买城市的高价房子),在向自己的生意再投入资本之前,常会优先在老家盖新房。他们的视野不简单是自己个人,而是跨代的家庭,甚或是更长远的时期,其中包含对城市打工的不稳定性的保险、赡养双亲、自己的老年,甚至包括家庭世系的未来等的考虑。

婚姻在相当程度上当然也仍是家庭而不是个人的事情。尤其在农村,婚姻依然是两个家庭而不是两个个人之间的协议,其规则近似象征领域的礼品交换,而不是简单的市场交易。(Bourdieu,1977:4—9、171及其后)众所周知,农村的(以及许多农民工的)婚姻普遍包含聘礼和嫁妆的交涉,①但一般都在媒人的中介和传统礼仪之下进行。任何一方如果用纯粹经济交易的做法来谈判的话,会很容易破坏了整个交涉过程。

离婚同样牵涉到双方的父母亲。在调解人或法庭对双方感情的估计中,双方的父母是个重要的因素。双方和姻亲的关系如何,决定了他们是否会被调解人动员阻止离婚,或者协助改善夫妻关系。当然,20世纪90年代以来,法庭处理离婚纠纷案件越来越趋向形式化(惯例性地第一次驳回,第二次批准)。虽然如此,调解,即便是在缩减的趋势下,也仍然在法律体制的整体中起着重要的作用,尤其是在庭外的亲邻和社区调解之中。(详见黄宗智,2009:第4章、第5章)简单地只注意到夫妻两人,以及他们的经济考虑,只能导致对整个离婚过程的严重误解。

---

① 不同地区对新娘子的"价值"有不同的标准;譬如,据北京一位来自陕西的农民工说,当前陕西农村对恰当的聘礼的概念是10万元。

此外，小农和农民工的家庭经济单位对待下一代的教育也和资本主义社会的核心家庭不同。它的抉择不是由成本/收益的计算所主宰的（即像新古典经济学家贝克尔[GaryS. Becker]所争论的那样，取决于对孩子的"人力资本"的投入和所预期的收益的计算）（Becker，1991：尤见第11章），而是一种达到"非理性"程度的、不遗余力的资源和时间的"投入"。之所以说是"非理性"的，是因为不能只用可能收益来理解。譬如，强迫一个在学习方面天赋有限的孩子去参与竞争极其激烈的高考，导致对孩子心理的伤害，以及对父母亲来说，失望远多于希望的后果。这样的行为只能从深层的文化价值观和惯习来理解。长时期、根深蒂固的"劳心者治人，劳力者治于人"的文化观念，今天已经再次成为社会的普遍观念。同时，城乡差异的体制是大家有目共睹的现实。更毋庸说农村家长们有自己作为"弱势群体"的务农经验，或在城市打工的重重挫折的经验。因此，农村父母亲大多希望自己的孩子能凭借上大学来突破这种分层的身份。计划生育政策下，双亲（以及祖父母）对独生子女的情结等也是相关的因素。这些都不可能用贝克尔的那种成本/收益的"理性抉择"分析来理解。①

---

① 贝克尔使用新古典经济学来分析家庭行为，所做出的努力有他一定的优点，例如使用了更宽阔的"效用最大化"概念来替代简单的"利润最大化"，把经济学延伸到诸如配偶选择、子女教育等非经济议题，并讨论到诸如历史环境、态度、感情、内疚等非经济因素；但是，归根到底他的目的是要证实新古典经济学的个人"理性抉择"理论完全适用于解释家庭行为。他的分析最终是成本/收益的分析，例如把成本/收益看作对子女教育（他称作对"人力资本"）投入的抉择是决定性因素（Becker，1991、1992）。因此，他的分析不可避免地忽视了家庭经济单位是如何与个人不同，以及如何影响和约束个人的抉择。他的一套分析尤其忽视了中国家庭组织中的三代家庭和紧密的亲子关系，以及与其结伴的伦理观念。（详细论证见黄宗智，2011）

三、家庭经济单位的竞争力

换言之,处于土地严重不足压力下的半工半耕小农家庭,由于其"特殊"(即与资本主义企业单位不同)的经济和组织结构,具有比雇工规模化生产更顽强的经济竞争力。

与西方理论预期相悖的是,时至今日,中国在农村改革和市场化三十多年之后,小农经济仍然在农业生产领域占到绝对优势。这里,新古典和新制度经济学,立足于西方经验,只能看到其建构的所谓"转型"的一面,认为它只可能步西方的后尘,只可能逐步向更完全的西方资本主义大农场"转型"。如此的经济学分析忽视的是,中国家庭作为一个基本经济单位的强韧生命力,以及其所包含的,不同于资本主义经济的逻辑。廉价的妇女化和老龄化农业生产,要比雇工经营的资本主义规模化农场更具有市场竞争力。当前的所谓公司+农户生产模式,便是最好的例证。它的秘诀正在于,通过"订单"和"合同",一个商业资本公司可以依赖(或部分依赖)小农户的廉价家庭劳动力来为其生产(无论是"旧农业"的粮食和油料作物及棉花,还是"新农业"的高值农产品,诸如蔬菜、水果、肉禽鱼、蛋、奶等)。

这样的劳动力要比使用全职雇佣劳动力的规模化生产便宜。也就是说,可以赋予(商业资本)公司更高的利润,亦即给予掌控资本者更高的资本"回报率"的形式,才会被采纳。目前的组织形式,与其说是向西方产业资本的大农场的转型,不如说是大商业资本+小农户生产展示了比产业资本+雇工的规模化生产更强的竞争力。

(黄宗智,2012)在一定程度上,它是中国近一二十年来农业发展的另一"特色"。

当然,在上述的廉价劳动力因素之外,还有其他相关原因。在小家庭农户的生产下,经营者和所有者是合一的,监督和激励问题基本不存在,因为家庭小农场会为自己的利益而积极生产。而规模化大农场则必须面对农业生产与工业生产很不一样的监督问题,即怎样在广阔的空间中高效地监督农业那样分散的小生产(如何在百亩、千亩甚或万亩的农场上监督其雇佣劳动的投入)。(黄宗智,2012、2011)

更有甚者,商业资本可以在一定程度上把农业生产所不可避免的风险转嫁到小农户身上,由他们来承担歉收的成本,以及因丰收而价格下降的成本。在名义上,"订单"农业制度正是针对价格波动的风险而建立的,但是,在实际运作中,面对"弱势"的小家庭农场,大商业资本(或其经纪人)可以通过各种手段和借口(例如,产品不达标而拒绝收购,或产品低于预期等级)来压价,而分散的小农户不可能进行有效抗拒。① 正因为如此,公司和小农户之间"合约"的履行率一般只达到约20%。(刘凤芹,2003;张晓山等,2002)在畜禽养殖业中,公司违约的占到七成,农民违约的占到三成。(李秀华,2003:3)

再则是家庭农场在当前的隐性农业革命中新兴的"资本和劳动双密集化"的小农场中所显示的高效率。已经给定的廉价家庭

---

① 当然,在市价高于合约价的相反情况下,农户也会借用一些"弱者的武器",如隐瞒耕作面积或收获量、偷偷卖给另一中介人,甚至(像劳工史上的工人那样)采取集体行动来为自己争得多一点的收益。

劳动力,可以不计工时夜以继日地投入超额的劳动,其逻辑类似于"夫妻店"。这正是今天正在进行中的"隐性农业革命"的"新农业"的一种主要型式(我这里指的是一种类型,而不是[区别于实质的]形式)。同时,一个"种养结合"的5—10亩地的玉米种植和(小)规模化养猪农场,明显借助于两种相互辅助的不同生产的"范围经济效益"。(传统的广东顺德地区的桑基鱼塘——用桑叶喂蚕、蚕粪喂鱼、鱼粪和塘泥肥桑——是个很好的例子),而不是大农场的"规模经济效益"。(详见黄宗智,2014:第10章)当然,中国目前的土地制度毋庸说起了一定的作用。

此外,家庭小农户的顽强竞争力不仅体现于农业,也体现于制造业和服务业。首先是1980年代蓬勃兴起的乡村工业。针对城市的大型企业来说,他们的秘诀乃是廉价劳动力,不仅工资远低于城市职工,也没有城市职工附带的福利。众所周知,乡村工业化使用了大量的农村剩余劳动力。没有被清楚说明的是,这是因为其价格远低于城市的劳动力,而之所以如此,是因为它最初是农业的一种副业,之后逐渐成为依赖农业为副业的主业。其基本逻辑同样:半工半耕的同一家庭借助于两种相互扶持的生产活动,促使两者的劳动力价格都要比从事单一生产的劳动力便宜。

正因为"离土不离乡"的"乡镇企业"工人仍然是农村家庭户的成员,仍然住在农村老家,仍然吃着农村的"口粮"(其初期仍然分着集体的工分),因此他们要比个体化的工人雇佣成本低。他们仍然是农村家庭经济单位的成员,其收入与其说是个体化的青年工人自己所有,不如说是家庭经济的一部分,也是其提高现代投入的主要来源。这一切都和新自由主义(和马克思主义)经济学的预期相忤。

至于1990年代后蓬勃兴起的"离土又离乡"的农民工浪潮,其廉价劳动力乃是中国所以对全球资本具有如此吸引力的重要原因(中国被广泛认为是资本最好的去处之一)。正因为"农民工"家有小农场,地方政府和企业更可以不必为他们提供(或更充分地提供)社会保障。因为他们一旦失业,或者到达退休年龄,可以返回家乡种地。地方政府和企业也可以不为他们的子女提供教育条件,因为他们的子女可以在家上学,由爷爷奶奶(或姥爷姥姥)来带。其结果也促使他们的劳动价格更加低廉。这样,也就对追逐最高投资回报率的资本具有更强的吸引力。这也是一般新自由主义经济学所看不到的,其盲点和误解的最终根源正是因为它把基于西方经验的建构,想象为普适的理论真理。它把个体化的工人,而不是家庭,建构为基本经济单位。

另外,蓬勃发展的城市,包括大量农民工入迁,又组成、推进新旧和半新半旧服务业的需求,相应兴起的是同样由农民工(和城市下岗工人)提供的各种各样的服务。其中,夫妻(或父母子女、亲戚)店相当普遍。他们一方面是农村家庭的成员;另一方面,自身也常常是由家庭经济单位(家庭+辅助劳动力)来经营。这里的经济道理,再一次是依赖廉价的家庭劳动力,再一次是因为家庭作为基本单位要比全职化、个体化的劳动力来得"经济"。(黄宗智,2008、2011)

正是在这个经济逻辑之下,由农户家庭成员组成的(2011年的)1.59亿外出农民工和0.85亿本地农民工,大规模地进入了中国的制造业和服务业。而农民工的经济秘诀,并不简单在于他们是农村的剩余劳动力,也不简单在于他们是"流动"的"临时工",而更在于他们是农村农户的成员,家里有农场,城里有工作,借助两种互补的活动来维持生计。(黄宗智,2011)对他们来说,家庭而不是个人,依然是基本经济单位。这也是"农民工",而不是简单的"工人"一词的深层社会经济含义。

四、与现代法律的关系

毋庸说,"半工半耕"的非正规经济与现代法律的关系也与一般的预期完全不同。首先,他们大多处于正规的劳动法律适用范围之外,因为他们一直被视作仅仅是城镇的"流动人口"和"临时性"工人。他们的户籍是"农民",而不是市民或居民。他们很难享有一般城市人民的权利,其中至为关键的是在城市上学的权利,因此而导致了大规模的"留守儿童"现象,孩子留在家乡由祖父母来照顾,为的是在家乡附近上学。正如"非正规"一词所说明的那样,他们是不具有(或少有)劳动法律保护和社会福利的人员。

正因为他们的"流动"性和非正规性,他们很少会依赖正规法律来维护自身的权利或解决人际纠纷。他们更多地倾向于依赖乡村长期以来的一些机制和惯习。例如调解机制,在村庄是社区长期以来的"民间调解"或当地的"法律事务所"类型的半正式正义体系。在城镇,则依赖(同乡)熟人关系和乡村惯习(如口头协议和约定)多于"现代型的书面合同/协议,以及正规的施法机构(公安部门)和法院体系。一定程度上,它们生活于一种"法外"空间。正因为如此,在笔者查阅的关乎"劳务派遣"的"劳动争议"抽样案例中,我们很少看到农民户籍的当事人,虽然他们占到所有劳务派遣人员中的一半之数。(详见本书第 7、8 章;亦见黄宗智,2020b)

五、与新古典经济学和马克思主义理论的不同

本章讨论的主要理论问题是新古典和新制度经济学,以及在中国仍然具有一定影响力的马克思主义政治经济学与中国经济实际的相悖。上面已经说明,用于中国,两者都具有严重的误导性。两者都以为资本主义生产必定会取代小农经济的家庭生产。新制度经济学更是从理想化的市场经济前提出发(即私有产权+资本+个体化劳动力在完全竞争的市场中运作),要么把中国现实想象为其理想建构,要么把精力放在如何促使中国实际更进一步趋向符合其理想建构。结果是,两者同样掩盖了中国的经济实情,忽视其庞大的非正规经济及家庭经济顽强持续的基本现实。

新古典和新制度经济学更采用了"理性经济人"的基本建构,将其作为自己所有理论和分析的出发点,由此导致了对非西方经济体的研究,要么聚焦于如何将其改造为与西方同样的资本主义个体化经济,要么把实际想象为其所建构的理想。两种做法都完全无视当前中国经济运作中的关键性的非正规经济和半工半耕家庭经济实际。我们需要认识到的是,如此的家庭经济既是中国经济发展成功的要诀(借此吸引大量全球资本、推动中国产品在全球市场上的竞争力、推动中国 GDP 的快速增长),也是其贫富日益悬殊问题的基本来源。(见本书第 4、5、6 章)它既具有顽强的竞争力,也是城乡差距扩大的根源。新制度经济学只能把中国的现实

想象为向理想化的"发达国家"的"转型"和"过渡",既忽视其社会矛盾的一面,也错误地将其经济成效简单归因于产权私有化、市场化和资本主义化。

说到底,马克思主义经济学和新古典经济学所共有的关键盲点是:看不到中国人口/土地压力及劳动力相对过剩的"基本国情";看不到中国小农经济顽强持续至今的基本现实;因此也看不到半工半耕非正规经济的实际。人口/土地问题曾经是20世纪西方学者研究中国的核心,其代表人物乃是西方学术界的一些最优秀学者,包括卜凯(John Lossing Buck)和其后的何炳棣(Ping-ti Ho)、珀金斯(Dwight Perkins)等好几代学者,而其当时的理论敌手则是马克思主义的阶级分析。但是其后,伴随美国新保守主义的兴起,经济学转向了比较狭隘和极端的原教旨市场主义(认为市场乃是解决一切经济问题的最终良方),论争的主要敌手被转化为(提倡政府干预市场的)凯恩斯主义经济学。结果先是把人口建构为和资本、土地同样稀缺的"要素",最终则以意识形态化的概念"人力资本"和"比较优势"来取代过去对人口/土地压力和劳动力过剩的研究积累和认识。

在新古典经济学历史中,一个关键的转折,可以视作刘易斯和舒尔茨同年分别获得诺贝尔经济学奖的1979年。刘特别强调发展中国家具有"劳动力无限供应"的农村,舒尔茨则坚持论争市场经济下不可能存在所谓"劳动力过剩"。当时,经济学仍然相对认真对待人口过剩问题。但是之后,至2008年爆发的全球金融危机为止,舒尔茨等的流派始终占据经济学的霸权地位。(详细讨论见黄宗智,2014:第9、11章;亦见本书第2章)

在那样的环境下，中国的人口负担，被完全转释为新霸权话语中的"人力资本"和"比较优势"。它们几乎完全取代了原有的、更符合实际的简单事实描述，即"人多地少"、"劳动力过剩"、廉价劳动力、"农民工"和"半工半耕"农户。在我看来，"人力资本"一词应该被限定于企业创业人才、高端技术人力等实际含义，而不是目前这样宽泛地应用于所有从业人员。把农民和农民工概括为"人力资本"，实际上是一种高度意识形态化的话语，是把人口和阶级问题排除于经济学视野之外的意识形态建构，也是一种对基层人民的"象征暴力"，与把中国大量的廉价劳动力简单转释为"比较优势"同样。因此，在新古典经济学话语中，完全看不到上面论述的基本中国现实。

正因为忽视了如此的基本经济—社会现实，才会有今天争论中国已经进入"刘易斯拐点"（即一个全国统一的劳动力市场）的经济学家论说，才会有中国已经成为一个类似于西方发达国家的"橄榄型"社会的社会学家论说，才会有中国必须完全模仿西方的个人主义法律的"移植论"论说。

毋庸说，如此的新古典/新自由主义经济学观点既看不到中国的家庭经济单位现实，也看不到其所包含一定程度上的社会不公的现实。忽视中国的社会现实，便看不到中国经济的基本动力，看不到中国 GDP 快速增长的实质内容。换言之，既看不到中国经济的实力（即作为其基础的廉价小农家庭单位的劳动力），也看不到其弱点。

纵观现有的经济学理论，最能够理解小农经济的家庭农场经济组织的，今天仍然是当时苏联围绕恰亚诺夫的"组织经济学派"。

他们看到了家庭农场和资本主义公司在组织和会计逻辑上的基本不同，也看到小农经济的强韧性。但是，在斯大林的统治时期，恰亚诺夫等被杀。其后，在发展中国家的研究中，恰亚诺夫经济学学派虽然仍然具有一定的影响，但是，在20世纪中叶之后，新自由主义经济学日益强盛。尤其是在苏联解体和东欧剧变之后，占到全球的绝对霸权，硬把不符合其理论/意识形态教条的历史经验，全都塞进其理论建构和话语之中，拒绝任何其他的认识。今天，我们需要的是重建并推进恰亚诺夫理论传统的真知灼见，因为它是在经济学理论多种传统中最符合中国实际的传统。

恰亚诺夫所论证的家庭经济组织特征和逻辑，其实是在沉重的人口压力下呈现得最淋漓尽致的，并因此具有最大的强韧性。由于中国人多地少的"基本国情"，恰亚诺夫的理论传统其实比起对其诞生地俄国而言，更接近中国实际。可以说，此理论传统未来的进一步建设和发扬光大，其责任非中国自身的经济学和农业研究莫属。

六、结语

简言之，我们要清楚认识到中国经济—社会的现实，看到其非正规经济和家庭作为基本经济单位的强韧性和经济竞争力。认识到人口压力下的家庭经济的特殊逻辑，才能既看到中国经济发展的主要动力，也看到其一定程度上的社会不公。正是部分依赖家庭农业来维持生活的农户和农民工，吸引了大规模的全球资本在中国投资，支撑了其特高的投资回报率；也正是从事低廉报酬的农业从业人员及来自他们家庭的、从事低廉报酬(和没有法律保护以及没有社会保障)的农民工,组成了今天中国社会基层的很大部分。

清醒认识中国这个真正的"基本国情",即由于人口压力+家庭经济组织结合所形成的巨大的基层半工半耕非正规经济和社会,才有可能认识并想象到一个与现代西方不同的中国的过去和未来。不仅是它的经济原理不同,也是它的社会结构的不同。由此才能认识到怎样在中国创建具有自己特点和主体性的社会科学和法学,怎样考虑从家庭单位,而不仅仅是西方现代"理性经济(个)人"的建构出发,并且由此认识到中国社会主义革命的深层历史缘由。这样,才有可能不仅认识到中国的不足(其人均 GDP 仍然远远落后于发达国家,其存在一定程度上的社会不公),也认识到其所含有不同未来的可能。

参考文献:

黄宗智(2020a):《中国的新型小农经济:实践与理论》。

黄宗智(2020b):《中国的新型正义体系:实践与理论》。

黄宗智(2014):《超越左右:从实践历史探寻中国农村发展出路》,北京:法律出版社。

黄宗智(2012):《小农户与大商业资本的不平等交易:中国现代农业的特色》,载《开放时代》第 3 期:第 89—99 页。

黄宗智(2011):《中国的现代家庭:来自经济史和法律史的视角》,载《开放时代》第 5 期:第 82—105 页。

黄宗智(2010):《中国的隐性农业革命》,北京:法律出版社。

黄宗智(2009):《过去和现在:中国民事法律实践的探索》,北京:法律出版社。

黄宗智(2008):《中国的小资产阶级和中间阶层:悖论的社会形态》,载《中国乡村研究》第6辑:第1—14页,福州:福建教育出版社,http://www.lishiyushehui.cn.

黄宗智(2006):《制度化了的"半工半耕"过密型农业》,载《读书》第2期:第30—37页;第3期:第72—80页。

黄宗智(2002):《发展还是内卷?18世纪英国与中国》,载《历史研究》第4期:第149—176页。

黄宗智(1992[2000、2006]):《长江三角洲小农家庭与乡村发展》,北京:中华书局。

黄宗智(1986、[2000、2004、2009]):《华北的小农经济与社会变迁》,北京:中华书局。

黄宗智、高原、彭玉生(2012):《没有无产化的资本化:中国农业的发展》,载《开放时代》第3期:10—30页。

李秀华(主持人)(2003):《"公司+农户"已过时?》专题讨论,载《当代畜禽养殖业》第1期:第3—9页。

刘凤芹(2003):《不完全合约与履约障碍——以订单农业为例》,载《经济研究》第4期:第22—30页。

《沈氏农书》(1936[1640]),收入《丛书集成》第1468册,上海:商务印书馆。

苏成捷(2011):《堕胎在明清时期的中国:日常避孕抑或应急措施》,载《中国乡村研究》第9辑,福州:福建教育出版社。

徐新吾(1992):《江南土布史》,上海:上海社会科学院出版社。

张晓山等(2002):《联结农户与市场——中国农民中介组织探究》,北京:中国社会科学出版社。

《中国农村统计年鉴2008》,北京:中国统计出版社。

Allen, Robert, Jean Pascal Bassino, Debin Ma, Christine Moll-Murata & Jan Luiten van Zanden.(2011). "Wages, Prices, and Living Standards in China, 1738—1925: in Comparison with Europe, Japan, and India," *Economic History Review*, 34 S1:8—38.

Becker, Gary S.(1991). *A Treatiseon the Family*, enlarged edition, Cambridge: Harvard University Press.

Becker, Gary S.(1992). "The Economic Way of Looking at Life," Nobel Prize Lecture, http://www. nohelprize. org/nobel_prizes/economics/laureates/1992/hecker-lecture.html.

Bourdieu, Pierre.(1977). *Out line of a Theory of Practice*, Cambridge: Cambridge University Press.

Chayanov, A. V.(1986 [1925]). *The Theory of Peasant Economy*, Madison: University of Wisconsin Press.

Coase, R. H.(1988 [1990]). *The Firm, The Market and the Law*, Chicago: University of Chicago Press.

Coase, R. H.(1991). "(Nobel) Prize Lecture," http:// www. nohelprize.org/nobel_prizes/economics/laureates/1991/coase-lecture.html.

De Vries, Jan.(1984). *European Urbanization*, 1500—1800, Cambridge, Mass. : Harvard University Press.

De Vries, Jan.(1981). "Patterns of Urbanization in Pre-Industrial Europe,1500—1800,"in H. Schmal ed. ,*Patterns of European Urbanization*, *Since* 1500, London: Croom Helm: 77—109.

Huang, Philip C. C.(2002). "Development or Involution? 18th Century Britain and China," *Journal of Asian Studies*, vol. 61, no. 2 (May): 501—538.

Lenin, V. I.(1956 [1907]). *The Development of Capitalism in Russia*,

Moscow: Foreign Languages Press.

Levine, David. (1977). *Family Formation in an Age of Nascent Capitalism*, New York: Academic Press.

Lewis, W. Arthur. (1954). " Economic Development with Unlimited Supplies of Labour," *The Manchester School of Economic and Social Studies*, vol. 22, no. 1 (May): 139—191.

Maddison, Angus. (2007). *Chinese Economic Performance in the Long Run; Second Edition, Revised and Updated*: 960—2030 AD, Organization for Economic Cooperation and Development(OECD) .

Maddison, Angus. (2001). *The World Economy: A Millenial Perspective*, Organization for Economic Cooperation and Develeopment(OECD).

Marx, Karl. (1894). *Capital*, vol. III, part IV, Conversion of Commodity-Capital and Money-Capital into Commercial Capitaland Money-Dealing Capital (Merchant's Capital) , Chapter16, Commercial Capital, http://www.marxists.org/archive/marx/works/1894—c3/ch16.htm.

Marx, Karl. (2010 [1887, 1967]). *Capital: A Critique of Political Economy*, vol. I , Moscow: Progress Publishers, http://www.marxists. org/archive/marx/works/1867—c1/.

Medick, Hans. (1976). " The Proto-industrial Family Economy: the Structural Function of Household and Family During the Transition from Peasant Society to Industrial Capitalism," *Social History*, 3 (Oct.): 291—315.

Mendels, Franklin F. (1972). " Proto-industrialization: the First Phase of the Industrial Process," *Journal of Economic History*, vol. 32, no. 1 (March):241—261.

Sommer, Matthew. (2010). " Abortion in Late Imperial China: Routine

Birth Control or Crisis Intervention," *Late Imperial China*, vol. 31, no. 2 (Dec.):97—165.

Smith Adam. (1976 [1776]). *The Wealth of Nations*, Chicago: University of Chicago Press.

Weber Max. (1978). *Economy and Society: An Outline of Interpretive Sociology*, 2 vols. , Berkeley: University of California Press.

Wrigley, E. A. &R. S. Schofield. (1989 [1981]). *The Population History of England, 1541—1871: a Reconstruction*, 2nd ed. , Cambridge: Cambridge University Press.

Wrigley, E. A. (1985). " Urban Growth and Agricultural Change: England and the Continentin the Early Modern Period," *Journal of Interdisciplinary History*, XV , 4(spring) : 683—728.

第四章　中国发展经验的理论与实用含义
——非正规经济实践[①]

　　以往关于中国发展经验的理论和分析,大多忽视了改革时期形成的庞大的非正规经济。而要从理论和实用层面理解非正规经济,我们必须把它置于整个国民经济中来分析。本章从理论梳理切入,然后论证,20世纪90年代中期以来,中国经济发展的主要动力其实既不简单的是国内外的私有企业,也不简单的是地方政府,而更多的是两者之间的微妙关系,主要在于地方政府为"招商引资"而执行的众多非正规实践,其中关键在于利用廉价非正规经济劳动力来吸引外来投资。这是近年经济发展的"秘诀"。

　　目前,以科斯(Ronald H. Coase)为代表的所谓"新制度经济学"仍然是对怎样理解中国经济改革影响最大的理论。它所强调的主要是市场环境下的私有公司组织和相关法律所起的作用,没

---

① 本文原载《开放时代》2010年第10期:134—158。纳入本书时做了些许修改。

有真正考虑到地方政府所扮演的角色。因此,社会学家 Andrew Walder 和经济学家钱颖一等人特别指出这个缺点,论证中国地方政府及其所办的乡镇企业的行为其实类似于市场经济中的公司,乃是改革早期经济发展的主要动力。

但以上两种意见都不能解释 20 世纪 90 年代中期以来的演变。中国经济发展的"火车头"从乡镇企业变为地方政府在"招商引资"的竞争下,积极配合与大力支持的外来企业。后者变成此后中国国内生产总值快速增长的主要动力。在"招商引资"中,地方政府普遍为外来企业提供低于自家开发成本的廉价土地和配套基础设施,以及各种显性和隐性的补贴至税收优惠。如此"非正规"实践的广泛运用为新建立的市场经济,以及旧计划经济所遗留的官僚体制起了协调作用,是中国发展经验的关键。同时,也产生了本书以上两章所论证的极其庞大的、处于国家劳动法规和福利覆盖范围之外的"非正规经济"。

过去的分析要么强调民营企业的作用,要么强调地方政府的作用,但忽视了更为关键的两者之间的关系。结果不仅忽视了两者的协调机制,也忽视了中国发展经验的社会维度。本章采用的是具有理论含义的历史分析,既指向对中国发展经验的新的理解,也指向对当前问题的不同对策。

一、现有分析与历史经历

(一)新制度经济学

以下二位经济理论家对中国改革经济和中国的主流经济学影响至为重要：对计划经济的理解，主要是哈耶克(Friedrich A. von Hayek)和科尔奈(Yanos Kornai)，而对市场经济的理解则主要是科斯(Ronald H. Coase)和他代表的"新制度经济学"。他们的影响可以见于代表中国主流经济学的吴敬琏的著作。

首先是哈耶克，他在这个问题上的主要论点是，从批评新古典经济学切入，论证人并不像新古典经济学所假设的那样，并不是纯理性的，所掌握的信息也不完全，但即便如此，他们在不完美的市场中凭价格做出的抉择，仍然远远优于计划经济。他认为，如此的认识才是"真正的个人主义"(true individualism)，不同于新古典经济学所假设的那种具有完美"理性"的个人主义。市场价格包含的是不完美但"真正的知识"，远远优于科学主义的经济学家们所追求的"假知识"。经济学家们常犯的错误是把理念等同于实际，并沉溺于数学模式。如此的意识延伸到极端便成为计划经济的错误，它试图以少数几个人的计划来替代由无数人组成的市场及其价格信号。(Hayek, 1980：尤见第 1、6 章；亦见 Hayek, 1974)

在个人主义和拒绝国家干预市场的观点上，哈耶克显然是一位"古典自由主义者"——他的自我称谓。因此毫不奇怪，他在西方会成为新保守主义意识形态浪潮最推崇的经济学家之一，获得美国里根总统(Ronald Reagan)、英国首相撒切尔夫人、美国总统(老)布什等授予的各种荣誉("Friedrich Hayek", http://www.wikipedia.com,根据 Ebenstein,2001:305 等各处)。在中国改革的政治经济环境中,哈耶克,作为 20 世纪 30 年代计划与市场经济大论战中的主角,自然具有极大的影响。

科尔奈则是详细论析"社会主义"计划经济的主要理论家,提出了对其内在逻辑的完整分析模式。其中,最关键的是两个概念:"短缺经济"和"软预算约束"。科尔奈认为,社会主义体系是建立在国家统制之下的,其财产所有权属于国家(Kornai,1992:75);其经济协调机制来自官僚体制(bureaucratic coordination)而不是市场;其企业不遵循市场规律——即使亏本也不会倒闭,仍然会被官僚体系所支撑。正因为这些企业并不遵循市场供求机制,不遵循由无数销售者和购买者在其"横向连接"(horizontal linkages)中组成的价格信号,而是取决于由官僚体系中的上级和下级间的"纵向连接"(vertical linkages),它们不会提供消费者所真正需要的物品,因此导致惯常性的"短缺"(及不需要的多余)。如此的"短缺"被科尔奈称作"横向短缺"(horizontal shortage)。此外,在社会主义体系最关键的官僚体制上下级的连接中,下级惯常追求上级拨发的最大化及自己生产指标的最小化,而上级则反之,结果导致惯常性的"纵向短缺"(vertical shortage)。和哈耶克同样,科尔奈认为唯有市场机制才能解决计划经济的这些弊端。(Kornai,1992:尤见第11、15 章)

至于对市场经济的论析,科斯的公司(the firm)理论影响最大。科斯认为,新古典经济学特别强调理性经济人的个人行为,忽视了公司组织的关键性。在市场经济中,"交易成本"至为重要:信息、交涉、合同、执行、验收及解决纠纷等都需要一定的成本。公司组织之所以兴起,是为了降低用合同与转包来组织个别生产者的交易成本。因此,一个公司的大小取决于其进一步扩大公司组织的边际成本相对于通过合同来组织同样活动的边际成本。前者大于后者时,公司组织便会停止扩张。在广泛的交易成本的现实下,法规成为不可或缺的条件。科斯解释说,要明白其中道理,我们只需想象一个不具备法规的证券或物品交易所,它们不可能顺利进行交易,交易的成本因此将高得不可思议。(Coase,1988、1991)以上是所谓"新制度经济学"的核心概念。① 它的主要贡献在于,突出公司和法律在经济发展中的关键作用。

对中国主流经济学影响巨大的新制度经济学理论家,还包括舒尔茨(Theodore Schultz)和诺斯(Douglass North)。前者在他1979年的诺贝尔获奖词中特别突出"人力资本"对经济发展的关键性(Schultz,1979)②,后者则特别强调法律制度,尤其是清晰、稳定的私有产权(North,1993、1981)。以上讨论的五位中有四位获得诺贝尔经济学奖(哈耶克,1974年;舒尔茨,1979年;科斯,1991年;诺斯,1993年),其中三位执教于新制度经济学的大本营——芝加哥大学。

以上总结的哈耶克—科斯—科尔奈的核心概念和洞见构成中

---

① 其名称1975年首创自Coase的学生Oliver Williamson。
② 影响很大的1964年的著作《改造传统农业》,其实没有如此清楚地突出这点。对舒尔茨理论对错的详细讨论,参见黄宗智,2008b。

国主流经济学家吴敬琏关于中国经济改革的代表性著作的分析框架。[1]（Wu,2005）在讨论各种理论传统和论争的第一章中,吴敬琏明确表示认同哈耶克的观点,特别强调哈耶克(及科尔奈)的概念,即价格信息虽然不完美,但包含无数人在使用无数资源时的反馈,而计划经济[2]则拒绝依赖价格信号,试图凭借少数几个人通过计划来得出完美的信息以替代市场价格机制。（Wu,2005:第1章,尤见13—14、18—20）

科尔奈是吴敬琏赖以分析计划经济弊端的主要理论家,尤其是他的"软预算约束"和"短缺经济"两大概念。我们可以从吴书众多部分看到这些概念的影响。(例见 Wu,2005:29—30、71、73、141;下文还要讨论)

吴敬琏虽然没有直接引用科斯,但他书中对交易成本、私有产权的法律保护、公司组织及民主等都十分称道。（Wu,2005:尤见第1、2章)他争论,计划经济附带非常高的信息成本,以及非常高的交易成本,这是因为计划经济可能导致对经济实际的歪曲和错误认识。此外,与哈耶克和科尔奈一致,吴认为自由民主政治制度乃是经济发展不可或缺的政治条件。[3]

---

[1] 这里引用的是 2005 年的英文版,是他 1999 年中文版教科书(吴敬琏,1999) 的增订版。

[2] 至于科斯理论的其他部分,国内倡导者很多。最近,比较强有力的著作是周其仁的文章(2010)。他强调,产权私有化引发"人力资本"的发展,也降低了"交易成本"。计划经济则等于是一个过庞大的公司,其组织/制度成本非常之高。

[3] 吴敬琏的理论认同虽然非常明确,但应该指出,他的许多分析具有一定的实用性,这点可见于他的一些具体观察和建议,例如关于小农家庭农场的分析(第 3 章)、金融制度的讨论(第 6 章)以及社会保障改革的意见(第 9 章)。

　　一个略为不同的说法是林毅夫等的分析,其焦点是"发展战略",表述的是市场经济绝对并完全优于计划经济的主流意见(虽然并没有引用哈耶克或上述其他的主要制度经济学理论家的观点)。林认为,中国向市场化和私有化的转轨主要意味着转入更符合中国要素禀赋的经济政策从重工业转到轻工业,从资本密集生产转到劳动密集生产,由此充分利用中国极其丰富的劳动资源,合适地借重中国的"比较优势"。所以林(及其书的合著者蔡昉和李周)指出,这是中国经济发展的决定性因素。(Lin, Cai and Li, 2003)

　　以上这些来自哈耶克—舒尔茨—科斯—诺斯—科尔奈,以及在吴敬琏—林毅夫等著作中得到回响的思想,相当程度上获得了高层决策者的认可并得到实施。我们在改革期间看到的是:稳定扩展的市场化和私有化、频繁的立法、科斯型公司的迅速扩增、企业人才的蓬勃兴起和被歌颂等。

(二)Andrew Walder—钱颖一的批评

　　在经验层面上,以上分析的主要问题是忽视了地方政府所扮演的角色,因此才会有另一种理论解释的兴起,即社会学家 Andrew Walder 的论析。该理论是在政治学家戴慕珍(Jean Oi)的"地方国家公司主义"(local state corporatism)概念(Oi, 1992、1999),以及谢淑丽(Susan Shirk)的地方分权乃是"中国经济发展的政治逻辑"论点(Shirk, 1993)的基础上形成的。魏昂德特别针对科尔奈的理论提出商榷。其后是经济学家钱颖一的"中国式联邦主义"(Chinese federalism)概念。魏和钱的论析是对上述主流意见的最主要经验与理论性挑战。

魏昂德直接挑战科尔奈对"社会主义体系"的分析。他论证,在中国改革的行政体系中,伴随管辖权从中央下降到地方(在其分析中,地方政府包括乡村权力机构),企业的"软预算约束"会变得越来越硬,信息越来越完全,福利负担越来越轻,政府对来自企业的利润和税收的关心越来越强。他强调,乡村层级企业的运作其实是遵循"硬预算约束"的。(Walder,1995)

魏昂德的分析被经济学家钱颖一进一步用纯经济学词语和数学模式来说明。钱把地方政府表述为一个类似于公司的组织,和公司一样被激励和竞争机制所推动。与魏昂德同样针对科尔奈的理论,钱争论改革期间的地方政府的性质其实是"维护市场"的。这个论点的关键概念是,科尔奈的"软预算约束"被分权治理下地方政府对企业收入和税收的关心所克服。财政收入竞争使得地方政府不愿维持亏本的企业,因此导致对企业的硬预算约束。为了和他的西方(美国)同行沟通,钱拟造了"中国式联邦主义"一词,把中国的地方政府比作美国联邦主义下的州政府(下文还要讨论)。(Qian and Roland,1998;Qian and Weingast,1997;Montinola, Qian and Weingast,1995)

魏—钱的论析可视作对科尔奈理论的一个重要纠正。科尔奈的目的是要论证"社会主义体系"(及"共产主义的政治经济")中的"常规现象",并将其置于和资本主义市场经济完全对立的非此即彼二元框架之中。魏—钱则以中国的地方分权,以及中国与苏联/俄国高度中央集权的不同,来论证国家行为可以维护市场而非反市场。未经明言的是,市场和政府、资本主义和社会主义未必是非此即彼二元对立的。我们甚至可以说,他们的论点讽刺性地点出,哈耶克—科斯—科尔奈的主流新制度经济学虽然十分强调其所谓制度,其实具有很大的盲点,使他们忽视了中国地方政府及其企业的相互竞争制度在中国发展中所起的关键作用。

同时,魏—钱的论点也显示,这个辩论其实仍然是在主流制度经济学锁定的框架内进行的。计划经济被全盘否定,市场机制不容置疑。魏—钱所论证的其实最终只是价格机制、竞争、牟利等市场原理也能适用于政府组织,而不是说市场原理并不足以解释中国的发展经验。

我们可以说,以上两种观点分别点出了同一故事的两个重要方面。科斯理论突出民营公司及其企业家们在日益扩展的经济中的角色,以及国家法规在日益复杂的经济中的作用;魏—钱则突出地方政府扮演的角色——在"维护市场的联邦主义"下,充分发挥分权和税收激励的作用,对企业实行硬预算约束,为自身的地方利益而竞争。

合并起来,这两种意见对改革早期的实际似乎掌握得相当完全。两者的弱点要在改革后期的经济发展及其经验研究中才会呈现。

(三)改革后期的经验

新的经验实际呈现于 20 世纪 90 年代中期之后。发展的关键因素变成不单是地方政府,也不单是民营企业,而是两者之间的关系。发展的前沿从地方政府发起、经营或控制的企业转到外来的投资(包括"外资"和"港、澳、台")及快速扩增的(较大的)民营公司和(较小的)"私营企业"(2006 年平均雇用 13 人)。地方政府的角色则从兴办和经营企业者,一变而为招引和支持外来企业者。伴随投资规模的扩大,地方政府经济活动的主要所在地也从基层的村、乡上升到县、市和省。

表 4.1　按登记注册类型划分城镇就业人员数(万人)

年份	总数	国有	集体	其他*	公司**	港澳台	外资	私营***	个体	未登记****
1980	10 525	8 019	2 425	0	—	—	—	—	81	—
1985	12 808	8 990	3 324	38	—	—	6	—	450	—
1990	17 041	10 346	3 549	96	—	4	62	57	614	2 313
1995	19 040	11 261	3 147	53	317	272	241	485	1 560	1 704
2000	23 151	8 102	1 499	197	1 144	310	332	1 268	2 136	8 163
2005*	28 389	6 488	810	233	2 449	557	688	3 458	2 778	10 928
2010*	34 687	6 516	597	192	3 637	770	1 053	6 071	4 467	11 384

注:国家统计局根据 2010 年的人口普查对之前的就业人员数据做了较大幅度的修改,但所作修改不在正规登记单位人员数,而在暂住农民工人员数,尤其是未登记人员数以及乡村就业人员数。之前根据抽样户调查的数据,较为严重低估了实际的未登记农民工人员数。

*联营单位("两个及两个以上不同所有制性质的单位")+股份合作单位(由企业职工共同出资入股单位)(《中国统计年鉴 2008》:29)。

＊＊有限责任公司("有两个以上、五十个以下的股东共同出资")+股份有限公司("其全部注册资本由等额股份构成并通过发行股票筹集资本")(《中国统计年鉴 2008》:29)。"有限责任公司"包含"国有独资公司",但后者只占"有限责任公司"所有从业人员的 17%(《中国统计年鉴 2009》:表 13-1)。

＊＊＊"由自然人投资设立或自然人控股,以雇佣劳动为基础的营利性经营组织"(《中国统计年鉴 2008》:29)。

＊＊＊＊得自(来自人口普查的)总数减去上列各种登记类型单位所填报的就业人员数。

数据来源:《中国统计年鉴 2011》:表 4-2。

表 4.2　按登记注册类型划分城镇就业人员数(％)

年份	总数	国有	集体	其他	公司	港澳台	外资	私营	个体	未登记
1980	100	76.2	23.0	—				—	0.8	0
1985	100	70.2	26.0	0.3	—	—	—	—	3.5	—
1990	100	60.7	20.8	0.6	—	—	0.4	0.3	3.6	13.6
1995	99.9	59.1	16.5	0.3	1.7	1.4	1.3	2.5	8.2	8.9
2000	100	35.0	6.5	0.9	4.9	1.3	1.4	5.5	9.2	35.3
2005	99.9	22.9	2.8	0.8	8.5	2.0	2.4	12.2	9.8	38.5
2010	100	18.8	1.7	0.6	10.5	2.2	3.0	17.5	12.9	32.8

数据来源:《中国统计年鉴 2011》:表 4-1。

表 4.3　按登记注册类型分乡村就业人员数(万人)

年份	总数	％	乡镇企业	％	私营企业	％	个体	％	农业[*]	％
1980	31 836	100	3 000	9.4	—	—	—	—	28 836	90.6
1985	37 065	100	6 979	18.8	—	—	—	—	30 086	81.2
1990	47 708	99.9	9 265	19.4	113	0.2	1 491	3.1	36 839	77.2
1995	49 025	100	12 862	26.2	471	1.0	3 054	6.2	32 638	66.6
2000	48 934	100	12 820	26.2	1 039	2.1	2 934	6.0	32 141	65.7
2005	46 258	100	14 272	30.9	2 366	5.1	2 123	4.9	27 497	59.4
2010	41 418	100	15 893	38.4	3 347	8.1	2 540	6.1	19 638	47.4

　*　得自乡村就业人员总数戒去乡镇企业人员数、私营企业人员数以及个体人员数。

　数据来源:《中国统计年鉴 2011》:表 4-2。

　　新的实际可见于表 4.1、4.2 和 4.3。在 20 世纪 80 年代和 90 年代上半期,最显著的发展部门是乡镇企业,其绝大部分最初是由地方政府创办的。一个能够说明经济演变内容的指数是各种不同登记类型单位的就业人员数和比例:在城镇,包括国有、集体、公司、外来投资单位、私营企业和个体户;在"乡村"(按照国家统计局所定指标,包含县城关镇级以下的乡镇),包括乡镇企业、私营企业和个体户。正如表4.1、4.2、4.3所显示,这段时期发展最快的是乡村的乡镇企业。到1995年,它们的"离土不离乡"就业人员已经达到1.28亿人(表4.3),而该年城镇总就业人员为1.90亿人(表4.1)。

虽然如此,迟至1995年,在城镇就业人员中,国有企业仍然占到全就业人员数的59.1%(表4.1、4.2);民营企业所占比例仍然较小,其中民营公司1.7%、私营企业2.5%,而外来投资企业也仅仅为2.7%。[①]

但其后则转变非常快速。到2005年,规模较大的民营公司和规模较小的私营企业及外来投资(包括港澳台地区)企业的就业人员总数达到0.71亿,相当于城镇就业人员总数的25%(表4.2),2010年更达到1.15亿,相当于城镇就业人员总数的33.2%。而1990年代后期国有企业就业人员大规模下岗(共约5000万人),其后则进入21纪后国有企业的大规模改制。到2005年,国有和集体单位就业人员减少到7300万人,只占城镇就业人员总数的25.7%,2010年更降到20.5%(表4.2)。

与此相比,乡镇企业远远没有像早期那样蓬勃扩增。它们在就业人员总数中所占比例于1995—2000年间停滞不前,徘徊于乡

---

① 但未经登记的人员于1990年已达到2300万之数,亦即城镇就业人员的13.6%。这是后来农民工爆发性增长的序幕。

村就业人员的 26%。① 进入 21 世纪后才再度快速上升,2010 年达到乡村就业人员的 38.4%(表 4.3)。

民营企业所占数量和比例的快速扩增,当然会被人们用来支撑主流制度经济学和市场主义的正当性。私人资本在发展中确实起了与日俱增的作用。但是,我们要问:中国的发展是否真的可以简单地用科斯的资本主义公司理论来理解?是否确实可以用主流制度经济学的凭借私有产权加法律保障来降低交易成本的理论框架来理解?

(四)现有分析的盲点

主流新制度经济学再一次不能解释地方政府所扮演的角色,正如魏—钱对改革早期的发展经验已经证实那样。但是,魏—钱的分析也不能解释改革后期的经验。魏—钱的关注点是地方政府自己创办、经营或控制的企业,他们的分析是在 1990 年代前期形成的,明显是基于改革早期主要由乡村企业推动的发展经验。他们分析的缺陷是 1990 年代中期以后,地方政府的活动重点已经不是直接建立、经营或控制企业,而在于一种配合性的招引民营和外来资本。

在中国的制度环境中,地方政府和新的企业之间的关系可以说是真正关键的因素,在近 15 年中,比民营企业在市场上的交易

---

① 但在 2000 年之后再次上升,2010 年已达 1.54 亿之数。此时的乡镇企业,大部分是私有的(国家统计局未提供按照所有制区分的数据)。同时,乡村私营企业也快速扩增,人数于 2010 年达到 3347 万(见本书表 1.3)。

成本和地方政府企业都更重要。它们之间的关系体现在"招商引资"一词之中,它已经成为地方政府的头等大事,也是地方官员考核的主要标准。(王汉生、王一鸽,2009)我们需要知道:招商引资的具体内容是什么,它是怎样运作的。

科尔奈没有认真对待这个问题。在他看来,社会主义和资本主义分别是自我连贯一致的体系,所遵循的逻辑是截然对立的:计划经济是一个共产党集权的体系,而资本主义则是一个自由民主的体系,两者互不相容。两者的混合只可能导致矛盾和冲突:集权和公民社会权力只可能对立;官僚管理只可能和资本主义企业相互矛盾;软预算约束只可能和硬预算约束对立;计划生产只可能和价格机制相互矛盾等。在矛盾和冲突之下,其结果只可能是唯利是图的价值观和官员的贪污。在科尔奈看来,1990年代前后的中国便是实例。(Kornai,1992:尤见第15章;亦见第21章,509—511;亦见570—574)科尔奈这个分析所不能回答的是:中国的经济体系果真如此充满矛盾和冲突,我们又该怎样来解释改革期间举世瞩目的经济发展?

资本主义和社会主义、市场经济和计划经济的非此即彼二元对立,对过去关于中国经济改革的理解影响深远。我们已经看到,哈耶克—科尔奈,以及他们之后的吴敬琏—林毅夫都把如此的对立看作给定前提(科斯的公司理论则把高度发达的市场及高度规范化的合同与法律当作给定事实)。使我们感到诧异的是,反驳他们的魏—钱,或许是无意的,并没有对如此的对立提出明确的质疑。他们的辩论最终没有指出这样的对立所导致的错误认识,而仅仅争论中国的地方政府行为其实与资本主义公司组织相似。

在他们对地方政府和乡村企业的分析中,所强调的因素是和主流经济学一致的,即市场竞争、激励以及硬预算约束。我们可以说,哈耶克—科尔奈—科斯所强调的是资本主义型公司对经济发展的推动,而魏—钱所强调的则是和资本主义公司相似的地方政府行为对经济发展的推动。双方同样认为资本主义型的市场机制效应最佳,都没有考虑到中国改革后期政府与企业、计划与市场的新型关系。

今天回顾,我们可以看到辩论的框架和条件其实完全是由新制度经济学及与之志同道合的新保守主义(亦称"新自由主义",亦称"古典[放任]自由主义")所设置的。双方都以计划经济的全盘错误和失败作为给定前提,都以为唯有纯粹的市场机制才能理性地配置资源。魏—钱反驳的焦点不是如此的二元对立,而是要说明即便是政府也可以遵循资本主义和市场逻辑来运作。双方都把"转型"理解为从计划到市场、从社会主义到资本主义的完全转变。双方都没有从两者并存的角度来考虑"转型",因此也没有考虑到两者之间关系的动态演变。

当然,改革中呈现了民营企业的广泛扩增,但是,它们和地方政府之间的关系在实际运作中到底是怎样的? 当然,改革中呈现的是地方政府之间的竞争,但那样的竞争相对新兴的企业来说到底是什么? 地方政府在改革后期的"招商引资"竞争中,到底为那些企业做了什么? 要精确掌握中国的发展经验,我们必须回答这些问题。

二、非正规实践与非正规经济

从历史视角来考虑，改革期间的中国经济体系明显是一个混合体，同时具有旧计划经济和新市场经济的特征。科尔奈指出其间的"不协调性"（incoherence），虽说是对的，但我们需要进一步问：两者又怎样协调而产生中国改革中的戏剧性发展？

在笔者看来，关键是实际运作中的高度伸缩性，亦即国内惯称的"变通"，主要体现于规避、绕过甚或违反国家法规的非正规经济实践。以下首先是对1990年代中期以来地方政府和企业在实际运作中的关系的简单总结，主要来自新近的经验研究，其后讨论这个发展经验的理论、方法和实用含义。

（一）地方政府和企业在实际运作中的关系

计划经济的一个不容否认的弱点是：极其沉重的官僚管理体系对企业人才和创新的压制，但同时，正因为政府的高度集权，它能够在短期内动员大量的资源。这首先意味着对一个企业来说，政府的支持是不可或缺的条件，只有获得其支持才有可能从众多部门和层级获得必需的许可证和资源，才有可能顺利运作。用制度经济学的话语来表述，与官僚体制打交道的"交易成本"非常之高，甚或根本就不可能克服，除非同一官僚体制为了招引其投资而特地为之铺路。这是我们所说的地方政府变通行为为旧体制和新经济起到协调作用的第一层含义。

但这只是其一小部分。高度集中的权力被用于发展(在改革早期创办乡村企业的时候已经展现)在改革后期一再展示,尤其可见于地方政府为经济建设而大量征用土地。它们之所以能够征用土地,部分原因是中国不清晰的土地产权制度:其使用权属于农民、所有权属于集体,但国家保留为建设而征用土地的特权。[①] 中央政府虽然多次声称要严格控制土地征用,防止滥用,但实际上,到2007年,至少已有四五千万农民的土地被征用。[②] (天则经济研究所,2007:7;陶然、汪晖,2010)

地方政府征地所付给农民的补偿一般都比较低,相对开发后的市价更显得如此(下文还要讨论)。这是地方政府之所以能够招引投资的一个关键因素,也是地方政府收入的一个重要来源(下文还要讨论)。

当然,光靠土地不行,其开发需要能源、道路、运输等配套基础设施。那些也是地方政府为招商引资而提供的"一揽子"条件中的重要部分。正因如此,基础设施早已成为地方政府特别关心的头等大事之一,是招引投资工作不可或缺的部分。

使人感到诧异的是,地方政府居然能够并愿意以低到自家成本的一半的价格来为外来企业提供土地和配套基础设施。一项关于土地比较紧缺的浙江省的研究指出,该省有1/4的土地是以不

---

① 这方面,物权法和土地管理法之间有明显的矛盾(参见黄宗智,2010a:第4章)。

② 我们缺乏精确的数据。陆学艺(2005年)给出一个比较高的估计:1.5亿亩,涉及9000万农民。北京天则经济研究所中国土地问题课题组得出的则是4000万—5000万失地农民(天则经济研究所,2007:7),被征土地总数可能介于4000万亩—8000万亩之间。我们知道,耕地总面积从1996年的1.951亿亩下降到2006年的1.829亿亩(同上:10),但这个数字包含来自其他原因的耕地流失。

到成本的一半价格出让给外来商人的。平均是86%,即征地和配套基础设施成本10万元/亩的土地的平均出让价格是8.6万元。在土地资源更加短缺的苏南地区,例如苏州,成本(征地加配套设施)20万元/亩的工业用地,平均出让价是15万元,与其竞争的邻近地区则有价格低达5万元—10万元/亩的。陶然和汪晖在这个题目上发表过多篇研究,他们认为,以每亩亏本10万元的价格出让土地来招引投资是常见的现象。(陶然、汪晖,2010;陶然、陆曦、苏富兵、汪晖,2009)地方政府也常为引入的重点企业提供现金补贴。一个例子是农产品重点企业,在原农业部发表的关于农业"产业化"(亦称"纵向一体化")的首篇长篇报告中有比较详细的材料,笔者2014年的书(黄宗智,2014)第10章已经据此论证,2000到2005年间,中央政府投入共119亿元来扶持国家级的"龙头企业"。地方政府亦步亦趋,比较发达的山东、江苏、浙江、上海等省市,每年投入5000万元来支持龙头企业(有的直接扶持企业资金周转,有的是贴息贷款)。此外,以山东省为例,该省内的市、县政府更在此上每年投入共1亿元。另外还提供税费减免优惠,每省市年1000万元或更多。这样对农产品重点企业的扶持已经是地方政府竞相招商引资的重要组成部分,并且是在中央政府领导下进行的(与此形成鲜明对照的是,自发兴起的农业合作社则等于被排挤,既基本得不到那样的政府补贴也很少能得到银行的贷款)。(《中国农业产业化发展报告》,2008:219、194、179、199、188、236;亦见黄宗智,2010a)

地方政府愿意不惜成本来招商引资主要是为了其后的回报。首先是企业增值税和所得税的财政收入(虽然中央政府要拿走前者的75%和后者的50%）。更重要的是之后的一连串财政收入，因为从连带兴起的服务业和小企业可以征得营业税和所得税，而那些是100%归属地方政府的。（陶然、汪晖，2010）

更重要的是，之后必定会发展的房地产及其在市场上的升值。地方政府可以从开发商处挣到十分可观的利润，远远超过其征地所付出的成本。2007年的一项经验研究说明，长江三角洲地区的地方政府征地平均付出的代价是2.5万元—3万元/亩，而他们从开发商处获得的出让价则平均是14万元—35万元/亩，而土地最终的市价是75万元—150万元/亩，即原来征地成本的30到50倍。（天则经济研究所，2007:8）正因如此，较发达地区的地方政府的预算外收入有足足60%—70%来自土地开发的收入。（天则经济研究所，2007:10；亦见黄小虎，2007:46）事实是，征用土地乃是地方政府经济建设经费的最主要来源。这就是一般所谓的"土地财政"。

从企业的视角来考虑，它们获得的不仅是补贴和支持，也是其后（当然，要与地方政府维持良好的关系）的保护，可以借以免去众多的可能收费、摊派和行政约束。

即便地方政府对企业施加压力让它们遵循国家法规（大型的内外资企业更可能受到这样的压力），企业仍然可以廉价利用处于法律保障之外的非正规工人，它们也可以利用非正规的小企业和大量的个体户（亦即"新"和"旧"的"小资产阶级"，详见黄宗智，2008b）。这种在廉价的"非正规经济"（下文还要讨论）中转包的成本远低于企业公司扩大自己正式的组织，对跨国公司来说尤其如此（下文还要讨论）。

可以见得，这一切使外来的企业处于十分有利的地位，因为它们得益于地方政府间的激烈竞争（想象一个有众多不同地方政府竞相招商引资的交易会），因为它们可以获得廉价的土地、能源等配套设施，税收优惠、直接和隐性的补贴，以及庞大的廉价非正规经济的支撑。

以上是中国之所以能够招引比任何其他发展中国家更多的外来投资的重要原因。这是为什么中国的商品交易占 GDP 的比例（即出口加进口产品作为 GDP 的百分比）高达 64%（2005 年），远远高于美国、日本、印度的约 20% 及巴西的 25%（Naughton，2007：377）。这也是为什么中国 1996—2002 年的外国直接投资（FDI）年平均占到 GDP 的 4%，远高于日本、韩国（Naughton，2007：404—405）。正如许多经济学家指出，中国的经济发展在相当程度上乃是"出口带动"的。

地方政府的非正规经济实践中，非正式地运作某些法规乃是这个体系的核心。体系的整体可以说既包含计划经济的特征（强大的官僚制度、快速组织资源的能力及对经济发展的干预），也包含新市场经济的特征（资本主义型公司、价格机制、供求规律、竞争）。在改革后期，协调两者的是地方政府权力和资源的非正规运用，可以说是一种"有计划的非正规性"，而且是在中央政府的默许下运作的。

(二)体制性成本与收益

地方政府和企业间的关系是如此重要，因此会有众多相关研究,包括对前政府官员加入民营企业的研究(例如吴文锋、吴冲锋、刘晓薇,2008),甚至统计企业董事会上的全国政协委员和人大代表,然后试图研究这种"政治资本"与企业绩效的关联(例如胡旭阳,2006;胡旭阳、史晋川,2008)。此外更有详细分析企业需要什么样的策略和行动来建立和维持其所需要的政府关系的研究(例如张建君、张志学,2005)。诸如此类的研究,对我们以上总结的经验实际的了解有一定的帮助。

有的研究者把上述现象等同于美国各州招引外资的竞争,试图仿效美国的"公共部门经济学"(public sector economics)研究。他们引用最多的例子是1994年阿拉巴马州(Alabama)为招引奔驰汽车公司在该州建厂,以及1989年肯塔基州(Kentucky)为招引丰田汽车公司在该地建厂而提供的高额补贴。[①] 但这两个例子对美国来说其实是反常而非一般的现象,局限于其正在衰弱的一个经济部门。正如克鲁格曼(Paul Krugman)等指出(Graham and Krugman,1995;Glickman and Woodward,1989),美国对外资的态度主要是"中立"的,对外来和国内的资本基本一视同仁;投资的落点其实更多取决于"集聚效应"(aggregation effect,即某一部门工业的公司都聚集在那个地方,因此我们也要在那里),而不是特殊补贴。在美国公共部门中惯行的是用"游说"用来影响立法

---

① 1994年,奔驰公司计划投入250万—300万美元建立一个预计雇用1500人的工厂。阿拉巴马州(Vance市)以价值330万美元的补贴赢得这场竞争,包括税收优惠、建厂用地和配套基础设施,甚至一个德语的学校(消息是 The Economist1994年1月报道的)。另一个有名的例子发生在1989年,丰田公司计划投入800万美元建厂,预计雇用3000人。获胜的是提供价值126万美元的一揽子补贴的肯塔基州(Bigaliser and Mezzetti,1997;Black and Hoyt,1989)。

(lobbying),而不是像对奔驰和丰田案例那样的补贴。(Grossman and Helpman,1994;Biglaiser and Mezzetti,1997)

在中国,美国公司的那种游说经济行为比较少见,它的实际更在于中国特殊的国家体制及混合(计划与市场)的经济制度。在中国惯见的在美国是反常现象;我们不应把两个体制等同起来。

中国体制的特殊性在于高度非正规化的运作。如此的非正规性存在于任何体系,但很少有像中国那么高的程度。正规制度在改革后期的中国经济整体中所占比例是比较低的,常常只是一种姿态(或者代表某种理想),但其眼前的实际运作主要是非正式而不是正式的。

在这样的体系内,来自与其政治经济制度打交道的(也许可称作)"体制性收益"其实要高于"体制性成本"(即为了与体制打交道并与之维持良好关系而花费的成本)。结果是,一个对投资者非常有利的制度环境,与地方政府的良好关系不仅可以大幅度降低企业的"交易成本",也可以为它带来高额的显性与隐性补贴。这是科尔奈所强调的体系性矛盾和贪污的反面。它可以解释2006年钱颖一等对在中国投资的回报率研究的结论:"中国投资回报率总额在1979到1992年间从25%降低至1993到1998年及其后的约20%。如此的回报率(用同样方法来计算)要高于大多数的发达国家,也高于包含众多处于不同发展阶段国家的样本。"(Bai,Hsieh and Qian,2006:62)①这样的结论当然和中国吸引了比其他发展中

---

① 此文的图10(第83页)展示中国在52个国家的样本中所处地位。大部分的国家处于2%—10%之间,而中国则高达16%(这是作者们按照样本所用指标的重新计算)。

国家要多的外来投资的事实一致。联合国贸易与发展会议（UNCTAD）2005 年的一项对专家和跨国公司的问卷调查发现，作为投资目的地，中国在世界上排名第一，远高于其他国家（高柏，2006：表 7）。

这一切意味着，在中国的改革经济体系中，（我们所称作）"体制性成本/收益"是个关键因素，比科斯理论强调的市场正规合同交易成本更加重要，也比科尔奈和魏——钱所强调的地方政府企业到底处于软预算约束还是硬预算约束下的问题重要，起码在最近 15 年间如此。它们对一个企业能否创建、良好运作及有多高利润起到几乎决定性的作用。

（三）非正规经济

非正规经济是上述经济体系中一个极其重要的组成部分。本书前三章已经详细论述，中国从计划经济传统中继承的虽然是高度官僚化和正规化的经济，但在改革期间的非正规经济实践下，已经极其快速地形成了一个极其庞大的非正规经济。首先是城镇（指县城关镇及以上的城镇）部门未经登记的人员（主要是"离土又离乡"的农民工，区别于此前"离土不离乡"的乡村企业就业人员），2005 年已经达到 1.1 亿人之数，即城镇就业人员总数的 38.5%（见表 4.1、4.2）。本章之所以把他们称作"非正规"在于他们接受的是低于正规"职工"的工资及不附带正规职工所享受的法律和福利保障的工作（这也是联合国国际劳工组织 ILO 所采用的定义）。我们已经看到，根据 2006 年由国务院研究室牵头的、比较权威性的调查报告,农民工平均每天工作 11 小时,每周 6 到 7 天,即比一般正规职工要高出约一半的时间,而其获得的报酬则只是正规职工的 60%,而且是没有考虑到福利差别的比例。(详见本书第 1 章;《中国农民工问题研究总报告》,2006;黄宗智,2009b:53)

如果加上小规模私营企业的员工和个体户(大多是农民工或下岗工人),他们一般也没有法律和福利保障,2005 年非正规经济人员总数达到城镇总就业人员数的 60.5%,2010 年更达到63.2%。[1](见本书表 1.2)

这个非正规经济及其近几十年的快速扩增乃是发展中国家的普遍现象,但在发达国家及前计划经济国家则占较低比例。在一定程度上,它是全球化所导致的,是全球资本跨越国界而探寻比自家便宜的劳动力所导致的。非正规经济的扩增是为了给外来资本提供廉价劳动力,也是为了给新的经济提供各种廉价服务。它是 20 世纪 60 年代以来兴起的现象。中国是较晚进入全球化体系的国家,较晚呈现这个在其他发展中国家已经具有半个世纪历史的现象。

事实是,中国改革的历史相当程度上是此前正规经济的非正规化的历史。正如表 1.2 已经显示,2010 年正规职工所占比例已经从计划经济时期城镇就业人员总数的将近 100%下降到 36.8%。

我们在本书前两章已经看到,非正规经济在全世界的爆发性扩增如此显著,联合国的国际劳工组织早已将其作为工作的聚焦

---

[1] 当然,其中少数人员享有福利或部分福利,但我们要把他们和正规部门中的非正规临时工和半正规合同工以及集体部门的职工和小型外来投资单位的职工等(其中许多人员不享受正规法律和完全的福利保障)放在一起来考虑。

点,特别突出其人员所忍受的在法律保障范围之外的工作条件,呼吁要为这个庞大的人群——包括在正规经济中工作的非正式工人,以及为正规经济提供各种各样廉价服务的人员,他们几乎全是在正规法律和社会保障范围之外,甚或是受到法律制裁的贫穷工作人员——争取到"有尊严的"(decent)待遇。(ILO,2002)为此,ILO 在 1969 年便已获得诺贝尔和平奖。(亦见黄宗智,2009b)

　　中国非正规经济的特点,除了其市场化较晚出现之外,首先是其庞大和几乎无限的规模,主要是因为极其大量的剩余劳动力。这种情况只可见于个别其他的发展中国家——例如印度。

　　更加特殊的是,中国通过一个地方政府激烈竞争的体制,积极地把其非正规经济当作"比较优势"来争取外来投资。和众多其他发展中国家一样,中国为全球资本提供了廉价劳动力,以及为新兴的经济部门提供各种非正规和半正规的服务。但和其他发展中国家不同,中国是一个在高度集中的中央政权的领导下地方分权,为追求外来投资而相互竞争的政治体系。(更详细的讨论见黄宗智,2009a)在那样的(我们也许可以称作)"(中央)集权的(地方)分权主义"①体制下,中国将其非正规经济变成一个更加强有力的招引外资的工具。这种非正规性我们也许可以称作"有计划的非正规性"。我们已经看到,其结果是远高于其他发展中国家的外来投资,以及全世界最快速扩展和最庞大的非正规经济。

　　这个其实在一定程度上是隐蔽的,因为官方没有正式统计这

----

① PierreLandry 把这个现象称作"分权的威权主义"(decéntralized authoritarianism)(Landry,2008;亦见黄宗智,2010a)。

个部门。[1] 它的就业人员数只能从来自人口普查所计算的、真实的就业人员总数减去各种登记类型单位所上报的人员数而得出。在第一、第三章我们已经看到,实际是,非正规经济人员在 2010 年占据城镇 3.47 亿总就业人员中的 2.19 亿,也就是 63.2%(见表 1.2)。

如果加上"乡村"(包含县城关镇以下的城镇)的非农就业人员,即乡镇企业的 1.59 亿人、[2] 乡村私营企业的 0.33 亿人及 0.25 亿人的个体户,非正规经济人员就要再加上 2.17 亿人(表 1.3)。最后,如果再加上 1.96 亿务农人员(因为他们大多也是缺少社会保障的人),非正规经济人员的总数将高达 6.33 亿,即占 2010 年国民经济(城镇+乡村)的 7.61 亿就业人员的 83.2%。(表 1.4,亦见黄宗智,2010a:第 8 章;黄宗智,2009b)

整个非正规经济都没有被主流经济学家所正视。即便是讨论到,例如蔡昉引用刘易斯(Arthur Lewis)的"二元经济"理论(即一个具有劳动力"无限供应"的传统部门及一个现代的城市部门)(Lewis,1954、1955)的论文那样,将非正规经济当作一个很快就要消失的部门,给出的理由也是刘易斯论证的"转折点"已经来到中国:中国的"二元经济"体系很快将被整合为单一的现代化的、全国

---

① 比如,国家统计局给出"城镇单位就业人员"的"平均劳动报酬"和"全国平均职工工资数",以及平均工作时间数,但这些都只包括经过正式登记的单位上报的人员,不包括未经登记的就业人员(2008 年达到 1 亿)(见表 4.1)。上面提到的 2006 年的《中国农民工问题研究总报告》才是比较可靠的材料(黄宗智,2009b:63;《中国农民工问题研究总报告》,2006)。

② 当然,乡镇企业中有的规模颇大也比较正规化,但我们要把这些和正规部门中的不少非正规工人一起来考虑,正如本章第二节(二)"非正规经济"脚注 1 指出的那样。

劳动市场。(见第 3 章;蔡昉,2007;黄宗智,2009b)

　　事实上,非正规经济非但没有减缩到即将消失的地步,甚至一直在爆发性地扩增,正如上面几章已经论证的今天占据中国绝大多数的就业人员。我们如果考虑到正规经济的职工(即主要是本章表 5.1 和表 5.2 从国有到外资的六个登记类型),在 1978—2010年的 30 年间,只增加了 0.33 亿人(从 0.95 亿人到 1.28 亿人),再把这个数目和非正规经济的 6.33 亿人相比,就能看到,宣布刘易斯"转折点"的到来是多么远离实际。事实是,非正规经济之整合于正规经济只可能是未来的一个艰巨和漫长的过程。

　　主流制度经济学,正因为它把法律和产权认作经济发展的关键条件,自然把注意力集中于正规经济部门,因此忽视了非正规经济在发展中所起的作用。另外,魏—钱的分析虽然突出地方政府所创办、经营或控制的企业,但同样忽视了改革后期快速膨胀的经济体中的既非民营公司也非政府企业,而是在其间起关键作用的地方政府非正规行为,以及因此产生的非正规经济。

　　对非正规经济的忽视也意味着对发展的社会维度的忽视,不仅是当前的,也是历史上的。说"历史上的",是因为不会与之对比也就因此看不到计划经济为大多数人提供的有效医疗、教育和福利保障(正如诺贝尔奖得主阿玛蒂亚·森多年前指出,改革前的中国在"社会发展"的关键指标上,即人们的寿命预期、教育水平及婴儿死亡率,其成就远远超越当时人均 GDP 和与中国基本相同的印度)。(Drèze and Sen,1995;黄宗智,2010a:第 1 章)我们可以补充指明,如果比较两者的重工业发展水平,又何尝不是如此? 至于当前的情况,同样会忽视中国的经济发展"奇迹"所附带的社会问题,看不到非正规经济既是中国经济发展的根源,也是社会和环境危机的根源。

(四)中国发展经验的理论与方法含义

这一切并不否定过去分析的正确部分。新制度经济学强调私有化和市场化能够激发企业家们和民营公司的积极性,这点在中国经验中是得到证实的。同时,反对其原教旨市场主义(以及"古典自由主义"和新保守主义)内涵的论者,正确指出了地方政府及其乡镇企业所起的重要作用。

正如哈耶克多年前已经从内部人的视角指出,许多经济学家过分依赖理论前提,倾向把实际等同于理论构想。(Hayek, 1980 [1948]:尤见第 2 章)主流经济学的论析,多从计划经济与市场经济在理论上的非此即彼二元对立及计划经济的全盘错误出发。它们对计划经济的批评,例如沉重的官僚体制、过分的意识形态化及对创业和竞争的压制,显然是正确的;但同时,它们忽略了改革前的计划经济的正面成绩,例如其快速发展的重工业、覆盖大多数人民的公共服务和福利及强大的组织能力。我们也许可以客观公正地说,哈耶克—科斯—科尔奈的制度经济理论其实主要是一种理论性的理想类型,而不是历史性—经验性的理论分析。

笔者认为,真实的历史更多寓于本书提倡的从实践到理论再回到实践的研究进路。也就是说,要依赖历史视野并扎根于经验证据,但又要具有理论关怀与含义。正是如此从实际出发的研究进路,才可能挖掘出被理论和意识形态所遮蔽的维度。这里强调的是,地方政府的非正规实践及由此产生的非正规经济。

应该可以清楚看到,中国之所以能够成功吸引外来投资,不仅是因为具有丰富的劳动力资源,也因为得自计划经济所建立的教育和医疗方面的基础,快速的重工业发展和基础设施建设,以及组织能力(这点特别容易因过去极端的群众运动而忽视)。但中国发展经验最突出的特点并非以上这些,而是当前集权的分权主义政治经济体系,其中地方政府为招引外来投资而激烈竞争,所依赖的是非正规的补贴和支撑及庞大的非正规经济。正是这样的组合,才能同时解释中国的经济发展和社会与环境问题。

具有讽刺意味的是,哈耶克—科斯—科尔奈等的主流制度经济学,虽然名义上特别强调被(新古典经济学所)忽视的制度和经济史维度,但完全忽视了中国发展经验中这个巨大的制度—历史实际。

总的来说,我们可以从四个层面来理解中国的发展经验。首先,与其他结合前工业与工业、传统与现代的发展中国家一样,非正规经济实践占据不容忽视的位置,正如国际劳工组织所强调的那样;其次,与其他后社会主义的国家一样,非正规经济起到协调旧计划经济和新市场经济的作用;再次,其庞大和看似无限的规模再次突出中国人口巨大这个基本国情,也是唯有印度等个别国家才能与之相比的国情;最后,它所突出的真正是中国改革的独特性:其特殊政治经济体制与其非正规经济的结合。

在一定程度上,那样的结合也可见于改革前期,比如我们可以把地方政府在建立乡村企业过程中的众多非正规行为也纳入其中,并把乡村企业的"离土不离乡"员工纳入非正规经济来考虑。

但城镇部门真正大规模的变迁则有待于改革后期·在各种补贴和政策的招引下而涌入的外来投资,以及为新兴的城镇企业打工和服务、部分缺少法律和福利保障的离土又离乡的农民工之爆发性扩增。正是后期的那些主要是城镇的现象,才真正符合国际劳工组织所使用的"非正规经济"一词的原义。

正是改革后期的地方政府竞争和非正规经济行为,把不清晰的产权和不成熟的市场改作比较优势,把政府对重点企业的非正规支持变成提高它们收益而借此招引外来投资的手段,把非正规经济变作招引外资竞争中的比较优势等。结果是近年来惊人的GDP 增长,但也带来了一定程度上的社会不公问题。正是计划经济和市场经济的结合,而不是以往分析中的两者非此即彼二元对立,才能解释中国发展经验的成功之处与问题所在。

三、中国的未来发展

最后,我们要问:以上讨论具有什么样的实用意义?

用于当前的实际,以上讨论适用于地方政府,正因为它们过去起到如此重要的作用,对未来的经济发展也十分关键。中国眼前的大问题是:怎样应对非正规经济在推动 GDP 快速发展的同时所附带的部分社会与环境问题? 也许解铃还须系铃人。

这不是一个有关社会公正还是经济发展的非此即彼问题。事实是,近 30 多年来的发展取得了巨大成就,但同时我们也已看到随之产生的各种问题。在成为"世界工厂"的大趋势下,中国相当比例的"国内生产总值"是为外来资本和出口而产生的,比如根据

2004年的统计,出口加工生产占据总贸易的53%。(高柏,2006:
119)在低工资和依赖非正规经济的现实下,这意味着大部分盈利
归属外来的投资者而不是中国的工人或中国的经济。[①] 正如高柏
指出,在这方面中国和日本此前的发展经验很不一样,后者从未如
此程度地依赖外资和国际贸易,其进出口对GDP的比例从未超过
30%。(高柏,2006)上文已经指出,2005年日本的进出口/GDP比
例才20%,和美国相似,而中国则是64%。

　　显然,也是2008年全球经济危机对中国经济的冲击所更加鲜
明地凸显出的,即要推进为大多数人民利益的和可持续的经济发
展,中国必须扩大国内的需求和消费。这已成为一个跨越分歧的
共识。

　　这一切所指向的是另一种发展道路,即用社会发展来推动可
持续的经济发展。显然,低收入人群生活水平的提高会比富裕人
群收入提高更直接、快速地影响消费,这是因为低收入群体的消费
所占比例较高。因此,无论从社会公正还是经济发展的角度来考
虑,目前的情况迫切呼唤着要提高占据中国人民大多数的下层和
中下层社会群体的收入。中国政府从世纪之交以来,在这方面已
经做了不少工作(如取消农业税和提供九年免费义务教育——虽
然并不包括农民工在其工作所在地),但显然还需要做很多。

　　可以见得,中国政府今天所面临的战略性抉择,不是林毅夫等
强调的资本密集重工业或是劳动密集轻工业的问题,也不是科尔
奈强调的简单的社会主义还是资本主义、计划还是市场的问题,也

---

① 一个较多被引用的新闻报道估计,跨国公司所得利润的70%是被拿出中国的(高
　辉清,2005;亦见高柏,2005)。

不是一般所争执的社会公正还是经济发展的问题，而是怎样在支持大型公司的现实和支持低收入人群的改革之间探寻适当的调整。从中国人口数量巨大的这个给定事实来看，政府在这方面干预是必须的，不然很可能再次陷入18世纪以来的那种社会危机——推动20世纪中国革命的基本原因。

总而言之，我们首先需要精确掌握近30多年历史的教训。中国的经济发展并不简单地来自从计划到市场的转型，而是来自两者的不同特征的结合。改革前15年的发展不仅得助于市场化，也得助于计划经济下培养的能干的地方干部之利用农村剩余劳动力来建立乡村企业，以及计划经济下建设的重工业和基础设施。其后是同样可观的15年的发展，再次利用丰富的劳动力资源，除了外来投资和国内民营企业浪潮的推动，还得助于一个独特的体制——为招商引资而竞争的体制。在那样的竞争之下，地方政府广泛采用非正规的变通运作，利用显性和隐性的补贴及廉价的非正规经济招引外来投资。如此的历史实际显然和哈耶克—科斯—科尔奈那种制度经济学理论所强调的非此即彼二元对立不相符。

我们看到，非正规经济实践的结果既是快速的经济发展，也是一定程度的社会不公和环境污染。今天往前瞻望，我们应该抛弃主流经济学过去的错误认识，抛弃把市场和计划、经济和政府、资本主义和社会主义构建成非此即彼的二元对立的错误。经验实际的历史视野使我们看到，民营企业、地方政府行为、非正规经济的结合才是中国经济发展的动力之一，同时也是部分社会和环境问题的来源。

参考文献：

蔡昉(2007)：《中国经济面临的转折及其对发展和改革的挑战》，载《中国社会科学》第 3 期：第 4—12 页。

高柏(2006)：《新发展主义与古典发展主义——中国模式与日本模式的比较分析》，载《社会学研究》第 1 期：第 114—138 页。

高辉清(2005)：《警惕外资带来的虚假繁荣》，载《亚洲周刊》，2005 年 10 月 6 日。

胡旭阳(2006)：《民营企业家的政治身份与民营企业的融资便利——以浙江省民营百强企业为例》，载《管理世界》第 5 期：第 107—114 页。

胡旭阳、史晋川(2008)：《民营企业的政治资源与民营企业多元化投资——以中国民营企业 500 强为例》，载《中国工业经济》第 4 期：第 5—14 页。

黄小虎(2007)：《当前土地问题的深层次原因》，载《中国税收》第 2 期：第 46—47 页。

黄宗智(2014)：《超越左右：从实践历史中探寻农村发展出路》，北京：法律出版社。

黄宗智(2010a)：《中国的隐性农业革命》，北京：法律出版社。

黄宗智(2010b)：《中国的新时代小农场及其纵向一体化　龙头企业还是合作组织?》，载《中国乡村研究》第 8 辑，福州：福建教育出版社，http://www.lishiyushehui.cn.

黄宗智(2009a)：《跨越左右分歧：从实践历史来探寻改革》，载《开放时代》第 12 期：第 78—88 页，http://www.lishiyushehui.cn.

黄宗智(2009b)：《中国被忽视的非正规经济——现实与理论》，载《开放时代》第 2 期：第 51—73 页，http://www.lishiyushehui.cn.

黄宗智(2008a)：《中国的小资产阶级和中间阶层——悖论的社会形

态》,载《中国乡村研究》第 6 辑·第 1—14 页,福州:福建教育出版社,http://www.lishiyushehui.cn.

黄宗智(2008b):《中国小农经济的过去和现在——舒尔茨理论的对错》,载《中国乡村研究》第 6 辑:第 267—287 页,http://www.lishiyushehui.cn.

陆学艺(2005):《中国三农问题的由来和发展前景》,http//www.weiquan.org.cn/data/detail.php? id=4540.

陆学艺编(2002):《当代中国社会阶层研究报告》,北京:社会科学文献出版社。

潘毅、卢晖临、张慧鹏(2010):《阶级的形成:建筑工地上的劳动控制与建筑工人的集体抗争》,载《开放时代》第 5 期:第 5—26 页。

《人民日报》,2010 年 7 月 30 日。

陶然、汪晖(2010):《中国尚未完成之转型中的土地制度改革挑战与出路》,载《国际经济评论》第 2 期(上、下),http://www.usc.cuhk.edu.hk.

陶然、陆曦、苏福兵、汪晖(2009):《地区竞争格局演变下的中国转轨:财政激励和发展模式反思——对改革 30 年高增长的政治经济学再考察和来自"土地财政"视角的证据》,载《经济研究》第 7 期,http://www.usc.cuhk.edu.hk。

天则经济研究所中国土地问题课题组(2007):《城市化背景下土地产权的实施和保护》,http://www.unirule.org.cn/Secondweh/Article.asp? ArticleID=2516.

王汉生、王一鸽(2009):《目标管理责任制:农村基层政权的实践逻辑》,载《社会学研究》第 2 期:第 61—92 页。

吴敬琏(1999):《当代中国经济改革:战略与实施》,上海:远东出版社。

吴文锋、吴冲锋、刘晓薇(2008):《中国民营上市公司高管的政府背景与公司价值》，载《经济研究》第 7 期：第 130—141 页。

张建君、张志学(2005)：《中国民营企业家的政治战略》，载《管理世界》第 7 期：第 94—105 页。

张玉林(2007)：《中国农村环境恶化与冲突加剧的动力机制　从三起"群体性事件"看"政经一体化"》，载《洪范评论》第 9 集，北京：中国法律出版社。

《中国农民工问题研究总报告》(2006)：载《改革》第 5 期，http://www.usc.cuhk.edu.hk.

《中国农业产业化发展报告》(2008)，北京：中国农业出版社。

周其仁(2010)：《中国经济增长的基础》，载《北京大学学报(哲学社会科学版)》第 1 期，http://www.usc.cuhk.edu.hk.

《中国统计年鉴 2009》，北京：中国统计出版社。

《中国统计年鉴 2008》，北京：中国统计出版社。

Bai, Chong-en, Chang-Tai Hsieh and Yingyi Qian.(2006)."The Return to Capitalin China,"*Brookings Papers on Economic Activity*, vol. 2006, no. 2：61—88. Published by The Brookings Institution.

Biglaiser, Gary and Mezzetti, Claudio. (1997). "Politicians' Decision Making with re-election Concerns," *Journal of Public Economics* 66：425—447.

Black, Dan A. and Hoyt, William H. (1989)."Bidding for Firms," *The American Economic Review*, vol. 79, no. 5 (Dec.)：1249—1256.

Coase, Ronald H. ([1988]1990). *The Firm, the Market and the Law*, Chicago：Univ. of Chicago Press.

Coase, Ronald H. (1991)."Ronald Coase Nobel lecture,"http://www.nobelprize.org.

Dreyfuss, Robert. (2009). "Socialism in One City," *The Nation*

Magazine, nov. 18.

Drèze, Jean and Sen, Amartya. (1995). *India: Economic Development and Social Opportunity*, Delhi: Oxford Univ. Press.

"Friedrich Hayek", www.wikipedia.com, citing Alan Ebenstein(2001), *Friedrich Hayek, a Biography*, Chicago: Univ. of Chicago Press: 305.

Glickman, N. J., and D. P. Woodward. (1989). *the New Competitors, How Foreign Investors are Changing the U. S. Economy*, New York: Basic Books.

Graham, E. M., and Krugman, P. R. (1995). *Foreign Direct Investment in the United States*, 3rd ed. Washington, D. C. : Institute for International Economics.

Grossman, Gene M. and Elhanan Helpman. (1994). "Protection for Sale," *American Economic Review*, vol. 84, no. 4.(Sep.): 833—850.

Hayek, Friedrich A. (1980 [1948]). *Individualism and Economic Order*, Chicago: Univ. of Chicago Press.

Hayek, Friedrich A. (1974)."Friedrich Hayek Nobel lecture," http://www.nobelprize.org.

Huang, Philip C. C. (2010). "Beyond the Right-Left divide: Searching for Reform from the History of Actice," *Modern China*, 36, 1 (Jan.) : 115—133.

Huang, Philip C. C. (2008). "China's Neglected Informal Economy: Reality and Theory," *Modern China*, 35, 4(July): 405—438.

International Labor Office (ILO). (2002). *Women and Men in the Informal Economy: a Statistical Picture*, Geneva: International Labor Organization.

Kornai, Janos. (1992). *The Socialist System: The Political Economy of*

Communism, Princeton, N. J. : Princeton Univ. Press.

Landry, Pierre F. (2008). *Decentralized Authoritarianism in China : The Communist Party's Control of Local Elites in the Post-Mao Era*, New York : Cambridge Univ. Press.

Larson, Christina. (2010). "Chicago on the Yangtze: Welcome to Chongqing, the Biggest City You've never heard of, "http://www.foreignpolicy. com/articles/2010/08/16/chicago_on_the_yangtze? page=0,0 .

Lewis, W. Arthur. (1954). "Economic Development with Unlimited Supplies of Labor, " *The Manchester School of Economic and Social Studies*, 22, no. 2(May) : 139—191.

Lewis, W. Arthur. (1955). *The Theory of Economic Growth*, London : George Allen & Unwin, Ltd.

Lin, Justin(林毅夫), Fang Cai(蔡昉), and Zhou Li(李周).(2003). *The China Miracle : Development Strategy and Economic Reform*, rev. ed., Hong Kong : Chinese University Press.

Montinola, Gabriella, Yingyi Qian and Barry R. Weingast. (1995). "Federalism Chinese style : the Political Basis for Economic Success in China, " *World Politics* 48(Oct.) : 50—81.

Naughton, Barry. (2007). *The Chinese Economy : Transitions and Growth*, Cambridge, Mass. : M. I. T. Press.

North, Douglass C. (1981). *Structure and Change in Economic History*, New York : W. W. Norton.

North, Douglass C. (1993). "Douglass North Nobel Lecture, "http:// www.nobelprize.org.

Oi, Jean C. (1992). "Fiscal Reform and the Economic Foundations of Local State Corporatism in China, " *World Politics*, vol. 45, no. 1 (Oct.) :

99 126.

Oi, Jean C. (1999). *Rural China Takes Off: Institutional Foundations of Economic Reform*, Berkeley: Univ. of California Press.

Qian, Yingyi and Barry R. Weingast. (1997). "Federalism as a Commitment to Preserving Market Incentives," *J. of Economic Perspectives* 11, 4 (Fall): 83—92.

Qian, Yingyi and Gérard Roland. (1998). "Federalism and the Soft Budget Constraint," *American Economic Review*, vol. 88, No. 5 (Dec.): 1143—1162.

Schultz, Theordore. (1964). *Transforming Traditional Agriculture*, New Haven, CT: Yale Univ. Press.

Schultz, Theodore. (1979). "Theodore Schultz Nobel Lecture," http://www.nobelprize.org.

Shirk, Susan L. (1993). *The Political Logic of Economic Reform in China*, Berkeley: Univ. of California Press.

Smith, Adam. (1976 [1776]). *The Wealth of Nations*, Chicago: University of Chicago Press.

Walder, Andrew. (1995). "Local Governments as Industrial Firms: An Organizational Analysis of China's Transitional Economy," *The American Journal of Sociology*, vol. 101, no. 2 (Sept.): 263—301.

Wu, Jinglian(吴敬琏). (2005). *Understanding and Interpreting Chinese Economic Reform*, Mason, Ohio: Thomson/South-Western.

第五章　中国经济是怎样如此快速发展的？
——五种巧合的交汇[①]

中国经济三十多年来是怎样如此快速发展，达到每年平均不止9%的增速？中国将自己的发展经验表述为"摸着石头过河"，即没有一个完整、确定的初始计划，而是一步一步地不断做出带有一定偶然性的抉择。中国的领导者和国外的观察者其实同样对中国"举世瞩目"的成绩——经济史中最快速、持久的增长——感到惊讶。

当然，针对中国的发展经验，我们不乏众多不同的解释，有的来自学者，有的来自传媒的观察者。这里我们暂不讨论这些已有

① 本章原载《开放时代》2015年第3期，第100—124页。文章的经验材科主要来自作者2014年出版的三本书，分别研究当代的民事法律（黄宗智2014b，第三卷）、当代的农业和全国民经济（黄宗智2014a，第三卷）以及当代法律和经济研究的理论和方法（黄宗智2015a）。本章是一篇比较通俗化的思考性论文，也是这三本书一些部分的总结。感谢Perry Anderson、白凯、高原、Ivan Szelenyi和张家炎的仔细阅读、批评和建议。

解释,而先集中说明一些基本事实。本章试图做的是从一个鲜为人注意的视角来提出一些初步的想法。笔者特别强调的是五种偶然的巧合及它们的交汇,足以说明中国经济是怎样及为什么能做到如此瞩目的增长,而且,这既可说明其成功的一面,也可以说明其所导致的问题。

一、五种巧合

(一)土地:土地使用与政党—国家体制

中国的"政党—国家体制"(即党组织和国家机构紧密结合的政治体制)是在革命历程中塑造出来的,并通过"社会主义改造"和计划经济的建立而形成的。

由一个共产党的政党—国家来推动市场化改革本身便是一个意外的、悖论的现象,试问一个坚信应该用计划来配置资源的共产党怎么可能领导用市场机制来配置资源的改革? 在俄罗斯和东欧,市场化改革是伴随拆除旧的共产党政党—国家体制而实施的。中国结合旧的政党—国家体制和市场化改革的历史实践本身便是悖论的——违反一般现有理论预期的。它本身便是一个历史历程中的巧合。

对惯于借鉴西方资本主义经验的观察者来说,政党—国家体制和市场化改革结合的成功本身便出乎意料。但对中国的领导者们来说,也许不至于那么意外。因为,在其历史经历中,中国的政党—国家体制还有其另一面:其组织曾经极其高效地动员人力和资源来执行全民战争,先是对日本侵略的抗战,是对一个比自身要强大得多的敌人的抗争，而后是对美国装备和援助的国民党军队的革命战争，面对的同样也是一个比自身强大得多的敌人。其后，它又有效地稳定了极其混乱的经济，而后再次出乎意料地在朝鲜和美国——一个更加强大的对手——打成一个长期拉锯的平手局面。同样引人瞩目的是，它在1964年成功地爆炸了第一颗原子弹，1967年成功空爆试验第一颗氢弹，1970年成功发射第一颗人造卫星。由于如此的历史经验，中国的领导人们对自己能够成功领导一次又一次的激烈变化也许不会完全没有信心，但这不等于说他们认为自己肯定能够成功，因为这一市场化改革，到底是史无前例的现象。

作为客观的回顾者，我们也许可以初步得出这样一个观察：中国的政党—国家体制在一定程度上妨碍创业，但同时，它又是一个能够极其有效地追求既定目标的强大组织。

一个能够阐明这个逻辑的例子是：改革过程中这个体制对于土地资源的使用。一般来说，土地在所有经济发展过程中都占有重要的位置，部分原因是，在快速城市化的过程之中，土地会大幅增值。在一个像西方发达国家那样具有"稳定的私有产权"的国家，要使用国家"（为公共用途而）征用土地的权利"（right of eminent domain）来促进城市发展是很花时间和财力的事。但中国则处于一个十分不同的位置。在历史上，历代的皇帝虽然理论上拥有一切土地的所有权，但实际上，自耕小农和"地主"对土地的产权具有长久稳定的历史。但中国共产党在执行了"耕者有其田"的土地改革之后，进一步实施了农村的集体化和城市资产的"社会主义改造"。在集体化之后，理论上农村土地成为集体所有，但实际上，因为农村政权乃政党—国家的基层组织，其土地所有权可随时被国家所占用。这就意味着国家不仅在理论/法律上对土地拥有最终的所有权，在实践层面上也如此。在中国的改革期间，国家仍然保留了对全国土地的所有权——与俄罗斯和东欧把土地大规模私有化很不一样。在城镇，国家的土地所有权简单干脆，不涉及"集体所有权"的复杂层面——城市中如今仍然没有私有土地，即使是"私人住宅"下的土地也是国家所有的。因此，中国的政党—国家体制对土地资源掌握的权力要远比具有"稳定的私有产权"的西方国家大得多。我们甚至可以说，中国的地方政府相比美国19、20世纪之交的如卡内基（Andrew Carnegie）、洛克菲勒（John D. Rockefeller）和摩根（J. P. Morgan）等——拥有更大的权力。

其结果比任何人所可能预见的都重要得多，在真正实践了之后才可能被充分认识和理解。首先，国家对土地所拥有的近乎绝对权力意味着国家可以在有需要的时候征用土地。时至今天，已经为城市发展而征用了全国20亿亩耕地中的约1亿亩或更多，①

---

① 现有文献中没有确切可靠的数字。一项数字是截至2007年，有4000万到5000万农民土地被征用（天则经济研究所，2007：7）；另一是1987—2001年，共有3300万亩土地被征用（张传玖，2004）。我们如果以平均每年征地300万亩来计算，总数接近1亿亩。一个比较系统和综合性的讨论是张玉林（张玉林，2015）。另外，国家曾经公布以下数字：1996年全国耕地19.51亿亩，2005年18.35亿亩。也就是说，10年之中耕地减少和流失共1.16亿亩；2011年，耕地只剩18.25亿亩（《耕地》，百度百科）。众所周知，国家强硬要求保持18亿亩耕地的"红线"，这就意味如今可征用的土地已经不多了。但是，根据最近（2012年）的卫星测量，实际耕地面积其实是20.2亿亩（陈锡文，2014）。这就意味着，还有相当数量的可征用土地。另外，地方政府还可以在国家允许的"城乡建设用地增减挂钩"的政策下，通过复垦农村的非农用地来获取更多城市建设用地的指标。以重庆市为例，农民在宅基地复垦验收之后可以获得相应的"地票"（凭此能够获得等量建设用地的指标），而后在政府建立的"地票交易所"出售给政府或开发商（黄宗智，2014a，第三卷：337—338；黄宗智，2011a）。这样看来，土地财政还是可以维持一些年的。

大部分是凭借相对廉价(相对其后的增值)的补偿来征用的。

在大多数情况下,地方政府只用了低额的补偿——大约相当于农民在地上耕种粮食的净收益,来从(多是城郊的)农民处征用土地。举例说,如果一个持有承包地权(改革之初伴随去集体化而给予他们的地权)的农民每年能够在一亩种植粮食的地上获得300元的净收益(在2006年废除农业税费和最近10年的持续丰收之前情况大致如此),政府基本只需提供该数目乘以承包地权的年限来作为征用补偿。承包地权是在1984年给予农民的,为期15年(伴随生、死、迁入和迁出而调整),到1998年则在此基础上更延期30年。以30年期限来计算,一亩被征用的"毛地"(即未有基础设施配套的土地)的补偿费才约1万元。然一旦加上基础设施而成为"熟地",该亩地的市价可能达到之前的(笼统地说)10倍,而在建筑楼房、工厂之后,更可能达到其100倍。[①] 在历史上,上海市的城镇化过程是这种增值的一个鲜明例子:1843年,土地才6—10两/亩;到1902年,上海外滩的一亩土地价格已经上升到3万两;到1906年为10万两;1925年为17.5万两;1933年为36万两。(赵启正,2007:195)

当然,一旦农民认识到土地的潜在价值,抵制、抗拒上述模式的征地事件日益扩增(2007—2009年占到每年9万多件"群体性抗争"事件的大多数——于建嵘,2010)。而政府所需支付的补偿也

---

① 2010年底,重庆市一亩农村土地的价格约1.1万元,一亩熟地约10万元(黄宗智,2014a,第3卷:337—338)。长江三角洲的地价要高于重庆:2007年,一亩毛地约2.5万—3万元,"出让"给开发商时约14万—35万元,而盖好楼房/工厂后则超过75万—150万元(天则经济研究所,2007:8)。

日渐攀升,从一线城市(5 个)到二线城市(60 个)到三四线城市(约 200 个),也会因为距离商业中心的远近而异(Huang and Bosler,2014)。

城市用地广泛增值的型式一旦树立,商业银行一般都愿意以建设用地为抵押来贷款给地方政府,依据的是其可预期的市场增值。而对地方政府来说,如此的贷款很快成为其基础设施建设所必要的资金来源(甚至会有盈余),无此便无法承担基础设施建设。事实上,来自土地的收入(征地成本和熟地出让的差价)一般是地方政府"预算外"(即支付官员薪酬和机构日常开销的"第一财政"之外)的"第二财政",亦称"土地财政"的主要来源(有的地方达到60%——天则经济研究所,2007:10)。这是改革期间地方政府基础设施建设及财政运转的方式,无此便不可能做到快速的城市发展建设。

以具有比较确切材料和经验证据的重庆市为例,其在(具有上海浦东管理经验的)市长黄奇帆的领导下所"储备"的 30 万亩(5 万英亩)土地乃是其后重庆市特别突出的发展关键。首先,它使重庆得以克服 157 亿元坏债的负担。凭借土地的潜在价值,黄市长以(市值的)22.5%的廉价一举买下了市值 1700(1746)亿元的 1100 多家国企。而后,通过土地资本的输入,把它们改组为具有雄厚资金的(政府的)"八大投资公司"——城市建设、高速公路、高等级公路、地产、城市交通、能源、水务及水利八大公司。之后,伴随重庆市基础设施的建设和蓬勃发展,这些国有资产的市值在 6 年之后便达到其原先购买价格的 6 倍。(黄宗智,2014a,第三卷:321—322;亦见黄宗智,2011a)

　　这些国有企业和它们的经营利润在重庆市的第一、第二财政之上，更形成了一个"第三财政"。而这个第三财政，对重庆市在2011年之前的5年中达到年16%的GDP增长率起到至为重要的作用。该年，重庆市被《财富》杂志选为全球15个新兴商务环境最佳城市之一。（屈洪斌，2012；《财富》，2011）

　　第二和第三两大财政来源叠加起来，使重庆市能对当今中国严峻的"农民工"问题做出模范性的措施，其核心是建造4000万平方米的廉价公租房（足够两三百万人居住，主要是农民工，也包括新毕业的大学生），租价为10元/平方米，即一个可供一家人居住的五六十平方米的房子，月租才五六百元。一个租户在租住房子5年之后，可以廉价购买这套房子。这样，为市区的相当部分农民工提供了一条有尊严地移居城市的途径。（黄宗智，2014a，第三卷：331—332；黄宗智，2011a）如此针对农民工问题的措施所隐含的发展战略是，凭借（农民移居城市所产生的）扩大消费来推动经济发展；它也是一种为发展而公平、为公平而发展的战略，与计划经济时代的"贫穷的公平"十分不同。

　　公租房建造的资金主要来自政府进入房地产终级市场所获取的增值——远高于从"二级市场"（即完成基础设施建设之后出让给开发商）所获得的利润。实质上，政府投入的仍然主要是原先征得的毛地，所不同的是：凭借从二级市场到终级市场的增值而获得的银行贷款，其利息是用房子的租金来支付的，其本金则靠5年后出售给租户所获得的资金来偿还。2010年，这个重庆模式被中央采纳为全国的典范。[《三部委（财政部、发改委和城乡住房建设部）要求全国推广重庆公租房融资模式》，2010.11.17；亦见《三部委:土地出让净收益可用公租房发展》,2010.11.16]目前,重庆的实践仍然主要限于重庆。它所展示的不是一般的情况,只是可能做到的情况。

比较一般的情况是:地方政府从"第二财政"中获得可观的财政收入。那是一般地方政府所以能够发展城市基础设施建设的关键。其背后的条件是城市房地产发展中的市场增值,而那样的增值则来自快速的城市化,以及城市人口快速增长所支撑的旺盛住房需求。

2013年,经过35年的快速城镇化(相当于每年总人口的约1%),中国城镇人口仍然只达到总人口的53%(包括农民工,其相当部分不会长久居留城市)。(《中国统计年鉴2013》:表3-1)城镇化还在继续,还会有相当的增长幅度。这意味着,城镇建设用地的价值应该会继续上升。这是中国经济快速增长的一个重要原因,可能还会延续好几年。

但土地的重要性不止于此,因为它在地方政府积极"招商引资"以推动上述发展的层面上也起到了非常重要的作用。

(二)资本"招商引资"与中国的政党—国家体系

中国的政党—国家体系是在"社会主义改造"和计划经济建立过程中形成的,20世纪90年代中期开始,这个体系将凭借"招商引资"来促进中国自身的经济发展确定为主要任务。它把招商引资设定为地方政府官员的主要评审标准——采用的是一个量化的高度复杂的"目标责任制"来估量其成绩,其中的关键是该地方GDP

的增幅。（王汉生、王一鸽，2009）

在中国的体制之下，许多事情仍然需要繁复的手续和图章，并会形成对营利性企业的一种高"交易成本"障碍——这是众所周知的。但是，正如以上对于中国政党—国家体制的双重性质的分析所说明的，如果执行体乃是政党—国家本身，则克服这一切官僚程序的束缚便是微不足道的问题。在那样的情况下，它能够做到西方国家所不可能达到的高效。这不仅因为国家能够克服、跨越、绕过其本身的重重障碍，更是因为国家能够动员资源和通融，为所要招引的企业提供特殊的激励来达到其设定的借助招商引资来促进经济发展的目标。

这个巨型的体系却在自身内部树立了结合中央与地方的"两个积极性"的传统——一个可以追溯到毛泽东1956年《论十大关系》的传统，也是一个邓小平为改革而积极采用的传统。正是基于那样的原则及其所要求的结合中央集权与地方分权，创建了一个比较独特的地方政府间的招商引资竞争的制度环境。在那样的竞争之中，地方政府其实拥有一定程度的自主性。有的观察者认为，政党—国家体制的这个特点乃是中国成功和高速发展的关键动力（下文还要讨论）。它具体体现于：地方政府之间为招商引资而进行的竞争。

这里只举一个例子来阐明此点：在北京市和重庆市为争取长安汽车公司（国内第四大汽车公司，连同其与美国福特汽车公司合资经营的长安福特公司）投资本地建厂的竞争中，北京市是由市长（和中央政治局委员）刘淇直接参与的，许诺为长安汽车公司提供5000亩土地，并于2010年举行合作协议签字仪式。但其后，重庆市长黄奇帆则向长安许诺以 5 万元一亩(当时市价的1/6到1/4)的廉价为其提供 10 000 亩土地,并打出了"千亿(元)汽车城"的宏大计划,以产业的集聚效应为进一步的条件。至于其他的可能条件,如税收优惠、低息贷款等,我们不得而知。(《长安汽车城投资两江新区前后》,2011;黄宗智,2014a,第三卷:316—317;黄宗智,2011a)

正是那样的地方政府之间的竞争,把中国推到了世界上最受欢迎的投资目的地的第一位——这是根据联合国贸易与发展会议(United Nations Conference on Trade and Development,简称 UNCTAD)2005 年的一项对专家和跨国公司调查得出的结论。(高柏,2006:表 7;亦见黄宗智,2014a,第三卷:268;黄宗智,2010)在浙江和其他东部沿海地区,地方政府平均为招商引资提供的是其自身投入成本 8 折的低价,其中有1/4只要求其成本一半的价格,这是因为地方政府不仅可以预期该地方 GDP 的增长及自身的"政绩",也可以预期其税收的增长。(陶然、汪晖,2010;陶然、陆曦、苏福兵、汪晖,2009;亦见黄宗智,2014a,第三卷:264—265;黄宗智,2010)我们没有关于税收优惠、贴息贷款等其他可能优惠条件的信息,但无论如何,如此的地方政府间的竞争及他们为招商引资所提供的种种优惠,无疑是使中国成为理想投资去处的重要原因。重庆市其他突出的招商引资项目包括惠普公司(如今已经达到年产 1 亿台笔记本的产量),而那是伴随一个极具想象力的、渝新欧铁路的工程而做到的:由重庆带头组织,与哈萨克斯坦、白俄罗斯、俄罗斯、波兰和德国签订协议,让货物一旦在重庆过关,就能够在 14 天内直达德国杜伊斯堡。这等于把重庆建立为一个内陆的"口岸",能够把货物通过华东口岸海运到欧洲市场的时间(28 天)缩减一半。(《渝新欧铁路》,2012;黄宗智,2014a,第三卷:366;黄宗智,2012)我们可以把它视作后来更为宏大的"一带一路"倡议的雏形。

故而,美国著名智库布鲁金斯研究所(Brookings Institute)的一项研究得出这样的结论:1979 年到 1992 年,投资中国的回报率平均为 25%,1993 年到 1998 年和其后"降低"到 20%(Bai, Hsieh and Qian, 2012;黄宗智,2014a,第三卷:319;黄宗智,2010),这是中国及其地方政府之所以能够吸引大量外资(以及大型国内资本)的关键。

当然,外贸总额所占 GDP 比例(出口+进口/GDP,2005 年达到64%)(Naughton, 2007:377)乃是中国发展的一个重要因素。其背后是大规模的外国直接投资,再背后则是中国的中央和地方政府积极的招商引资。而中国政府巨大的资源动员能力,尤其是土地资源,乃是其中的关键因素。如果没有世界经济的全球化及中国政府借用全球资本和市场来推动中国发展的决策,这一切都不可能形成如此的气候。[①]

这一切有可能是被明确计划和预见的吗? 不大可能。因为有太多不同部分需要很好地配合,包括:一个通过社会主义革命而形成的近乎全能的政党—国家体制;政府能够比较轻易地征用土地;快速的城市发展;政府招商引资的决策;全球化的贸易;以及全球资本对最高回报率的积极追求。以上这些因素缺一不可。即便如此,我们尚未考虑到也许是整个复合体中最关键的一个元素:剩余劳动力。它在过去是中国的沉重负担,今天在与上述各条件的偶

---

① 同时,中国也非常有意识地首先借助海外华人投资来作为这一切的桥梁。

合之下,则成为中国快速发展的一个主要动力。

(三)劳动力:劳动力使用与中国的政党—国家体系

正如洪亮吉(被不完全贴切地称作"中国的马尔萨斯")早已清晰地指出,中国自18世纪以来便被人地压力困扰。(洪亮吉,1877[1793])膨胀的人口及14—20世纪间人口迁徙的最后边界(主要是山区和东北)逐渐达到饱和,导致了帝国晚期日益严峻的社会危机。(黄宗智,2014a,第三卷:49—52;黄宗智,2002)进入20世纪,中国农民户均耕地已经缩减到12亩(2英亩)以下(相对美国2007年每个农场平均447英亩)。对大部分的小农家庭来说,面对的是过多的人口和过少的土地。在那样的压力下,中国农业越来越高度劳动密集化,伴之而来的则是边际劳动报酬的递减。一年一茬变成两茬甚或三茬,每加一茬需要近乎同等的劳动和肥料投入,但其报酬则是递减的。人地压力也促使农民从事更多的"副业"(主要是手工业——如纺纱、织布、缫丝、织草包/绳/帽等),每劳动日报酬一般要低于粮食种植,而其劳动主要是由家庭辅助劳动力(女子、老幼)来承担的。纺纱的劳力投入最多,是被中国的"棉花革命"(14世纪很少有人穿着棉布,而在5个世纪后几乎所有的中国人都穿着棉布)所推动的,而其报酬是耕作主业的大约1/3。(黄宗智,2014a,第二卷:38—40;黄宗智,1992)结果是,中国的家庭手工业和农业一直紧紧结合,没有产生像西欧18、19世纪那样从农村种植业分离出来的城镇"原始工业化"。(黄宗智,2011b)

这一切意味着一个阻碍以机械化来节省劳动力的发展途径,

甚至限制了牲畜的使用及手工业方面节省劳动力的技术创新（例如,限制了三个锭子的脚踏纺车的普及）。（黄宗智,2014a,第三卷:37—39;黄宗智,2002）直到现代纺纱厂的兴起——其机械纺纱相比手工纺纱达到40∶1的劳动生产率并将棉纱价格压低到近乎棉花的价格,方才摧毁了手工纺纱。同样,耕种的机械化也很难得到发展,直到20世纪60年代人们发现在一些地区拖拉机可以起到把一年两茬的种植方式提升到更加劳动密集化的一年三茬（因为拖拉机可以缩短各茬之间非常紧迫的翻耕土地的时间）,农业机械化才有了一定的进展。在这样的农业体系下,通过机械化来提高劳动生产率一直都很难进行,劳动的报酬因此一直很低。

这一切从"乡村工业化"的推动开始转变。乡村工业化的基础是由集体化时期的国家（凭借计划经济下的国家高投入）高速发展重工业而奠定的。进入改革时期,中国的经济体已经能够为其提供必要的能源、钢铁、机械等。城市的大型国企已经能够帮助带动乡村小型工业的发展（"大鱼帮小鱼"）,如将其陈旧机械"下放"到乡镇企业或让廉价的农村劳动力来为其产品加工。此外,乡村工业化的基础也来自集体化时期培养出来的一大群优秀村镇干部。中央一旦确定了决策,党组织（每村都设有党支部）就有足够的能力重新配置资源和劳动力来推动乡村工业化。（黄宗智,2014a,第二卷:第12章;黄宗智,1992）

农村的剩余劳动力（"就业不足"的劳动力）,能干的村镇干部,以及城市企业的旧机械的结合,推动了蓬勃的乡村工业发展,这是一种悖论的"没有城市化的工业化"。自由化的市场则为其提供了需求,最初只是一些借用破烂废品原料来生产的低级产品——如水盆、低档衣服、锁、塑料产品等，以及廉价的（为城市工业企业）加工劳动力。之后，逐渐升级和扩大。此外，村镇的新楼房建造也为就业不足的劳动力提供了非农就业的机会。（黄宗智，2014a，第二卷：第 12 章；黄宗智，1992）

结果是蓬勃的乡村工业发展（特别是在长江三角洲），这其实是中国 35 年来国民经济快速发展的前导。在短短的 10 年中，新兴乡村工业的就业人员达到足足 0.92 亿，相当于全国总就业人员（6.47亿）的 14%（黄宗智，2014a，第三卷：表 11.3，表 11.4）。乡村工业的产值以每年不止 20% 的增长率快速发展，10 年中占到国内工业总产值的 20%。（《中国统计年鉴 1991》：表 10-1）

即便如此，被吸纳到乡村工业的剩余劳动力还是少于来自人口快速增长（因 20 世纪 50 年代后医药卫生进步所形成的）所增加的新劳动力。20 世纪 90 年代中期的下一波城市就业，则是来自外来投资和新兴民营资本的推动。新兴的企业推动越来越多的农民工进城打工，而他们的进城又推动了为他们提供服务的小型商业——诸如廉价的食物和衣服摊子、修理铺、木匠、裁缝、鞋匠、小餐馆等——的发展，这些小型商业多聚集于农民工居住的社区或"城中村"。制造业——包括"来料加工"的出口品——和建筑业（尤其是蓬勃发展的住房建筑业）是其中的两大行业，雇用了不止一半的农民工。（黄宗智，2014b，第三卷：311—312；黄宗智，2013；本书第 1 章）在此大潮流下，"离土又离乡"的农民工很快达到1.66亿的庞大数目，而乡村工业中的"离土不离乡"农民工则达到了1.03亿。（《2013 年全国农民工监测调查报告》，2013）

对小农户来说，非农就业意味着农业中的剩余劳动力的转移。

一个就业不足的农户,现在可以让部分家庭成员转入非农就业。这也意味着,留存于农业的劳动力能够更充分就业。而更多的就业意味着劳动生产率的显著提高,若以一家一户来计算尤其如此。

同时,"三大历史性变迁的交汇"引发了中国农业的革命性变迁,非农就业及1980年开始实施的严格控制生育政策在90年代中期终于开始减少每年新增劳动力的数量。此外,快速的经济发展和人均收入的提高引发了中国食品消费的转型,消费比例从传统粮食、肉食、蔬菜的8∶1∶1转向中国台湾地区和中国城市中上阶层的4∶3∶3,结果是中国农业结构的转化,促进越来越多高值农产品的生产,即从粮食生产转入更多的肉—禽—鱼、水果和高档蔬菜生产。(黄宗智,2014a,第三卷:第5章;亦见黄宗智、彭玉生,2007)三大变迁的交汇则触发了一个"隐性农业革命"(之所以称为"隐性"在于它和来自个别农作物亩产的增加的传统农业革命不同),其中农业产值(可比价格)在1990—2010年间平均每年增加6%,即每12年翻一番(黄宗智,2014a,第三卷:104—107),远远超过英格兰18世纪的农业革命(每年增加0.7%,100年翻一番),也超过了1960年代和1970年代的所谓"绿色革命"(每年增加2%—4%,主要由于化肥、科学选种和拖拉机的使用)。那样的"绿色革命"也可见于同时期的中国,但所带来的增长大多被人口增长和农业的进一步劳动密集化所蚕食,其结果是人均产出的停滞不前。直到之后的"隐性农业革命"才大规模提高了劳均农业产出,也提高了农民的人均收入(虽然,生产成本也伴随化肥、科学选种和拖拉机的使用而上升)。

那样的发展,加上农民非农就业的收入,乃是农业"资本化"

（即单位土地的化肥、选种和机械投入的提高）的主要资金来源，而不是人们一般认为的国家投资或企业投资。（详细论证见黄宗智，2014a，第三卷：第8章；黄宗智、高原，2013）我们可以说，农民的非农就业很大程度上支撑了这场农业革命中小农户农场的资本化/现代化。同时，主要依赖自家劳动力的小家庭农场，根据2006年的农业普查资料和数据，在农业的总劳动力中，雇佣劳动力仅仅达到总数的3%。即便是大型的农业企业所依赖的也主要是通过合同、协议订购的农产品或订购小家庭生产。（黄宗智，2014a，第三卷：第7章；亦见黄宗智、高原、彭玉生，2012）

这个悖论的、异常的巧合——大量的剩余劳动力与（外来和国内的）资本的配合——构成中国令人震惊的发展的另一要素。半工半耕农户的劳动力和全球资本如磁铁般相互吸引——对农民来说，它带来较充分的就业；对资本来说，则带来较高的回报。这个组合乃是全球资本与中国经济搭配的第三个关键因素——廉价和快速增值的土地、中国地方政府所提供的特殊激励（包括相对宽松的环境法规），以及大量的廉价劳动力组成的对资本来说几乎不可拒绝的优良投资环境。而全球资本的来临也推动了中国国内资本的兴起，不仅是合资的企业，也包括为投资于中国的外来大型跨国公司服务的企业。而其中较大、较成功的国内企业，像长安汽车公司那样的，甚至可以获得比外国公司更加优惠的条件，因为它们是中国自己的企业。结果是，三大生产要素——土地、劳动力和资本——相互拉动所产生的螺旋式经济发展。

这一切有可能是被完全预见和计划的吗？不太可能。因为之前没有一个共产党的政党—国家与资本和资本化的土地结合的先例,更不用说理论。整个经验对中国来说是史无前例的,更不用说对西方的观察者而言了。它是完全出乎意料的事——之前,它会被视作外来资本对中国劳工的"剥削"。

从中国政府的视角来看,这一切最多只可能是逐步、再逐步做出的实用性抉择,先是方向性的"开放"决策,而后是积极争取外商投入的各种各样的方法。即便是农民工的大潮流,也显然带有一定的偶然性:在第一个十年间,地方政府多对农民工的流入采取阻挠的态度。即便是今日,也很少积极为其提供服务和住房(重庆市是一个例外)。常见的是对他们的不公平待遇,以及缺乏完善的保护法规和社会保障(下文还要讨论)。

(四)创业人才和中国的政党—国家体系

从创业人才——发展的另一重要条件——的角度来考虑又如何？以上的讨论已经说明,中国的发展经验在这方面也是呈现悖论的。固然,中国今天无疑拥有众多的企业家,因为民营企业已经占到非农国内总产值的一半以上(Szamosszegi and Kyle,2011;下文还要讨论)。2014年9月关于马云为董事局主席的阿里巴巴公司在纽约上市的大量媒体报道,无疑在全球商业界深深种下了中国的卓越企业的形象,成为中国民营企业创业人才的象征。如果回顾1987年,当时中国正式允许雇用不多于8人的个体工商户(超过8人便被界定为"剥削")(《城乡个体工商户管理条例》,1987),其间的变迁真是绝不可能被预见到。

虽然如此,最容易忽视的其实是数以百万计的中国政党—国家的干部在发现和挖掘机会,以及建立和经营企业方面所起的作用。先是20世纪80年代乡村工业化的乡镇企业,而后是经营同样数以百万计经过私有化的中小型国有企业,把它们成功地转化为在市场化环境中的营利性企业。更有甚者,我们很容易忽视国有(和国有控股)企业今天仍然占到非农总产值的40%以上这个事实。固然,在20世纪90年代和21世纪初期的"抓大放小"政策实施之后,只剩下约120家大型国有企业,但它们每家附带有平均约100家子公司,共约1.2万家,另外还有约10万家地方国有公司。(Szamosszegi and Kyle,2011:26;黄宗智,2014a,第三卷:345—346;黄宗智,2012)在它们之中是2011年《财富》500强61家中国公司中的59家。("61 Chinese Companies Made the Fortune 500 List",2011)到2014年,中国的公司在世界500强中已经增加到95家(2012年73家,2013年89家),其中只有5家是民营的。(《2014年财富世界500强》,2014;《世界500强榜单之2014年中国民营工业品企业》,2014)

作为国有企业的一个案例,中国银行(2003—2013)的第一把手(党委书记)和董事长肖钢是国家委任的高干,其下有(28万名职工中的)10万名党员,带有典型的党组织,包括6000多个支部,领导全体的党委及其下的宣传、纪律、组织等各部。(肖钢,2011:75、95)虽然如此,银行的部分股权(16.85%)属于苏格兰皇家银行(Royal Bank of Scotland)、瑞士银行(Swiss Bank)、亚洲开发银行(Asian Development Bank)和新加坡淡马锡控股公司(Temasek Holdings,Singapore),这是银行为了2006年在香港特别行政区上市所采取的举措,显然对其成功上市起到一定作用。(肖钢,2011:

75—77；黄宗智，2014a：第三卷，359—360；黄宗智，2012)

这是另一种悖论性和偶然性，是伴随其在经历未曾预见的实践中的变迁后做出的抉择。简言之，我们不应忽视中国共产党及其干部的创业能力在中国发展中所起的重要作用。

(五)科技与全球化

最后，我们来看科学技术问题。以上叙述的变迁中所必需的科技又是怎样来的呢？

美国人一般都认为亚裔人士多是好学生，特别是在数学和工程方面。在美国各大学之中，亚裔学生一般占到远远超过其人口的比例，甚至促使不少学校采用学习成绩以外的其他各种标准来试图达到比较接近人口比例的"民族"组成。许多人因此会认为，亚裔学生应该会成为比较优秀的"人力资本"。

但是，正如不少观察者已经指出的，中国的教育制度是一个竞争非常激烈和紧张的制度，学生们从小就要为进入好学校而考试，并且一直持续到高考，而北京的北大、清华、人大，上海的复旦和广州的中山等高校则是整个激烈竞争制度中的顶尖学校。这是"应试"的教育制度，所强调的是熟记而非独立创新和解决问题。

在整个教育体系中，教育管理人员仍然带有深层的计划经济思维。他们严格划分各个学科(包括二级学科，如法史与法理)，缺乏跨学科的互动。同时，规定研究生们须选修大量的课程。他们习惯使用量化管理，依赖的是量化数据而非同行的评估来衡量学术研究。他们特别关心"效率"和"生产率"，规定要在 3 年期间(如今已改为 4 年制）完成博士生教育（逾期便拿不到国家的生活补贴）。他们拟定无数的"核心刊物"目录，一般以中央级的刊物为顶级，在评审职称时起最大的作用。最近，更试图使用研究"项目"的激励机制来推动创新性"世界级"研究，这是试图建立"世界级"中国大学目标中的一个重要举措（关于"项目治理"的讨论，见黄宗智、龚为纲、高原，2014）。但是，在实践中，遴选过程倾向关注形式而非实质，并常被一种"科学主义"——以为社会科学必须模仿自然科学而追求普适的、可确定的规律及精准的量化——所主宰。（黄宗智、高原，2015）

总体来说，中国的学术研究及其发表的著作相比国际标准还有一定的距离。社会科学的博士论文常是几个月之中草率完成的作品。教授们多在短短几年之内便发表大量的论文和书籍，多是比较粗糙的第一稿，鲜有扎实的研究，更不用说有真正的创见。这种研究的动力部分来自以千字计算的稿费，在相对低的工资中起到一定的辅助作用，也来自一个比较浮躁的学术氛围，发表著作常常是形式和表象大于实质，是一种在学术管理人员量化压力下的"产出"。对西方的批评者来说，这种现象的一种后果是，在 500 强的 95 家中国公司之中，没有一家被纳入福布斯杂志（*Forbes*）的全球最具创新性公司名单。（"World's 500 Largest Corporations in 2013 : the Chinese Are Rising"，2014）

我们如果只考虑中国教育制度的这些方面，则会认为它是个不符合培养创新人才要求的制度，并由此得出科研和技术创新是中国发展的关键弱点的结论，认为起码要到国家将高等教育制度改向一个更重视质量而非数量、创新而非死背能力的制度后才会有所进展。

　　虽然如此，中国经济发展至少迄今还没有太多受到这种弱点的限制。这主要是因为，在全球化过程中科技广泛伴随资本而流动。经济史学家格申科龙（Alexander Gerschenkron）在其经典的"后进优势"（advantage of backwardness）概念中指出：后进国家可从先进国家学习最新技术，借此跳过各早期阶段的技术发明。中国的现实正是如此，但也有不同，因为格申科龙的研究是在全球化经济体系形成之前做的，并没有想象到后来那样程度的流动性。这里，我们可再次以重庆市为例。一旦引进了长安汽车公司（及其与福特公司合资的长安福特公司），它便不需要克服汽车科技落后于人的问题；引进惠普，在笔记本电脑方面同样；引进中国台湾地区的富士康，在电脑配件方面也如此；引进德国化工产业巨头巴斯夫公司（BASF），在生产聚氨酯技术方面也同样。重庆市只需要其中国员工能够很好地学习，不需要其创新和发明，而这正是长期习惯于熟记和考试人员的强项。

　　也许，中国进口高端技术的最好案例是其建造高速铁路方面的经验。初始阶段中国依靠的是从日本等先进国家引进的技术，今天中国则能够成为也许是全球最主要的向东欧、土耳其及其他亚非拉国家出口高铁的国家，以至于李克强总理于 2013 年被称作"最佳高铁推销员"。（《李克强访欧力推中国高铁：被赞最佳高铁推销员》，2013）如此借助进口以创新技术，而后配合中国的廉价人才和劳动力出口该技术，正是一种中国还可以继续挖掘的"后进优势"。

　　另外，是中国的（我称之为）"实用道德主义"的思维倾向。

(黄宗智,2014b,第一卷;第9章;黄宗智,2001)首先是其实用性的思维,即研究者关心的是实际效用多于理论创新或演绎推理。即便在高度意识形态化的毛泽东时代,也可以看到在革命早期过度科学主义化的马克思主义被中国的实际效用考虑所重新理解——当时从苏联通过共产国际所引进的马列教条经过转释而后被适用于中国实际。如今对引进的新自由主义理论也同样。中国并没有像东欧国家及俄罗斯(较低度地)那样囫囵吞下了资本主义与自由民主意识形态,包括拆除政党—国家体制及(几乎)完全的私有化,而是采用了较实际的"摸着石头过河"的做法。如今在经历了30多年市场化和私有化之后,国有企业仍然占到国内非农总产值的40%以上,这便是中国渐进、实用作风的例证。实际上,中国的创新过程中,实践多于形式化理论。

更有甚者,"实用道德主义"的"道德主义"方面也起到了重要的激励效应,对国外的观察者来说通常是出乎意料、不可理解的作用。服务于"社会公益"(the greater good)的道德价值,在中国文明中具有深厚的传统根底(知识分子的"格物、致知、修身、齐家、治国、平天下"的"止于至善"理念),更被近代国家和社会经历的内忧外患和屈辱感所强化。无论如何,迄今中国一直具有足够的技术人才和能力来推动过去30多年的快速发展(关于中国法律思维中的道德主义,见黄宗智,2015b;关于学术研究中的道德价值观,见黄宗智、高原,2015)。

这里,我们再次看到悖论的巧合:即便是在缺乏西方世界所偏重的抽象理论创新之下,中国也能够凭借全球化资本所附带的技术流动来克服自身相对薄弱的科技创新能力。这一切有点类似于中国在理论层面上仍然认同干革命时期引进的马列主义,而又让其与改革期间所引进的新自由主义并存,但在实践层面上则惯常地与两者相脱离。

二、五种巧合的并存与交汇

最大的巧合不是五种巧合之中的任何一种,而是五种巧合的共存与交汇。其中任何一种都不可能单独存在:全球化的经济,政党—国家(及其地方政府)之共同积极争取参与该经济体并借此来发展中国经济,凭借廉价土地和劳动力及税收等优惠(包括相对宽松的环境法规)来招商引资,民间及党内干部中的大量创业人才,以及伴随国际资本而来的可资利用的先进技术和中国人员的实用创新能力——这一切都需要同时并存以推动中国的发展。不仅仅是廉价土地及其快速增值,以及廉价劳动力,还需要各地方政府为招商引资积极竞争。当然,还需要积极追求最高回报的全球资本,而同时地方政府则通过相互竞争来为其提供全球最优良的投资条件。不仅需要中国国内民营企业的兴起,也需要国有和国家委任管理人员的企业被改造为在市场上积极有效地追求利润的实体。最后,不仅需要以上各种条件的并存,还需要高端技术被广泛引入而为中国所用。

这一切巧合的并存和交汇,有可能被人们或已有理论所预见吗?或者只能在事后解释吗?

（一）已有理论

迄今，影响较大的关于中国经济如何快速发展的理论主要有三种：

一是比较简单的新古典（教科书）经济学论点，其主要依据市场是唯一最佳资源配置的机制这个"公理"或信条。用于中国，一个较有影响的观点是：在计划经济时代，中国人为地偏重资本密集的重工业，忽略了劳动密集的轻工业。直到改革时期，中国经济方才遵循经济规律而侧重轻工业，由此充分利用了国内（劳动资源丰富）的"比较优势"。（Lin，Cai and Li，2003）

这个模式显然不会承认政党—国家积极介入经济（市场运作）、土地和资本使用及国有企业任何正面的作用，也不会承认为后来的发展奠基的计划和集体经济时代的正面作用。它是一个无法抓住以上论述的中国经济运作实际的理论。

二是"新制度经济学"理论，也是今天影响最大的理论。其观点是：中国采纳了私有化和市场化，由此纳入了创业和盈利所必需的激励条件，也采纳了其制度，尤其是稳定的财产权利法规，由此减少了市场上的"交易成本"，从而促进了经济发展。在这套理论的分析下，国家介入经济只可能导致反面的效果。国家所有的企业只可能是低效的，只可能阻碍经济发展。中国经济需要更彻底的私有化和市场化，包括其战略性（能源、交通、水资源和水利等）经济部门（有的甚至认为公共服务也需要私有化）。同时，如此的改革最好应伴随有关的政治的改革，借此方有可能抑制源自国家机构权力过大所导致的腐败和低效。[①]

毋庸说,如此的模式不会赋予当前中国这样含糊的、不稳定的私有产权任何正面作用,也不会考虑政党—国家体系所起的正面作用,更不会认可 2013 年占到世界 500 强企业中的 90 多家中国国有企业(相对于美国的 128 家[民营]企业)所起的正面作用。它也不能解释,为何俄罗斯和东欧国家采纳了更"正确"的道路之后,反而远远没有做到中国经济发展的成绩。至于中国的政党—国家体制及其众多问题,在我看来,并不是能够简单凭借(西式的)选举、多党制和个人自由保障来有效改革的(下文还要讨论)。

三是中国地方政府变成类似于企业的实体的解释。根据那样的理论,中国的经济发展始于农村工业化,是被地方(乡和村)政府行为变成类似于市场经济中的私有公司——在"硬预算约束"下经营——所推动的。这个模式,即"地方政府的公司化",延续到后来地方政府发展经济的竞争,因为它们的行为带有市场纪律和竞争,由此推动了经济发展。(Oi, 1992、1999;Walder, 1995;Montinola, Qian and Weingast, 1995;Qian and Weingast, 1997;Qian and Roland, 1998;详细讨论见黄宗智, 2010;黄宗智, 2014a, 第三卷:第 12 章)

这个模式固然抓住了改革早期乡村工业化中乡政府和村政权组织及干部所起的作用,但它完全不能说明后来的县和省级地方政府在 20 世纪 90 年代中期以后的招商引资行为所起的作用,更不能突出土地资源和"不充分就业"的农民劳动力所起的作用,也无

[①] 持此观点的文献较多,其中影响较大的是 North, 1981、1993;Coase, 1990、1991;Kornai, 1980、1992。在国内,天则经济研究所是一贯提倡这种观点的研究机构(天则经济研究所, 2011)。详细讨论见黄宗智, 2010;黄宗智, 2014a, 第三卷:第 12 章。

法捕捉到 2013 年的 90 家全球 500 强中的中国国有企业的性质——它们不简单是由政府机构变成市场化公司，而是比较微妙、悖论和复杂地结合营利性公司组织与政党—国家的强大组织和资源权能的实体，两者缺一不可。一方面，国家垄断企业可能会陷入官僚主义和腐败，包括环境侵害（如石油产业）；另一方面，在庞大先进跨国公司主宰的全球经济之中，一般的中国民营公司不可能与其竞争，唯有借助政党—国家的庞大权能才有可能在那样的环境中竞争。

以上三种理论的共同点是其前提，即唯有市场机制才可能促进经济发展的"公理"和信条。它们都同样认为，政党—国家的作用对经济发展来说只可能是负面的，除非它的行为变得和市场化的公司同样。它们都不承认政党—国家体系在使用三大生产要素——土地、资本、劳动力——时所起到的重要作用。它们都试图以固有的、基于西方资本主义经济发展经验的（普适）"规律"来解释中国的发展经验。没有一个能够捕获这个关键性的特殊历史现象——一个通过计划经济而形成的政党—国家体系成为追求和带领市场化与盈利企业发展的体系——的特殊性。

三种理论都没有关注到中国经济实际运作中的一系列关键特点：政府对土地资源的所有权和土地增值对地方政府财政的支撑；为招引资本而设置全球最高回报率的投资环境；允许资本主义企业大规模地利用中国的廉价劳动力，借此来扩大其投资回报；为中国产品提供先进技术和全球市场的全球资本，以及中国极其实用性地利用这些条件来推动自身的发展。

这三种距离中国经济实际运作较远的理论能够在国外和国内

成为影响最大的理论，当然也说明高度形式化的新自由主义经济理论和话语在今天的经济学学界中占据的霸权地位。之所以说是高度"形式化"（形式主义化），是因为其理论高度依赖演绎逻辑和数学，试图像欧几里得几何学那样从有限几个定义和公理（axioms）出发，凭借演绎逻辑而得出一系列的（从其公理推演出的）普适定理（theorems）。如，从其"理性经济人"和"纯竞争性市场"公理得出——像新制度经济学那样——私有产权及其法律保障的关键性的"定理"（或地方政府的行为若成为类似市场化的私营公司便可能推进经济发展，像第三种观点所争论的那样）。中国经济的实际运作则几乎不存在于其理论考虑之中。（详细讨论见黄宗智、高原，2015）

那样的解释当然也说明，一般的经济学是多么的由理论所主宰——它从理论公理出发，由此凭演绎逻辑/数学化逻辑而得出定理，拼凑一些经验证据，而后再次返回到其原先的前提公理。我们看不到从中国实际出发而后将其抽象化（包括从其悖论实际得出的概念），即先从归纳出发而后使用演绎推理来使其更加精确化，最后返回到经验/实践中去检验的研究方法。（关于如此的理论建构的种种问题，见黄宗智、高原，2015；亦见黄宗智，2015a：尤见第1章）

在笔者看来，那样的形式主义理论其实是一种反事实的认知进路，它无视没有先例的历史现象，即一个政党—国家带领市场化和借助于市场机制与盈利激励，在战略性部门（如能源、金融、交通和运输、城镇建设等）保留国家所有权，并同时保留甚或更加强化其机构和管理。与形式主义理论相反，我们要问：在中国经济的独特历史情况下，是否极有可能产生和我们过去的认识不一样的现象? 是否应该考虑运用不同的概念工具来认识? 一旦把我们习惯的认知方法(从理论到经验再到理论)颠倒过来(从经验到理论再到经验),从经验中的悖论和反常现象出发,我们便会看到很不一样的图像。一旦放弃将这些经验事实勉强塞入我们所习惯的形式主义模式,我们将看到经验事实新颖的方面。从那里出发,我们可以认识到:既然通过现有理论无法理解我们所看到的现象,最简单的亦是最好的解释是,这是一个比较特殊并且来自偶然及逐步抉择的现象,而不是有意识的计划和先见,更不是一个普适的形式主义公理框架所能解释的。(更详细的讨论见黄宗智,2015a;尤见第1章)

作为一种分析工具,普通的经济学无疑是有用的,但它从来没有能够预测未来(例如1930年代的大萧条和2008年的金融海啸),更不用说解释悖论现象了。这正是本章之所以采纳"五种巧合的并存与交汇"的原因——悖论在于并存的一双双事实是违反理论预期的,巧合在于那些都是源自历史演变的偶然现象,而非来自一个庞大完整的计划或蓄意的抉择和理论。如此的理解,可以比任何现有理论更能解释中国的异常发展。

如此解释的另一优点是,避免了有些中国论者在事后得出的得意洋洋的宏论。那些分析,虽然在某些方面比较贴近上述中国实际的运作情况,但它们试图赋予中国一步一步的抉择和实验以一种完全的先见和计划,争论中国的发展证明了某种"中国模式"的"社会主义市场经济"。当然,如此的解读是可以理解的,因为它源自对一个世纪国难的深层反应和屈辱感,也来自围绕官方话语中的"社会主义市场经济"来建构新国家意识形态的动机。

这里要指出：真有人能够事先预见到这些错综复杂的、没有先例的现象吗？如果真是那样，我们又该怎样解释中国政府自身显然完全没有预料到的发展历程中所发生的许多现象？举例说，半工半耕的小规模家庭农场虽然实际上在中国的新农业中起到了至为重要的作用，但是，国家本身显然仍被束缚于新自由主义（也是马克思主义）的视野，以为唯有具备规模效益的大农场才可能推动中国农业的现代化。因此，长期以来一直偏向将扶持、资助、贷款先给"龙头企业"，而后是最大的"家庭农场"，基本不顾小规模的（真正的）家庭农场，而小规模的农场才是推动新农业和隐性农业革命的真正动力。（详细论证见黄宗智，2014c；黄宗智，2020a）

以上论述的一切绝对不是想要单方面突出中国经济快速发展成功的一面，而无视其所附带的一系列问题；正因为其是"摸着石头过河"的、巧合的发展经验，当然也不可避免地附带着一系列有意无意的、尚待解决的问题。首先，本书以上各章已经比较详细地论证了"非正规经济"的大规模兴起和快速扩增，其人数如今已经达到城镇总就业人员中的3/4（2015 年数字——详细论证见本书第6章第1节），已经造成部分了问题。如果再加上乡村人员，这个社会基层所占的比例更大，也与城镇的"中产阶级"差别更大。根据世界银行等机构所采用的基尼系数来衡量，中国的基尼系数已经从改革前 0.32 上升到目前的 0.45 之上。（World Bank，2009：34 以及图 2，第 36 页；C. I. A.，2012；黄宗智 2014a，第三卷：354）中国国家统计局得出的基尼系数（2014 年）是0.47。（《中国 2014 年 GDP增速 7.4% 为 1990 年后最低》，2015）此外，以上各章也连带论述了如今社会中呈现的"逐利"问题（更详细的论述见黄宗智，2020a），这与国家所采用的治理机制紧密相关，导致了部分腐败问题。最后是空气污染等环境问题。

本章突出的论点是，中国共产党领导的政党—国家在过去 30 多年的举世瞩目的经济发展中，起到了至为关键的作用；它是中国快速发展经验中五种巧合的至为重要部分，也是一般发展经济学理论和研究所没有考虑到的悖论实际。沿着这样的思路，我们还可以认识到，要解决上述发展过程中的三大问题，这个强大的政党—国家体系应该也能够起到与其在推动经济发展方面同等的作用——关键在于正视实质性问题和下定决心来处理这些问题。这正是本章和本书的目的所在。上文已经指出，中国计划经济时期的社会公平可以说是一种"贫穷的公平"，而近 30 多年的快速发展则是"让一部分人先富起来"而导致的一定程度的不公平。今后的道路应该是"公平推动的发展"，即由社会公平来扩大国内市场和推动更可持续的经济发展。

参考文献：

《〈财富〉：重庆为全球新兴上午环境最佳城市之一》(2017)，载《重庆日报》，http://cq.xinhuanet.com/buiness/2011—07/12content_23214797.htm.

《长安汽车城投资两江新区前后》(2011)，载《中国经营报》，http://www.liangjiang.gov.cn/ljxqtzlj/ljxqtzrzqy/2011416/2011416101543.htm.

陈锡文(2014)：《中国农业发展形势及面临的挑战》，http://news.sina.com.cn/o/2014—11—24/092231192687.shtml.

《城乡个体工商户管理暂行条例》(1987)。

《2013 年全国农民工监测调查报告》(2013)，http://www.360doc.com/content/14/0512/17/1302411_376998538.shtml.

《2014 年世界财富 500 强》（2014），http://baike.haidu.com/link？url
=00rK0LU3APVLr10AA09CEVKjVqw2eDV0nBnMail_HRaJqQ5ddSuHJ
AH9BdgENMCpPeqX58eUsg0zeMH98zuVjq.

高柏（2006）：《新发展主义与古典发展主义——中国模式与日本模式的比较分析》，载《社会学研究》第 1 期：第 114—138 页。

《耕地》（2015），百度百科，http://baike.baidu.com/view/36275.htm.

洪亮吉（1877[1793]）：《治平篇》《生计篇》，载《洪北江先生全集》第 1 卷第 1 部，无出版单位。

黄宗智（2020a）：《中国的新型小农经济：实践与理论》。

黄宗智（2020b）：《中国的新型正义体系：实践与理论》。

黄宗智（2015a）：《连接实践与理论：中国社会、经济与法律的历史与现实研究》，北京：法律出版社。

黄宗智（2015b）：《道德与法律：中国的过去和现在》，载《开放时代》第 1 期：第 75—94 页。

黄宗智（2014a）：《明清以来的乡村社会经济变迁：历史、理论与现实》三卷（增订版）：第一卷《华北的小农经济与社会变迁》；第二卷《长江三角洲的小农家庭与乡村发展》；第三卷《超越左右：从实践历史探寻中国农村发展出路》，北京：法律出版社。

黄宗智（2014b）：《清代以来民事法律的表达与实践：历史、理论与现实》三卷（增订版）：第一卷《清代的法律、社会与文化民法的表达与实践》；第二卷《法典、习俗与司法实践清代与民国的比较》；第三卷《过去和现在：中国民事法律实践的探索》，北京：法律出版社。

黄宗智（2014c）：《"家庭农场"是中国农业的发展出路吗？》，载《开放时代》第 2 期：第 176—194 页。

黄宗智（2013）：《重新认识中国劳动人民——劳动法规的历史演变与当前的非正规经济》，载《开放时代》第 5 期：第 56—73 页。

黄宗智(2012).《国营公司与中国发展经验"国家资本主义"还是"社会主义市场经济"?》,载《开放时代》第 9 期:第 8—33 页。

黄宗智(2011a):《重庆"第三只手"推动的公平发展?》,载《开放时代》第 9 期:第 6—32 页。

黄宗智(2011b):《中国的现代家庭:来自经济史和法律史的视角》,载《开放时代》第 5 期:第 82—105 页。

黄宗智(2010)(英文版 2011):《中国发展经验的理论与实用含义——非正规经济实践》,载《开放时代》第 10 期:第 134—158 页。

黄宗智(2009a):《改革中的国家体制:经济奇迹和社会危机的同一根源》,载《开放时代》第 4 期:第 75—82 页。

黄宗智(2009b)(英文版 2009):《中国被忽视的非正规经济:现实与理论》,载《开放时代》第 2 期:第 51—73 页。

黄宗智(2002):《发展还是内卷? 十八世纪英国与中国》,载《历史研究》第 4 期:第 149—176 页。

黄宗智(2001、2007):《清代的法律、社会与文化:民法的表达与实践》,上海书店出版社。

黄宗智(1992[2000、2006]):《长江三角洲的小农家庭与乡村发展》,北京:中华书局。

黄宗智、高原(2015):《社会科学和法学应该模仿自然科学吗?》,载《开放时代》第 2 期:第 158—179 页。

黄宗智、高原(2013):《中国农业资本化的动力:公司、国家还是农户?》,载《中国乡村研究》第 10 辑第 1 期:第 36—65 页。

黄宗智、高原、彭玉生(2012):《没有无产化的资本化:中国的农业发展》,载《开放时代》第 3 期:10—30 页。

黄宗智、龚为纲、高原(2014):《"项目制"的运作机制和效果是"合理化"吗?》,载《开放时代》第 5 期:第 148—159 页。

黄宗智、彭玉生(2007)：《三大历史性变迁的交汇与中国小规模农业的前景》，载《中国社会科学》第4期：第74—88页。

黄奇帆(2010)：《黄奇帆新闻发布会》，《重庆市户籍制度改革的政策体系、政策措施以及三个月的实践情况》，中国宏观经济信息网。

《劳务派遣》(2014)，百度百科，http://baike.baidu.com/link? url=71Lkkk1_KDhpt0w_AXhiNu94NI7zkd1U7Ly]UACoi0UKiJ867z8DajIkG0Jfqg MojYEMvKxq -5h3hu-VCNeZ73K.

《李克强访欧力推中国高铁：被赞最佳高铁推销员》(2013)，http://finance.sina.com.cn/world/20131202/041917493757.shtml.

《留守儿童》(2014)，http://baike.baidu.com/view/109106.htm.

陆学艺编(2002)：《当代中国社会阶层研究报告》，北京：社会科学文献出版社。

屈宏斌(2012)：《广东模式与重庆模式比较》，载财经网，http://comments.caijing.com.cn/2012—05—04/111837075.html.

《三部委(财政部、发改委和城乡住房建设部)要求全国推广重庆公租房融资模式》(2010)，载《重庆时报》。

《三部委：土地出让净收益可用公租房发展》(2010)，载星岛环球网，http://www.stnn.cc.

《世界500强榜单之2014年中国民营工业品企业》(2014)，http://www.zggyp.com/news/show-7147.html.

陶然、汪晖(2010)：《中国尚未完成之转型中的土地制度改革：挑战与出路》，载《国际经济评论》第2期(上、下)，http://www.usc.cuhk.edu.hk.

陶然、陆曦、苏福兵、汪晖(2009)：《地区竞争格局演变下的中国转轨：财政激励和发展模式反思——对改革30年高增长的政治经济学再考察和来自"土地财政"视角的证据》，载《经济研究》第7期，http://

www.usc.cuhk.edu.hk.

天则经济研究所(2011):《国有企业的性质、表现与改革最新修订稿》(*The nature, performance, and reform of state owned enterprises, final draft*),www.unirule.org.cn/secondweb/Article.asp? ArticleID = 3102(2012年1月查阅2012年8月再次查阅时,此文已被撤除),原文见 http://www.usc.cuhk.edu.hk/PaperCol-lection/Details.aspx? id = 8067.

天则经济研究所、天则经济研究所土地问题课题组(2007):《城市化背景下土地产权的实施和保护》,http://www.unirule.org.cn/Secondweb/Article.asp? ArticleID = 2516.

王汉生、王一鸽(2009):《目标管理责任制:农村基层政权的实践逻辑》,载《社会学研究》第2期:第61—92页。

肖钢(2011):《百年中行新变革:市场化与人本化的人力资源管理》,北京:中信出版社。

于建嵘(2010):《维权抗争与压力维稳》,http://media.ifeng.com/huodong/special/fenghuangzhoukanshinian/shixuezhezonglunzhoukan/detail_2010_10/13/2771369_0.shtml.

《渝新欧铁路:重庆向西,穿越世界心脏》(2012),http://www.guancha.cn/html/49646/2012/03/29/67985.shtml(原文见 http://www.douban.com/group/topic/28586545.)

张传玖(2004):《土地六问》,载《中国改革(农村版)》第8期:第22—24页。

张玉林(2015):《大清场:中国的圈地运动及其与英国的比较》,载《中国农业大学学报》第1期:第19—45页。

赵启正(2007):《浦东逻辑》,上海:上海三联书店。

《中国2014年GDP增速7.4%为1990年后最低》(2015),2015-02-03,http://economy.caijing.com.cn/20150120/3802814.shtml.

《中国统计年鉴》(1991、2013),北京:统计出版社。

Bai Chong-en, Chang-tai Hsieh and Yingyi Qian.(2006)."The return to capital in China," *Brookings Paperson Economic Activity*, vol. 2006, no. 2: 62—88. Published by the Brookings Institution.

C. I. A.(2012). "Country Comparison: Distribution of Family Income-Gini Coefficient," https://www. cia. gov/library/publications/the-world-factbook/rankorder/2172rank.html.

Coase, R. H. 1988. (1990). *The Firm, the Market and the Law*, Chicago: University of Chicago Press.

Coase, R. H. (1991). "(Nobel) Prize Lecture," https://www. nobelprize.org.

Huang, Yukon and Canyon Bosler. (2014). "China's Debt Dilemma: Deleveraging While Generating Growth," Carnegie Endowment for International Peace, http://carnegieendowment. org/2014/09/18/china-s-deht-dilemma-deleveraging-while-generating-growth.

Kornai, Janos.(1992). *The Socialist System: The Political Economy of Communism*. Princeton, N. J. : Princeton Univ. Press.

Komi, Janos. (1980). *Economics of Shortage*, Amsterdam: North-Holland Publishing Co.

Lin, Justin(林毅夫), Cai Fang(蔡昉) and Li Zhou(李周).(2003 [1996]). *The China Miracle: Development Strategy and Economic Reform*, rev. ed., Hong Kong: The Chinese University Press.

Montinola, Gabriella, Yingyi Qian and Barry R. Weingast. (1995). "Federalism Chinese Style: The Political Basis for Economic Success in China," *World Politics*, 48(Oct.): 50—81.

Naughton, Barry. (2007). *The Chinese Economy: Transitions and*

Growth. Cambridge, Mass. : The M I T Press.

North, Douglass C. (1993). "Douglass North Nobel lecture," https://www.nohelprize.org.

North, Douglass C. (1981). *Structure and Change in Economic History*, New York: W. W. Norton.

Oi, Jean. (1999). *Rural China Takes Off: Institutional Foundations of Economic Reform*, Berkeley: Univ. of California Press.

Oi, Jean. (1992). "Fiscal Reform and the Economic Foundations of Local State Corporatism in China," *World Politics*, 45, 1(Oct.): 99—126.

Qian, Yingyi and Barry R. Weingast. (1997). "Federalism as a Commitment to Preserving Market Incentives," *Journal of Economic Perspectives*, vol. 11, no. 4(fall) : 83—92.

Qian, Yingyi and Gerard Roland. (1998). "Federalism and the Soft Budget Constraint," *American Economic Review*, vol. 88, no. 5 (Dec.): 1143—1162.

"Robber Barons", (2003) (Dictionary of American History), http://www.encyclopedia.com/topic/Robber_harons.aspx.

"61 Chinese Companies Make Fortune 500 List", 2011.7.9, *Want China Times*, http://www.wantchinatimes.com/news-subclass-cnt.aspx? id = 20110709000017 &cid = 1102.

Szamosszegi, Andrew and Cole Kyle. (2011). "An analysis of state-owned enterprises and statecapitalism in China," for the *U. S. -China Economic and Security Review Commission*, Oct. 26: 1—116. http://www.uscc.gov/researchpapers/2011/10_26_11_CapitalTradeSOEStudy.pdf.

Walder, Andrew. (1995). "Local Governments as Industrial Firms: An Organizational Analysis of China's Transitional Economy," *The American*

Journal of Sociology, vol. 101, no. 2(Sept.): 263—301.

World Bank.(2009). "China: From Poor Areas to Poor People—China's Evolving Poverty Reduction Agenda," Report No. 47349-CN. http://www. wds. worldbank. org/external/default/WDSContentServer/WDSP/IB/2009/ 04/08/000334955 _ 20090408062432/Rendered/PDF/473490SR0CN0P010 Disclose d0041061091.pdf.

"World's 500 Largest Corporations in 2013: The Chinese Are Rising". (2014). http://www. forbes. com/sites/panosmourdoukoutas/2013/07/17/ worlds-500-largest-corporations-in-2013-the-chinese-are-rising/.

第六章 中国的非正规经济再思考：一个来自 社会经济史与法律史视角的导论[①]

我们该用什么样的词语和概念来描述中国的工人？近年来有不少争议。一是因为具有国家法律保护和社会主义计划经济时代各种优惠的传统意义的"工人"与 1980 年代以来大规模兴起的"农民工"有明显的差距；也是因为最近 10 年来快速兴起的"劳务派遣工"与"新生代农民工"两大现象。资本主义话语与社会主义话语的混合，使问题变得更加复杂。笔者在本章"再思考"中将试图勾勒出一个社会经济与法律变迁的全景，目的是把我们的争论置于一个宽阔的视野中来理解，梳理清楚其中的实质性问题，并对我们

[①] 本文原稿发表于《开放时代》2017 年第 2 期：153—163。原文是为笔者组织的《中国的非正规经济再思考》专辑（国际版载 *Rural China*，2017 年第 1 期；国内版载《中国乡村研究》第 14 辑，福州：福建教育出版社）所写的导论。纳入本书是因为文章对非正规经济的数据和论析进行了更新和更全面的论述，并对本领域的一些最新学术成果进行了总结和讨论。

要理解的"非正规经济"进行更新至今的论述。

一、中国的非正规经济:定义和规模

"非正规经济"(informal economy)范畴原来是一个发达国家用来形容发展中国家的现象的词汇。其前身"非正规部门"(informal sector)是国际劳工组织(ILO)于 1970 年代率先用来区别带有劳动法律保护和福利的"正规"部门与没有如此保障的"非正规"部门的。其后,一整代的优秀学者——汉斯·辛格(Hans Singer)、理查德·乔利(Richard Jolly)、基斯·赫德(Keith Hart)及雅恩·布雷曼(Jan Breman)等澄清了其在肯尼亚、加纳、印度等国家的具体情况。后来,鉴于许多原先所谓的正规现代经济部门也雇用了大批非正规人员,ILO 将"非正规部门"这个用词和概念修正为"非正规经济",但其核心定义基本没有变。2002 年,ILO 组织的一项研究证明:在大多数的亚非拉国家中,非正规经济人员已经达到非农从业人员中的 1/2 到 3/4。当时,由于欠缺可用数据,没有纳入中国。(见黄宗智,2009、2010、2013;本书第 2 章)

非正规经济在中国大规模扩展始于 1980 年代,是伴随国家的"改革、对外(来资本的)开放和市场化"等战略性决策而来的。其后,非正规工人(主要是"农民工",即来自农村的、身份是农民但在城镇打工的人)极其快速地扩增。但他们在一段时期中并没有吸引太多的关注和研究,主要是因为可靠数据的匮乏。

这种情况一直延续到 2006 年。该年由中央政府领导组织了一项大规模的研究,并在 2009 年由国家统计局系统调查后出版了

《农民工监测调查报告》,之后每年出版新报告。数据很快达到相当高度的精准性和可靠性:2015 年的报告依据的是对 31 个省(市)、1527 个县、8906 个村庄和 23.6 万村民的系统抽样调查。根据监测报告,2015 年全国共有 2.77 亿农民工,其中"离土不离乡"的占1.08亿,"离土又离乡"的占 1.69 亿。大多数的农民工都没有国家的劳动法律保护和社会福利。根据 2014 年的数据,[1]农民工当中只有 17.6%持有医疗保险,16.7%持有养老保险,10.5%持有失业保险,7.8%持有生育保险;持有工伤保险的比例最高,达 26.2%,主要是因为国家近年来所采取的一系列行政措施。(国家统计局,2014;亦见 2009、2015)也就是说,具有两大关键保险(医疗和养老)的农民工只占农民工总数的约1/6。

我们如果在 2.77 亿农民工的人数之上,加上 20 世纪末和 21世纪初"下岗"的共约四五千万中小国企职工中如今仍然工作的人员,再加上 2008 年以来极其快速扩增的"劳务派遣工"(被定义为主要是"临时性、辅助性或替代性"的工人),如今可能共约 6000 万人员(下面还要讨论),其中约一半来自农村,一半来自城镇。很显然,如今的非正规经济人员已经达到将近3.3亿人,已经占到3.82亿城镇就业人员总数(城乡就业人员总数为7.73亿)的大多数——如果从农民工中减去其1/6持有医疗和养老保险的人员,得出的数据是,非正规人员总数已经达到城镇就业人员中的75%。(《中国统计年鉴 2015》:表 4-2;国家统计局,2014)

遗憾的是,目前国际劳工组织和世界银行所采用的数据是基

---

[1] 2015 年的报告未发表这方面的数据。

于 2010 年的一项单一研究，并且是仅仅基于 6 个城市的调查，所得
出的结论是：非正规人员只占到城镇就业人员的 37%。该项研究
是世行社会保护和劳动部（World Bank's Social Protection and Labor
Department）支持下的一项研究，发表于 2012 年（Park，Wu and Du，
2012）。其后，ILO 又把同样的数据纳入其最新发表的关于全球非
正规就业的研究报告，它代表了该组织关于中国的最新数据。
（ILO，2014；Annex 2，China）

该项研究依据的是对广州、福州、上海、武汉、沈阳、西安六大
城市——每个区的 500 名本地居民和 500 名外来者——的问卷调
查，是通过各区半政府性的居民委员会来进行的。正如报告的作
者们自己指出的，如此通过居民委员会来做的调查会忽略没有经
过正规注册的外来农民工（2010 年达到 1.14 亿的总数——黄宗
智，2013；表 2；本书表 1.2），因此，"在建筑和制造部门中工作的人
员会被采样不足"（Park，Wu and Du，2012：9）。而我们知道，制造
业和建筑业乃是农民工从业最主要的两大部门，在 2015 年达到农
民工总人数的 52.2%。同时，该报告明确说明纳入了"自雇者"，然
而在工匠、裁缝、摊贩等各种服务行业人员中，也多有未经正规注
册的人员，也会被"采样不足"。另外，该报告完全没有考虑到中小
城市和较大的镇，而它们的非正规人员比例往往会高于大城市。

更有甚者，该报告对"正规"人员采用了一系列夸大其比例的
定义。该报告把所有在多于 7 位员工的单位的工作者全都定义为
"正规"就业者，纳入正规范畴。但我们知道，中国今天的劳动法律
把越来越多的劳动者纳入了非正规的"劳务"范畴，将其置于适用
劳动法律保护的范围之外。该项报告又将持有任何单一社保的人

员也全都当作"正规"人员。(Park，Wu and Du，2012：5—6)如此这般，该报告才最终得出非正规人员只占到37%(而正规经济人员则占到63%)。

令人费解的是，该报告为什么完全没有考虑历年的《农民工监测调查报告》，甚至没有将其纳入参考文献目录？同样令人费解的是，为什么在2010年很有限的调查报告之后，没有进一步地跟踪和扩大调查以克服只限于六大城市的明显弱点？国际劳工组织与世行社会保护和劳动部发表的报告一般都比较权威(在维护劳工权利问题上也比较进步)，亟须重新考虑他们目前采纳的对中国非正规经济和就业的定义和研究进路。

二、全球化之下的反向逆流

非正规经济在发展中国家的扩展固然与发达国家的"外包"有一定的关联，这是比较明显的。但经济全球化大潮流下的反向逆流对发达国家本身的就业和经济的影响，则并不那么明显。在美国，人们一般持两大被广泛传播的对立意见：要么指责，认为发达国家人民由于外包而失去了大量的就业机会；要么依据市场主义理论而论争，自由市场包括劳动市场，必然会导致资源的最佳配置(例如，外包抛弃的不过是廉价、低级的就业，获取的则是更多的高技术就业，促成的是全球各国更高的生产率)。

实际情况与这两大意见都有一定程度的不同。伴随几亿中国农民工进入城镇非正规就业而来的，首先是一些外包工公司利润率的大规模提升，其中苹果公司的实例尤其突出。该公司本身所

从事的主要是利润最高的设计和销售两端,而把利润较低的配件
生产和组装 iPhone 等产品的中间环节,外包给诸如中国台湾地区
的富士康公司(在中国大陆雇用不止 100 万的员工),凭此做到了
被全球资本主义企业所羡慕的利润率。超高的利润率则促使苹果
公司成为全球市值(其流通股的总市值)最大的公司,为投资其股
票的人士带来双位数的年均回报,超越几乎所有其他的上市公司
(当然,苹果公司广泛使用"避税天堂"来减免自身应缴纳的盈利税
也是因素之一)。

　　苹果型公司的成功,通过如今资本市场的游戏规则,转而形成
对几乎所有其他大型跨国公司的强大压力。近几十年来,机构化
的投资——如养老基金、共同基金、指数基金、交易所交易基金
(ETFs)、捐赠基金等——已经占到资本市场总投资额高达 80% 的
比例,促使流通股总量及其市值的大规模扩增。同时,前所未有的
大量的个人投资者也进入了证券市场——信息技术的发展使得普
通人可以轻易地获得大量相关信息,而互联网上的交易则大大降
低了股票交易费用。结果是,一个越来越高度整合和快速的资本
市场。其中,股票的市值和投资回报是大家至为关注的要点。一
家公司的股票市值则主要取决于其每股股价相对盈利的比例
(price/earnings-per-share ratio),以及其历年给投资者带来的回报
率。这两大数据是投资分析师们所依赖的主要指标,他们据此而
向投资机构和个人提出他们对所有股票的评价:划分为"强力买
入"(strong buy)、"买"(buy)、"保留"(hold)、"卖出"(sell)等不同
等级。在这方面,苹果公司是极为成功的实例——如今,它的股票
被大量纳入几乎所有投资机构的证券组合之中。在这样的游戏规

则下,衡量每家大公司及其管理层业绩至为关键的因素,是为其股东所带来的回报率。之前,在股票市场的历史上,8%的年回报率长期以来被视作不错的成绩,但如今,在最成功的"外包"公司多年来双位数回报率的压力下,几乎所有的大公司都要尽量提高其利润率和股票回报率。如此的游戏规则逼迫着几乎所有的财富500强公司要尽一切可能提高其利润率,而降低劳动成本正是其中的一个关键因素。

在那样的强大反向逆流下,新自由主义经济学从1980年代以来便强烈提倡比较廉价的"灵活使用劳动力"(flexible use of labor)乃是完全可以理解的事。此原则显然与新自由主义(新保守主义)的原教旨市场主义紧密关联,其基本信念是:自由市场是资源配置的最佳机制,一如哈耶克强力论证的那样(他是诺贝尔经济学奖的获得者,更是里根总统和撒切尔夫人最欣赏的经济学家)。后来,更加上了"新制度经济学"的诺斯和科斯等,在市场主义之上,添加了稳固的私有产权乃是一切经济发展的最关键(激励)动力。由此理论出发,得出凭借自由的劳动力市场来达到私有资本的最佳回报,乃是再合理不过的结论。(黄宗智 2009、2010、2013;本书第2章)

对劳动力"灵活使用化"(flexibilization of labor use)的提倡,既推动了越来越多的使用临时性、辅助性、替代性劳动力,也被其所推动,而这些暂时性的劳工("劳务派遣工")一般多被给予较低的工资、较重的劳动,并且大多不带有社会保险。许多公司越来越多地依赖如此的方式来使用劳动力,尤其是新近的就业者——妇女(伴随"劳动的妇女化")、青年、少数民族劳动者及外来移民("次等公民"［denizens］）。

正如盖伊·斯坦丁（Guy Standing）指出的，如此的工人和旧的"无产阶级"十分不同，后者享受了长时期的劳动斗争和福利国家的兴起所带来的果实——医疗和养老保险、带工资的假日、其他的法律保护、养老金中纳入的股票所带来的回报，乃至于由其个人购买的共同基金、指数基金等股权。他们之中有相当一部分人可以被纳入斯坦丁所谓的"领薪阶级"（salariat）（Standing，2014）。历史上，一个突出的转折是，20世纪五六十年代，一个工人（如汽车公司工人）理所当然地认为可以凭借一己的工资来养活家庭，1980年代以后演变为广泛需要夫妇双职来养家。作为其中的一个小侧面，在西方高等院校就职的人都知道，近年越来越多的课程是由临时性和非全职的代课老师来承担的。正是在这样的（以上极其粗线条地描述的）情况下，导致了近年来西方"危难工人"阶级（precariat）的快速和广泛地扩增。根据斯坦丁的粗略估计，如今已经达到"成年人口中的至少四分之一"——其所指主要是发达国家。（Standing，2011：24，及第2章）

这里需要进一步说明，斯坦丁的用词"precariat"如今在国内还没有固定的中文翻译。按照其字面的意义，固然可译作"不稳定工人"。但是，斯坦丁的用意其实主要关乎心态和生活情况的描述，不在于生产关系或生产情况，而且他执意将这个群体理解为一个"危险的阶级"（dangerous class）。鉴于此，本章暂时采用了"危难工人"的翻译，"危"与"难"足可表达斯坦丁"dangerous class"和"precarity"的用意，而"工人"则是为了表述其把"precariat"和"proletariat"两词既连接起来又区别开来的用意。

三、劳务派遣工的兴起

在中国现今特别强调"与国际接轨"的时代，西方"危难工人"阶级的呈现给了中国立法者某种启示，在 2007 年的劳动合同法（2008 年实施）中创建了"劳务派遣"的新法律范畴。其核心概念是"劳务派遣一般在临时性、辅助性或者替代性的工作岗位上实施"（《中华人民共和国劳动法》，2007：第 66 条）。如此的工人被认为归属于"劳务关系"而不是正规的"劳动关系"。此前，"劳务派遣"一词曾经被用于国家机构派遣到在华外国人家庭或单位工作的人员，后来又被用于国家建立以协助（在"抓大放小"的国企私有化政策中）下岗工人再就业的机构。（黄宗智，2013；本书第 1 章）如今则主要被用于非正规的临时性工人，即企业不必对其负就业保障、法律保护和社会保险等义务的工人。

迄今，关于劳务派遣工最权威的调查仍然是全国总工会于 2010 年 6 月和 2011 年 6 月对全国 25 个城市 1000 个企业和工会以及 10 000 名工人所做的调查。调查发现，2011 年 6 月全国劳务派遣工已经达到惊人的 3700 万之数。其中，超过一半来自农村（其余是城镇市民、居民）。在上海市，所有就业人员中的 1/4 是劳务派遣工。（全总，2012：23）其中 39.5% 已经工作了 6 年以上——"劳务派遣"已经被企业不仅用于临时性或非全职工人，更被用于长期的全职工人。（全总，2012：24）全总将其研究结果提交给全国人大讨论，一时全国议论纷纷。但是迄今我们仍然没有看到更为详细可靠的调查数据，部分原因也许是派遣工人流动性较高，定义也比较含糊不清,不容易调查,但媒体常用的数字是 6000 万人。目前,关乎劳务派遣工数据的情况,与 2009 年以前关乎农民工数据的情况相似。

虽然如此,我们已能看到一些集中的调查。譬如,刘大卫针对上海 36 家国企的调查发现,使用劳务派遣工的主要目的是节省劳动成本,有的说能节省约一半,有的甚至说能节省2/3或3/4。其中的关键在于企业可以"只用工、不管人",因为合同是由派遣公司而非实际的用工单位来与劳动者签订的。(刘大卫,2011)由于劳动派遣公司多是资本比较匮乏的单位(劳动合同法只规定要 50 万元的注册基金——第 57 条),不满于其待遇的劳动者很难维护其权利,尤其是法律规定派遣公司违法的罚款最高只可能是每位劳动者 1000—5000 元(第 92 条)。真正的用工单位,则实际上基本处于劳动法律管辖范围之外。

1994 年颁布的劳动法,还没有明确与中国革命和社会主义的劳动法律传统断绝。它仍然规定了 8 小时的工作日、44 小时的工作周、150%的加班费以及为劳动者提供社会保险。然而在农民工的非正规使用中,众多企业其实早已无视这些规定。同时,原来的劳动法也仍然带有劳动者有权利组织工会与厂方进行集体谈判的权利(《中华人民共和国劳动法》,1994)——其背后的法理是:劳动者相对管理方是处于被支配和从属地位的,因此需要工会和集体谈判的权利。2007 年的劳动合同法则在劳务派遣的法理中,将合同理论推向了其逻辑上的结论:由于(市场经济中的)合同是由平等双方所签署的,故法律可以把原有关于组织工会和集体谈判的权利、关于工时和社保的权利等规定置于一旁,因为凭借合同理论,临时性、辅助性、替代性的工人完全有权利拒绝签署不符合本人要求的合同。新法理的具体体现是:允许劳务派遣公司替代实际的用工单位签订合同,由此使得原有的劳动法律不再适用于实际的用工单位。

也就是说,中国已经凭借"劳务派遣"的法律范畴来使非正规的用工合法化,实际上允许真正的用人单位以此范畴来避免对劳动者应负的法律责任。新劳动合同法所做的,实际上是把原来在社会主义劳动法规中属于非法的用工合法化。劳务派遣工会在2008年新劳动合同法实施之后爆发性地扩增,就不足为奇了。

在话语层面上把非正规用工合法化,产生的结果是使国家能够显著地提高其正式登记和注册的劳工所占比例。最新的数据显示,国家已把未经上报和登记的劳工数量从2010年的1.14亿(《中国统计年鉴2015》:表4-2;黄宗智,2013:表2;本书表1.2)降低到2014年的4400万人。"劳务派遣工"即便实际上仍然是"非正规"的,但也得到了一定的"正式"和"合法"身份。这正是今天中国特殊的混合非正规就业与正规劳动立法、发展经济的权宜措施,与社会主义劳动立法理念的矛盾所导致的复杂现象。在政府部门的正式登记及合同的正式签订,曾经是划分正规与非正规经济的有用指标,但今天已经不再有效。尽管新劳动法借助了如此的语词,无可置疑的事实是:劳务派遣是中国就业历史中的再一次大规模非正规化(和去正规化),也是其危难化。(详细论证见本书第7、8章)

诚然,近几年来国家采纳了一些改良措施。劳动合同法(2007)的一些方面已经被修正(2012年修订,2013年7月1日实施);劳务派遣公司的注册资本已经从 50 万元的规定提高到 200 万元,而派遣公司的违法罚款也从 1000—5000 元一人提高到 5000—10 000 元一人[《中华人民共和国劳动合同法(修正案)》,2013:第 57 条、第 92 条]。此外,人力资源和社会保障部颁发的《暂行条例》(2014 年施行),把劳务派遣工限定于一个企业人员总数中不超过 10%的比例,要求已经超过该比例的企业在两年之内达到新规定的比例。(《暂行条例》,2013:第 28 条)今天,我们还不能对这些修正的实际效果下定论,但也许可以说,它们多半只是一些相对次要的调整,并没有动摇劳动合同法(2007)的基本原则和进路。(仔细探讨见本书第 7、8 章)

四、新生代农民工

要观察非正规经济的整体,我们还需要特别关注所谓的新生代农民工——1980 年后出生、正值青壮年、如今工作于城镇、离土又离乡的农民工。其中许多是跟随父母亲在城镇中长大,从来没有种过地,视野和习惯几乎完全城镇化,而且并不打算回农村去的"农民工"。他们与其父母亲一代很不一样,后者的主要目的几乎都是要在老家盖体面的房子并过上体面的生活,而新生代的农民工既不打算回乡又实际上几乎没有可能在城市购置房子,因为房地产价格早已远远超出他们的经济能力。他们大多从小就被排除于城市的公立学校之外。他们上的多是勉强凑合的非正规农民工学校。

新生代农民工的生活状况和心态,多是农民工中至为"危难"

的。对他们来说，"不稳定性""非正规就业"和身份差异不只是暂时的状况，而且是一种宿命。[①] 对他们的父母亲一代来说，一直都有返回老家及其"承包地"的选择——即便是工作于"危难"的环境之中，两者还是能形成他们心底里的一种安全基石。但新生代农民工则与此十分不同。[②]

老一代和新一代农民工的关键不同在于，对前者来说，城镇不过是其暂住的地方，而对后者来说，则是其长期或永久的住处。新生代农民工大多把自己视作已经永远离开了农村的人。他们的教育水平要高于父母辈，起码读完了初中，不少（26%）读了高中，相当部分（36.9%）上过技校。正因如此他们对自己在城市的期望要远高于父母亲。虽然如此，他们实际上是城市社会的基层，缺乏获得有尊严的、稳定的工作的经济和关系条件，更不用说购置或租住一个体面的房子了。如此的期望与实际之间的鸿沟，使他们更强烈地感受到自己的身份差异（吕途，2013、2015；王春光，2011；全国总工会，2010）。用吕途的话来表述，即他们是个"迷失"的群体——我们甚至可以说，几乎是个"没有未来"的群体。2015年，他们占到1.69亿离土又离乡农民工中的45%，也就是说，所有农民工中的1/4强。（国家统计局，2015）

年轻、较高的教育水平、更为完全城镇化的生活习惯和视野及更加熟悉互联网，这些新生代的农民工可能更适合斯坦丁所谓的

[①] 吕途强有力地阐明了此点，但她的双卷本应被视作主要关乎新生代农民工的论述，而不是像她倾向争论的那样，乃是关乎所有农民工的论述。（吕途，2013、2015）

[②] 近年来不少地方政府放松了中小城镇农民改居民身份的条件，但大城市，尤其是一线城市则没有放松。

"危险的阶级"的描述,也许要比他的论点所依据的发达国家中的
"危难工人"更加适合。

五、本专辑的论文

本辑(即本章初刊时当期期刊所介绍的专辑)的论文,给上述
的概括提供了许多细致的实例和阐明。首先是苏之慧(Sarah
Swider)关乎大量的现有文献及其中关于"不稳定工人"/"危难工
人"(precariat)、"无产阶级"(proletariat)和"非正规经济"(informal
economy)范畴间的论争。她也提醒我们注意历史学家们关于更为
早期的非正规、低报酬、不稳定工作的研究(Swider,2017)。但是,
我们也需要指出,"非正规经济"概念的设定前提是带有劳动法律
保护的正规经济的存在——而如此的经济在中国革命政权建立之
前其实基本不存在。没有"正规的"法律保护,"非正规"乃是一个
没有指示物的概念。对工人的"正规"法律保护基本始于革命政权
的确立,"非正规经济"和"非正规化"的概念只适合其后呈现的演
变。虽然如此,苏之慧提醒我们:即便在毛泽东时代,也存在广泛
的低报酬与正规法律保护之外的临时工,在建筑业中尤其如此,这
无疑是对的。但是,那样的用工也许更适合用计划经济时代的"民
工"范畴来理解,而其所包括的除建筑工程之外,更多则是基础设
施建设、运输、水利工程和维护等,多由"义务工"来承担。其所说
明的,也许更是长期存在的城乡差别和两层(城市和乡村)分化的
身份制度,不是有无法律保护的城镇劳工问题。

黄家亮和汪永生研究的是两个不同类型的村庄,位于定县,是

民国时期晏阳初和西德尼·甘布尔（Sidney Gamble）等人致力于乡村建设工作的地方。他们的文章使我们注意到城镇非正规就业的农村背景，也是我们聚焦于城镇的农民工研究时很容易忽视的一面。他们论述了乡村就业的连续体：从全职耕作（2010 年约 2 亿从业人员），到部分耕作部分非农就业，诸如小买卖、工匠等（约 6 千万人），到乡村（镇）企业就业人员（约 1.59 亿，包括小城镇居民），再到完全城镇化的、如今已成为城镇非正规就业人员的绝大多数离土又离乡的农民工。（黄宗智，2013：表 3；《中国统计年鉴 2015》：表 4-2；本书表 1.3）来自农村的视角提醒我们，城市非正规就业人员是农村家庭的部分成员，我们需要关注其家庭在做什么，也要认识到，许多农民工仍然与其农村家庭紧密相关（笔者已另文详细论证，如今农业的机械化和其他现代投入的扩增，其资本多来自非农打工的收入，特别是"离土不离乡"农民工的收入——黄宗智，2016）。同时，黄—汪文还提醒我们，要关注数量庞大的乡村非农就业者，诸如小贩、工匠、小商业经营者等，他们从来没有得到劳动法规的保护，而一般关乎城镇非正规就业的研究都没有将他们纳入其中。① 由于他们大多住在乡村，也多以部分时间参与农业生产，当然可以被纳入"农民"范畴（黄家亮、汪永生，2017）。黄—汪文关于非正规经济的研究，贡献在于其基于村庄的视野。但同时，我们也要指出，上述关于新生代农民工的特征，是只能从城市的视角才能看到的。

朱爱岚（Ellen Judd）的文章告诉我们的是城市非正规就业下

---

① 中国的"乡村"统计指标不纳入城关镇以下的小城镇；"城镇"范畴只包含城关镇以上的大镇和城市。

层的情况。她的人类学叙述和洞见为我们生动地阐明了家庭护理工作的情况，既包含没有收入的自家人员护理，也包含外出有报酬的护理打工，而这些一般都没有被纳入非正规经济的研究。对这些护理工作者（多是中年妇女）来说，一个关键的问题是医疗保险。由于她们及其家人只能依赖新的农村合作医疗制度，而该制度基本只在家乡才起作用，对外出打工人员帮助不大。它所提供的大病保险水平要低于城镇人口的保险水平，而对长期性的老年残疾则基本不起作用。（朱爱岚，2017）护理工作者这个主题既是非正规经济范畴之内的，也是其外的，所提出的问题既关乎有报酬的护理工作，也关乎没有报酬的、涉及性别差异的工作。她们还让我们联想到其他研究不多的问题，例如"留守儿童"（共约6000万）。

与朱爱岚研究的中年妇女护理工作者不同，范潞潞和薛红文章研究的是经济较为发达的浙北嘉兴一群相对上层的、有技术的中年妇女非正规工作者。首先，由于该地相对优越的资源禀赋条件，地方政府已经为非正规就业者提供了相等或近乎等于城市的福利条件，包括子女上学的条件。同时，该地的市场供需状况也特别有利于这些从该地乡村工业化时期便已掌握一定技能的妇女，对其的需求已经达到供应的二对一或更高的比例。在那样的环境下，这些妇女确立了自身的主体性，能够以合作的形式在家里更为舒适、方便、自由地工作，并获取高达每天200元左右的报酬，处于非正规劳动者中较高的工资水平。（范潞潞、薛红，2017）范—薛的文章与朱爱岚的文章一道，阐明的是非正规经济中下层到上层的连续体。

陈慧玲（Jenny Chan）文章研究的是新近快速扩增的实习生劳

工现象。他们已经成为富士康和本田等公司常用的非正规劳工,并且是地方政府、技校和教员们积极协同组织的用工方式。这些所谓实习工其实常常得不到表达层面上所声称的技术培训,实际上只不过是一种廉价劳动力,工资低于正规工人,会被超时使用,一般为这些企业工作三个月到一年的时间。(Chan,2017)这里,我们可以进一步指出,这些实习生劳工如今已经成为"临时性、辅助性或替代性"的劳务派遣工的一个重要组成部分,并且,一如陈文所指出,不少是由派遣公司作为中介而为企业组织的。他们实际上也是中国就业非正规化大潮流的一部分。

当然,他们也和受惠于劳动法律和社会主义政策优惠的正规工人形成鲜明对照。如今,后者主要只包括大型国企越来越少的长期、正规工人,国家事业单位的正规职工以及政党机关和国家机构的干部与官员。他们和非正规化的、危难化的工人很不一样。今天,上述这些正规"工人"为数共约6000万,占到城市所有正规职工的大约一半。(黄宗智,2013:68,表5)

同时,大型国企实际上是率先使用劳务派遣工的单位,占据了比任何其他统计指标的企业(诸如有限责任公司、股份有限公司、港澳台投资单位,外商投资单位等)要多的派遣劳工,共16.2%。(全总,2012:23;详细探讨见本书第7、8章)我们所目睹的大趋势是,受到劳动法律保护的正规劳工近期很可能会变成主要是政党—国家体系的官员和公立事业单位的正规人员。

最后,吴介民的文章(吴介民,2017)强有力地指出,非正规工人或非正规经济是由外来资本、中央与地方政府、企业、工人多方面因素所共同塑造的。吴论证,不同的地方政策是如何决定了非正规就业的性质,同时也是被地方上的不同资源禀赋和税收的高低所塑造的。他使用了三大地方案例来说明其论点,即深圳、上海和(苏南的)昆山,它们各自有不同性质的外来投资(劳动密集还是比较资本密集),不同的地方政府资源(众多农民工[相对本地人口的比例]的沉重负担还是比较宽裕的税收资源),以及不同农民工的数量和性质。其结果是"公民身份的差序"。此文在阐明地方政府间的资源和政策差异上,贡献尤其突出。

以上的几篇论文说明,非正规工人的处境近年来虽然略有改善但仍然很"不稳定",一定程度上也比较"危难"。回顾过去 35 年,固然有一些进步:例如中央政府对拖欠工资所采取的行政措施,以及为工伤事件(2014 年全年达到惊人的 114 万起——人力资源和社会保障部,2015)设立了国家保险基金。中央政府也建立了新农村合作医疗制度,特别为在家乡的重病医疗提供了一定的医疗保险。同时,部分地方政府尤其是北京、上海、重庆等一线城市,以及相对比较资本密集生产的地区,如苏南和浙北(长江三角洲)地区,已经改善了部分农民工——特别是本市的农民工(区别于外来的农民工)——的社保待遇。此外,还有一些法律上的修正(如 2013 年对 2007 年劳动合同法的修正)和一些相关行政部门条例等。这些改善在一定程度上使正规与非正规之间的划分显得有点模糊,但总体来说,过去 35 年中就业的非正规化以及"危难"化大潮流应该可以说是无可怀疑的,它促使农民工成为城镇从业人员的大多数。此外,近年来伴随劳务派遣用工爆发性扩增而来的进一步非/去正规化和"危难"化,也是无可怀疑的。(详细论证见本书第 7、8 章)

六、两个点评意见

本专辑幸运地请到两位劳工研究的领军学者来点评以上的文章。李静君申明,我们研究劳工的学者必须超越正规经济而重视非正规经济,需要重新思考过去促使大家聚焦于旧型"无产阶级"研究的理论前提。更重要的是,要认识到劳动保障和福利国家仅仅是劳工和资本主义历史整体中短暂的一段时期,如今资本、国家与非正规劳动者之间的关系才是真正的关键。李引用汤普森(E. P. Thompson)的著作来指出,本章研究关注的方方面面都可以获益于更加鲜明地突出资本与劳工间的相互作用与斗争——"相互间的斗争"(relational struggles)——这一核心问题与研究进路。李从那样的角度对文章进行了精确的总结和评论,其文字清晰高雅,非笔者所能及(Lee,2017)。

我们这里也许还可以补充指出,近年来非正规劳工的情况虽然有一定的改善——部分由于集体和个人的抗争,但我们不应忽视其结构性的大趋势,即仍然不断扩大的非正规经济,仍然与旧式的、受到大国营企业比较优越待遇的产业工人之间的巨大差距。正如李在另一篇点评性的近作中所做的强有力的论析:我们不要因自身的唯意志主义诉求而夸大劳工们的能动性,夸大其罢工、其集体和个体抗争的效果,而忽视总体的结构。(Lee,2016)

最后,盖伊·斯坦丁以一个曾是 ILO 内部人员(也是令人敬佩的唱反调者)的身份,对非正规经济的范畴提出多方面的质疑,比如其与正规经济间的划分并不明确,非正规经济的工作情况常是一个跨度较大的连续体,非正规经济概念无法处理个体户和自有土地的耕作者等。(Standing,2017)但我们也可以简单地对斯坦丁的"危难工人"概念提出类似的相反质疑:如果"危难工人"的核心定义是其临时性和非全职性,我们该怎样不以"非正规经济"范畴而照顾到数量庞大的全职、长期农民工? 我们怎样仅凭临时性(和伪临时性)的概念,而不采用长期、全职当中正规与非正规的不同来理解"劳务派遣工"? 我们又该怎样区别在城镇暂时居住的旧一代农民工和不再返回农村的新生代农民工? 至于小农耕作者"危难工人"范畴要比"非正规经济"更不合适。

在我看来,我们需要区分旧式受到较多优惠的产业工人——那是马克思主义学术研究聚焦的"无产阶级"——和比较新型的非正规以及"危难"工人。这应该是一个没有争议的意见。我也同意我们应该从劳工范畴中排除斯坦丁所谓的"领薪阶级"(salariat),其中包含一定数量的正规产业工人。当然,也应排除其所谓的专业和高技术人员,"专技人员"(proficians)工资较高,虽然不一定稳定(Standing,2014)。我们也应该从非正规经济或非正规就业中排除占有土地(承包)权利的小耕作者以及乡村的自雇者——他们从来没有被纳入劳动法律的保护(黄宗智,2013)。虽然,正如本书第一章指出的,他们和"农民工"之间具有千丝万缕的关系,同是"半工半耕"农户的成员。但无可置疑的是,中国大多数的农民工、下岗工人以及劳务派遣工都可相当恰当地被纳入 ILO 的非正规经济/非正规就业范畴,也可以被纳入斯坦丁的"危难工人"范畴。

对斯坦丁来说,其"危难状态"(precariousness)概念所指的主要是心态和日常生活情况,多于生产关系和生产情况。对此,中国的农民工颇为适合，因为他们既是非正规就业者（没有或少有法律保护，没有或少有社会福利），也是"危难"人员，因为他们没有稳定的职位且相较城镇居民存在身份上的差异。在农民工的整体中，最适合斯坦丁"危难工人"范畴的也许是新生代农民工，其平均年龄才 23 岁。对他们来说，斯坦丁所谓的"危难状态"（precariousness, precarity），不一定是诸如发达国家那样也许只是人生中的一个阶段，而很可能是一种长久的生存状态。他们因此特别适合斯坦丁关于"危险阶级"的描述：比他们的父母亲更高度城镇化、具有较高的教育水平、更熟悉互联网、更熟悉城市生活的潜规则、更强烈地感到异样。他们的情况说明的是十分紧急的诉求——要求国家采取更有效的改良措施，也要求企业和资本，不仅是中国的也是全球的，对他们做出实质性的让利。

参考文献：

范潞潞、薛红（2017）：《非正规就业中的女工自组织与劳工力量——以嘉兴服装业的合作生产队为例》，载 *Rural China*，14.1：61—81，中文版见《中国乡村研究》第 14 辑：第 57—77 页，福州：福建教育出版社。

国家统计局（2009、2014、2015）：《农民工监测调查报告》。

黄家亮、汪永生（2017）：《华北农民非正规就业的微观形态：基于河北定县两个村庄的考察》，载《中国乡村研究》第 14 辑：第 98—102 页，福州：福建教育出版社，英文版见 *Rural China*，14.1：101—127。

黄宗智（2009）：《中国被忽视的非正规经济：现实与理论》，载《开放时代》第 2 期：第 52—73 页。

黄宗智（2010）：《中国发展经验的理论与实用含义——非正规经济实践》，载《开放时代》第 10 期：第 134—158 页。

黄宗智(2011)：《中国的现代家庭：来自经济史和法律史的视角》，载《开放时代》第 5 期：第 82—105 页。

黄宗智(2013)：《重新认识中国劳动人民——劳动法规的历史演变与当前的非正规经济》，载《开放时代》第 5 期：第 56—73 页。

黄宗智(2016)：《中国的隐性农业革命，1980—2010——一个历史和比较的视野》，载《开放时代》第 2 期：第 11—35 页。

刘大卫(2011)：《劳务派遣对中国未来劳动力素质的影响一项基于上海 36 家国有企业调查数据的实证分析》，载《云南社会科学》第 5 期：第 74—78 页。

吕途(2013)：《中国新工人——迷失与崛起》，北京：法律出版社。

吕途(2015)：《中国新工人——文化与命运》，北京：法律出版社。

全国总工会新生代农民工问题课题组(2010)：《关于新生代农民工问题的研究报告》，载《工人日报》，6 月 21 日，http://news.xinhuanet.com/2010—06/21/c_12240721.htm.

全总劳务派遣问题课题组(2012)：《当前我国劳务派遣用工现状调查》，载《中国劳动》第 5 期：第 23—25 页。

人力资源和社会保障部(2013)：《劳务派遣暂行规定》，http://finance.sina.com.cn/china/20140126/193718089441.shtml.

人力资源和社会保障部(2015)：《中国社会保险发展年度报告》(2014)，http://www.chinazxx.com/show.asp? id=1917.

王春光(2010)：《新生代农民工城市融入进程及问题的社会学分析》，载《青年探索》第 3 期：第 5—15 页。

《中国统计年鉴 2015》，中国统计出版社。

《中华人民共和国劳动法》(1994)。

《中华人民共和国劳动合同法》(2007)。

《中华人民共和国劳动合同法(修正案)》(2012)，http://news.china.

com.cn/txt/2014-05/07/content_32317182.htm.

Chan, Jenny. (2017). "Intern Labor in China," *Rural China* 14.1: 82—100, 中文版见陈慧玲(2017):《中国的实习劳工》, 载《中国乡村研究》第14辑: 第78—97页, 福州: 福建教育出版社。

ILO (International Labor Organization). (2014). *Women and Men in the informal Economy: A Statistical Picture*, 2nd ed. , Geneva: International Labour Office.

Judd, Ellen. (2017). "Care Work in China—in and Beyond the Informal Economy," *Rural China* 14.1: 42—60, 中文版见《中国乡村研究》第14辑: 第40—56页, 福州: 福建教育出版社。

Lee, Ching Kwan. (2016). "Precarization or Empowerment? Reflections on Recent Labor Unrest in China," *J. of Asian Studies* 75, 2 (May): 317—333.

Lee, Ching Kwan. (2017). "Mapping the Contested Terrains of Precarious Labor in China," *Rural China* 17, 1: 155—164, 中文版见《中国乡村研究》第14辑: 第144—152页, 福州: 福建教育出版社。

Park, Alhert, Yaowu Wu, and Yang Du. (2012). "Informal Economy in China: Measurement and Implications," World Bank Working Paper 77737, July.

Standing, Guy. (2011). *The Precariat: The New Dangerous Class*, London: Bloomsbury Academic.

Standing, Guy. (2014). "The Precariat and classs truggle," http://www.guystanding. com/files/documents/Precariat _ and _ Class _ Struggle _ final _ English.pdf.

Standing, Guy. (2017). " The Precariat in China: a comment on conceptual confusion," *Rural China* 17, 1: 165—170.

Swider,Sarah.(2017)."Informal and precarious work：the precariat and China,"*Rural China* 14.1：19—41,中文版见《中国乡村研究》第 14 辑：第 16—39 页,福州：福建教育出版社。

Wu Jieh-min 吴介民(2017),"Migrant citizenship regimes in globalized China：a historical-institutional comparison,"*Rural China* 14.1：128 —154,中文版见《中国乡村研究》第 14 辑：第 121—143 页,福州：福建教育出版社。

第七章 中国的劳务派遣:从诉讼档案出发的研究(之一)[①]

"劳务派遣"是中国 2007 年劳动合同法(2008 年实施)引入的一个新法律范畴。它的核心定义是"劳务派遣一般在临时性、辅助性或者替代性工作岗位上实施"(第 66 条),与正常的长期岗位含义很不一样。该法规定,劳务派遣工与企业之间的关系是"劳务关系",区别于正规的"劳动关系",据此,企业成为"用工单位"而不是"用人单位"。根据迄今比较可靠的数据,到 2011 年 6 月,全国已有 3700 万企业劳务派遣工。(全总,2012)如今媒体最常用的数字是 6000 万劳务派遣工。更精确的数据尚有待于未来的监测调查,但没有疑问的是,今天劳务派遣工已经越来越多地被中国的企业所采用,并且不仅对新雇用的员工使用,对原有的正规员工也使用。

[①] 本文原载《开放时代》2017 年第 3 期:126—147。略有调整。

目前已有不少关于法律条文的分析，据此做出论析。但是，法律文本本身其实多有模糊不清，乃至误导和自相矛盾之处，仅凭文本分析不足以有说服力地阐明新法律的实用和理论含义。本章试图从研究法律是如何被使用出发，来论证劳动法和劳动关系在实践之中是如何被改变的，并借此来澄清劳务派遣工的性质和其背后的法理。

本研究的经验证据主要来自最高人民法院丰富的裁判文书数据库（中国裁判文书网，http://wenshu.court.gov.cn/）。它包含 140多万件 2000 年以来的民事案件裁判文书，并且可以方便地按案由、关键词、法院层级、年代等搜索。2016 年 10 月 26 日，用"劳务派遣"案由搜索，共得出 2007 年以来的 32 393 个案件，进一步用"劳动争议"关键词搜索，得出其中的 6267 件，再限定"基层法院"，得出 3649 起案件。

这里需要说明，法院案件代表的不过是所有涉及劳务派遣问题的劳动争议中的一小部分。在中国处理劳动争议的制度中，共有三条解决劳动纠纷的途径：调解、仲裁和诉讼。当事人可以选择不经过调解便直接进入仲裁，但如果要诉诸法院，则必须先经过仲裁（仲裁乃是起诉的前置条件）（《中华人民共和国劳动法》，1994：第 79 条）。大部分的劳动争议是通过当地（人力资源与社会保障部门下属）的劳动争议仲裁委员会仲裁解决的，而不是由法院来处理的。最高人民法院的裁判文书库显示，近年来涉及劳务派遣的劳动争议案件一直在快速增加：2007 年只有 3 件，2008 年 6 件，2009 年 13 件，2010 年 10 件，2011 年 22 件，2012 年 59 件，2013 年 248 件，2014 年 1255 件，2015 年 1119 件。本文选择了 2012 年的案件来集中分析，共有 57 件（另有两件是重复的），那年是案件数量开始快速攀升的头一年。其较小的数量允许我们对案例进行深入的质性分析，也给予我们不同类型案件的大致比例。它们既能够说明劳务关系的性质，也能说明关乎其争执的快速扩张的缘由。

2012 年的案件可以划分为几个不同组别。首先是涉及大型国有企业（及其子公司）与其工人（包括新近雇用的和被更换劳动身份的旧工人）之间的争执，共 16 起。在世纪之交的"抓大放小"政策下的中、小国企私有化之后，中国仍然有共约 120 家大型国企，每家分别有约 1000 家子公司，总数约 120 000 家公司，占据国内非农生产总值的大约 40% 到 50%。（Szamosszegi and Kyle，2011；cf. Huang，2012：594）我们的案例涉及不少广为人知的国企。这些案例告诉我们企业与员工间的关系是如何被企业把劳动派遣公司置于其间而更改的。它们为我们说明"用工单位"与"用人单位"，以及"劳务关系"与"劳动关系"之间不同的实用含义。

第二组案件关乎劳务派遣公司与其（签订合同的）工人之间的争议，共 14 起。这些案件阐明的是劳务派遣公司与其工人间的实际关系。我们先检视工人成功维权的案例，而后再分析其所面对的一系列障碍和困难。这组案件为我们说明的是，劳务派遣公司对工人们负有一定程度的法律义务，主要是不可违反合同规则以及异常具体的合同条款，但是，也说明工人要针对劳务派遣公司而维权是比较困难的事。

文章然后转入对劳务关系和其他几种工作关系间的异同的进一步分析和说明。首先是一家承包公司与其工人之间的争议（共 23 件）：在法院和法律眼中，此家公司其实与一般（没有采用劳务派遣公司为中介的)旧型企业与工人间的劳动关系是一样的,因此,能够为我们进一步澄清其性质。再则是一个出租单位和其工人与承租公司间的关系("租赁关系")(1件)。最后是两件被裁定为"代理关系"的案例。[①] 这些案例有助于进一步澄清本章所集中分析的三大类劳工关系:(企业与工人间的)新型的劳务关系、新兴的劳务派遣公司与其(签订合同的)工人间的关系,以及旧的(企业与工人间的)劳动关系。

我们将看到,至为重要的是,在旧型的劳动关系之中,用人的企业既是与工人签订合同的单位,也是管理工人的单位。在新型的劳务派遣关系中,两者则是分开的,与工人签订合同的是中介性的劳务派遣公司,而实际上管理工人的则是企业本身。结果是在法理和司法实践中留下了一个管理实施的灰色空间。本章最后根据以上的论析来把劳务派遣置于全球化了的劳工社会—经济和法律历史整体框架中来理解。

一、国有企业、劳务派遣公司以及其工人

在我们的57起案件之中,有16起是关于国有企业和其工人间的关系的案例。他们说明国有企业怎样使用劳务派遣公司来防御工人们的维权要求。在争议中,工人们最常用的是劳动合同法中两条带有实质性经济补偿的规定,一是关于非法解除合同的经济补偿:"按劳动者在本单位工作的年限,每满一年支付一个月工资

[①] 最后一个案件(57),只涉及一个地方法院的管辖权问题;法院认为原告应该在另一个区法院提出控诉。

的标准向劳动者支付……向其支付经济补偿的年限最高不超过十二年。"(第47条)另一条也和合同法规相关："用人单位自用工之日起超过一个月不满一年未与劳动者订立书面合同的,应当向劳动者每月支付二倍的工资。"(《中华人民共和国劳动合同法》,2007:第82条)但在我们所有这些案例之中,没有一位劳动者成功地获得了这样的补偿。那是因为这些国企早就把这些劳动者换成或置于劳务派遣的范畴之下了。

(一)东方航空公司与三名水电维修工人

首先是涉及东方航空公司下属的子公司西北航空公司与其三名水电维修工人间的争执。周宏礼(1975年出生)从2000年开始在该公司工作。周诉称他每个周六和周日都要值班,常常超时工作。而且,公司一直都没有与他订立正式的合同(虽然如此,他其实早已在法律上与公司建立了"事实劳动关系")。2005年,公司让他和启航(劳务派遣)公司签订了合同。周说他没有选择,也不知道这样做会有什么后果。(但实际上,此举已把他与公司的关系从"事实劳动关系"转为"劳务关系",把公司从他的"用人单位"改作劳动合同法所规定的"用工单位"[第58条],不再需要对他负社会保险、加班费、休息日和假日工资报酬等责任。)2011年7月,在为公司工作了11年之后,周被启航派遣公司通知解除合同。(案件1)

周依照规定程序先向该地劳动仲裁委员会申请仲裁,被驳回后,向法院起诉。周声称他与西北航空公司的关系是"事实劳动关系"。离职时公司支付他被解除合同的经济补偿,共 12 150 元。同时,他要求公司补偿他历年的加班费和休息日与假日的法定工资补偿,总共约 21.6 万元。

法院的判决文书虽然写得比较复杂模糊,但最基本的要点是认定周和西北航空公司的事实劳动关系在他与启航派遣公司签订合同之后便自行解除了,而他与启航公司的合同则是个劳务派遣合同。法院引用了该合同中这样一句话"如用人单位物业管理模式发生调整后,本人同意按合同条款执行终止本合同"。据此,法院驳回周的诉求。另外,法院指出,周在关于加班费的要求中,只提供了(自己的)"工作日志",仅为其本人的记录……不能充分有效地证明加班事实的存在。

另外两名工人,惠绪庆(1959 年生)1999 年开始工作,曹成会(未登记出生日期)2007 年开始工作,情况基本一样。一旦与启航派遣公司签订了合同,他们的法律身份便被转化为劳务派遣工,与西北航空的关系不再是正常的劳动关系。因此,劳动法所规定的一系列关乎劳动保护的法律也就不再适用于他们。(案件 2、3)

至于东方航空的子公司西北航空,它显然非常有意识地在 2007 年劳动合同法颁布之前便已于 2005 年让周宏礼等与启航签订了劳务派遣合同。一旦签订了那样的合同,西北航空相对这些工人便变成"只用工,不用人"的单位。它可以无约束地解除合同,也可以无视加班费和休息日与假日用工报酬。这样,3 名分别已经工作了 11、12 和 4 年的工人,基本被无偿地单方面解除合同。

(二)中国石油天然气集团公司与其采油工人

中国石油天然气集团公司与一名工人之间的纠纷与上述情况基本一样,但还涉及了工伤问题。石永刚在中石油设立的技校被培训了一年,而后以实习生的身份为单位工作一年(每月生活补贴费 300 元)。其后,被派到中石油在甘肃的子公司长庆油田分公司下属的采油二厂工作。2009 年 1 月 30 日,石不幸在工作中被夹掉右手食指到小指四个手指(看来,石在起诉前已经获得了工伤赔偿,但裁判文书没有相关细节)。他在法院提出诉讼的目的是要证明自己与公司之间的关系是(正规的)劳动关系,希望能够借此获得被解除合同的经济补偿以及自己无合同工作两年的双倍工资。

但我们发现,石永刚的工作合同其实是宏田劳务中介公司与他签订的。可能是因为石和他的律师知道宏田只是个小公司,不能满足他的要求,或者是因为他们认为实际的雇用单位才理所当然应当对他负责,所以他们指定的被告人是中石油下属的采油二厂。但法院认定,其实采油二厂早已被分成两个不同的公司,一是采油二厂,二是第四项目部,而石被派遣去工作的单位是后者,不是前者。因此,法院认定石的"起诉被告主体不适格",并建议石应该以该项目部为其指定的被告。(案件 4)

据此,石永刚再次起诉,指定第四项目部为被告,宏田派遣公司为有连带责任的"第三人"。但采油二厂已提前设立了临时性的第四项目部,并完全通过劳务派遣公司为中介来雇用其员工。法院因此判决,石和采油二厂"不存在劳动关系",因此不适用经济补

偿和未签合同用工要支付双倍工资的法律条款。(案件5)

(三)中交第一航务工程局有限公司与四名罐车驾驶员

类似的情况也出现于中交一航局(大型国企,海港建设单位)下属的青岛市第二工程有限公司和其四名罐车驾驶员之间。贾秀生(1979年出生)在2007年开始工作,张玉春(1978年出生)同年开始工作,王信(1979年出生)2008年开始工作,邱洪维(1986年出生)2009年开始工作。他们都是由派遣公司惠民劳务合作公司,以为期一年一签的劳务合同,派遣到第二工程公司供职的罐车驾驶员。2011年,他们的合同全被终止。(案件6、7、8、9)

四名工人都起诉第二工程公司,要求被解除合同的经济补偿。同时,声称每周工作不止五天,每日工作不止8小时。据此,要求加班费和休息日工资,数目要远高于前者。

法院拒绝了他们所有的要求。首先,认定第二工程有限公司只是"用工单位"而不是"用人单位"。这是劳动合同法(2007)确立的劳务关系和劳动关系间的关键不同。因此,4人的情况并不适用"劳动关系"的条款。法院进一步说明,"罐车驾驶员是以运输趟次计算劳动报酬,拉的趟次越多,收入越多"。据此,谈不上加班费。而且,法院认为他们并没有"提交有效证据"予以证明其加班的事实。

(四)中国银行与两名驾驶员

涉及中国银行的两个案件也基本一样。王志岗(1965年出生)从1993年开始在中国银行山东省分行当驾驶员,被派到其在青岛的中苑集团子公司以为期一年一签的合同工作了两年。其后又被派到一系列相关的公司工作,基本都是为期一年一签的合同,其中有两年是明确与派遣公司签订的"劳务派遣合同",其余则都是"劳动合同"。2011年3月18日,王被最后一家公司——中房物业公司通知解除合同,但中房并没有给王办理必需的手续——解除劳动关系证明、档案等,致使46岁的王不能享受失业待遇或重新正常就业。

王在法院诉称,自己和中行的关系乃是"劳动关系",历年在其他公司的工作都是由中行派往的,所以其劳动关系是与中行的关系而不是与其他公司的关系。据此,王要求经济补偿,包括中行与其未签订合同的一段时间内工作的双倍工资,共95 600多元,加班费119 164元,以及未办理解除合同手续对其所造成的损失10万元。

法院裁定,王与中行"不存在劳动关系",王历年来的工作合同都是合法的。对其所提的多项要求,法院只认可因中房公司没有为王办理解除合同必需的手续而造成的从2011年3月到2012年11月间王没有工作的损失(按照青岛市待岗工资标准的80%计算),共18 608元。那是因为中房违反了合同法规。法院驳回了王的其他要求。(案件10)

在另一个案件中,驾驶员蒲磊(1974 年出生)起诉中行,其情节基本一样。蒲在 1993 年开始工作,被派到一系列不同的公司,最终在中房公司。中房同样在解除了蒲的合同之后没有为他办理必需手续。法院认定蒲磊与各家公司历年签订的都是劳务派遣合同,与中行不存在劳动关系。法院同样只认可蒲的众多要求之中的一项,即中房公司未为其办理解除合同的证明与档案,致使蒲在 2011 年 7 月到 2012 年 11 月间不能重新就业,损失 15 528 元。(案件 11)

这样,两个工人都在工作了将近 20 年之后,在已到中年的人生阶段时,突然失业并只获得了十分有限的补偿,而且只是因为中房公司十分恶劣地违反合同法规而未为他们办理必需的解除合同手续。

(五)陕西汽车集团与四名工人

以下的案件同样说明了企业是如何使用劳务派遣公司来摆脱企业的部分义务。被告是国企陕西汽车集团下属的子公司陕西华臻三产工贸有限责任公司(华臻公司),主要业务为汽车与摩托车加工与制造,员工 900 人。周喜全 1965 年出生,记录中明确注明是农民),法院作出裁判时 47 岁,从 2006 年到 2011 年在公司无合同工作。2010 年 5 月,公司让他与宝鸡伯乐人力资源有限公司签订劳务派遣合同。周说公司一名叫李春江的职员对他解释说,签订合同后公司会为他交纳各种社保费,但如果不签,他将会失去此份工作。他最终签了,虽然公司根本就没有让他看合同。之后,宝鸡派遣公司确实为他交了社保费，但只交了几个月。2011年7月，周被公司不经协商单方面解除合同。

周喜全向该地劳动仲裁委提出了申请，被拒绝后，起诉要求公司为他补交5年工作期间未交的社保费，补偿他在未签合同条件下工作的双倍工资，以及单方解除合同的经济补偿，共约40 000元。（案件12）

法院认定，周喜全确实与华臻公司建立了事实劳动关系，但是，一旦与宝鸡派遣公司签订了劳务派遣合同，他"与被告公司（华臻公司）的劳动关系便自行解除"。法院解释说，这是因为"劳动关系的排他性"，只可能是单一种关系。法院还说明，他是在2010年5月和华臻公司签订劳务派遣合同的，但他在2011年8月才向仲裁委提出申请，已经超过一年的申请时效。据此，法院驳回了他的要求。这样，此位47岁的农民工，在与华臻公司建立了事实劳动关系并为其工作了5年之后，就此失去了工作。

其他三个案件的情节与此基本相似，原告也都是农民身份的工人。陈建军（1968年出生），从2005年开始在华臻工作；朱江涛（1977年出生），从2007年开始工作；李刚刚（1980年出生），也从2007年开始工作。他们都与华臻建立了事实劳动关系，但在2010年5月都被公司李春江逼迫诱引签订了劳务派遣合同。他们都希望确立自己与华臻公司的事实劳动关系，但都被法院认定为劳务派遣工。他们的要求全都被驳回。（案件13、14、15）

（六）烟台市公交集团与其大客车驾驶员

最后一个案例是烟台市公交集团与其一名（公共）大客车驾驶员间的争执。赵斌是由永德人力资源服务有限公司派遣到烟台公交工作的，其合同期是2008年11月到2011年6月。其后，赵被派遣公司（不经协商）解除合同。赵先向仲裁委申请仲裁，被拒绝后起诉，要求烟台公交给他补支周六周日休息日的加班费、假日工作工资共27 770元，以及单方终止合同的经济补偿。

法院判决，赵的合法关系在永德派遣公司，而不是烟台公交。后者已从烟台市政府获准"实行不定时工作制"，并与永德派遣公司签订了协议。因此，赵无疑是处于劳务关系下的派遣工而不属于正式的劳动关系。据此，法院驳回了赵的要求。（案件16）

（七）劳务派遣和派遣公司的含义

以上16个案件说明的关于劳务派遣的基本含义是比较清楚的：大型的国企，包括我们都熟悉的一些大公司，早已把其部分工人身份改为劳务派遣公司派来的派遣工，包括东方航空的水电维修工、中石油的采油工、中交一航的罐车驾驶员、中国银行的驾驶员、陕西汽车集团的农民工以及烟台公交的大客车驾驶员。那样一来，企业把自身从"用人单位"改为"只用工、不用人"的单位，成功地免除了自身对工人的法定义务。以上所有的工人起诉要求未签合同工作双倍工资以及被解除合同的经济补偿全都被法院根据劳务派遣法律驳回。

我们也要注意到，这些工人虽然都是比较低层的员工，但不仅仅是无技术的体力劳动者：他们包括技术工人，如采油工（是上了中石油自设的技校和在"转正"前当了一年实习工的工人），也包括水电维修工人、罐车驾驶员、长期的驾驶员以及公交大客车驾驶员。

之前，"劳务派遣"一词曾经被用于国家派遣到在华外国人家或单位工作（一定程度上涉及国家安全）的工人。后来在世纪之交又被用于国家设立的，为下岗工人安排再就业的机构。直到 2007 年在新颁布的劳动合同法中，才被用于"临时性、辅助性或者替代性"的工人，被置于（与其实际的雇用企业）非正规的"劳务关系"，而不是正规的"劳动关系"之下。（详细论述见本书第 1 章）。我们看到，这些企业不仅把劳务派遣范畴广泛用于临时性工人，也用于长期的全职工人。可以见得，劳务派遣工其实是"非正规经济"，即少有或没有法律保护、少有或没有社保——最新一轮的扩展。（黄宗智，2013；黄宗智，2017）

最后，我们还要注意到，新法律在理论层面上依赖的主要是合同法理。在它之前的（改革期间的）1994 年劳动法，主要关注的仍然是产业工人相对管理方的保护，诸如合理的工作时间、加班和休息日与假日工作应有的报酬、有尊严和安全的工作环境、不被非法解雇、保证医疗和养老保险、对妇女和未成年工人的特殊保护等。在劳动法律中，合同原理只起到较为有限的作用。1994 年的劳动法在十二章中，只用一章来列出关乎合同的条款。（《中华人民共和国劳动法》，1994）2007 年的劳动合同法则不同，一如其标题所表明，是以合同逻辑来组织和主宰的劳动法律。其基本逻辑已从原先的保护弱势的工人（相对企业管理方）改为合同法理。而劳务派遣合同乃是其中的一个重要组成部分，其实际效果是借助派遣中介公司把企业本身置于劳动法律保护适用范围之外，使企业成为"只用工、不用人"的单位，不必负担对其工人的法定义务。

在劳务派遣的法律范畴外，另一重要因素是被相当普遍采用的"霸王合同""惯习"（被雇者多在签订合同几分钟或最多几小时前才会看到合同的文本，甚至根本就看不到合同，在那样的情况下，不言而喻的是，合同是没有经过商议的），也是导致上述情况的一个原因。雇用单位与被雇者之间实际上多存在不对等的权力关系，而理论上合同是在市场经济中，由权力对等关系的实体之间自愿签订的协议。劳动合同法正是凭借那样的逻辑来重组工作关系（下面还要讨论）——我们已经看到，它是怎样把企业与工人的关系重新定义为劳务派遣公司与（跟其签订合同的）工人之间的关系。

二、劳务派遣公司的合同义务

在新的合同法理下，要对工人负担法定义务的不是原先的企业而是签订合同的派遣公司。下面我们将看到，哪些义务是比较有限的，但是需要我们来仔细分析清楚，并说明其具体的界限。

首先要说明，劳动合同法文本本身比较含糊不清，乃至于自相矛盾。一方面，它说明劳务派遣工"主要在临时性、辅助性或者替代性工作岗位上实施"，而使用派遣工的企业只是"用工单位"，不是"用人单位"，不必负担对工人的法定义务，一如上述案件所阐明的那样。但是，另一方面，劳动合同法又在劳务派遣一节的第二个条款中声明："劳务派遣单位是本法所称用人单位，应当履行用人单位对劳动者的义务。"（第58条）我们要问：在实际运作中，此款到底起到什么样的作用？

此外，我们还要认识到，工伤案件情况比较特殊。他们主要是按照国家行政法规来处理的——国家在数量惊人的工伤事故出现之后，采取了一系列应对措施。我们将看到，派遣公司在这方面要对其工人负比较严格的责任。

对有的读者来说，使人惊讶的也许会是在劳动合同法下，工人起诉派遣公司维权的成功概率要高于起诉有劳务派遣护身符的（实际雇工的）企业。前者对工人要负一定的义务，后者则不必。其中关键在于证明派遣公司违反了合同规则或具体条款。合同逻辑带有一定的双刃性：一方面，它可以被用来阻挡工人要求企业对其肩负责任，一如上面论述的那样；另一方面，它在一定程度上可以被工人用来迫使派遣公司遵守合同法规。

（一）派遣公司不可随意违反合同规则

下一个案件说明的是，一个派遣公司因其比较极端的违反合同法规行为，而被判定必须对其工人负法律责任。四川攀枝花市的一家某某派遣公司派遣了11名在四川招募的工人到广东惠州市的成都某某石化公司的石化厂维护检修其设备。工人们在2010年11月17日到达（有几位12月才到），一直工作到2011年8月。

攀枝花的派遣公司一直没有与工人们签订合同,也没有为其提交社保,到了7月份则连工资都没有发。

同年8月,工人们向当地仲裁委申请仲裁,要求攀枝花公司支付未签合同工作期间的双倍工资、支付拖欠工资,以及解除合同的经济补偿,得到仲裁委的认可。攀枝花公司因此起诉11名工人,试图推翻仲裁委的裁决。同时,攀枝花公司指定成都的某某石化公司为有连带责任的"第三人"。

法院首先裁定,成都公司已经按照协议支付派遣费给攀枝花公司,没有其他的法律义务;攀枝花公司才是与工人们具有劳动关系的用人单位。因此,必须向他们支付违反合同规则的补偿:没有合同用工的双倍工资,约25 000元一人;拖欠的7、8月份工资,约6000元一人;单方解除合同的经济补偿,3700元一人。(案件17)11名工人的总额达到将近40万元。在这个案例中,劳动合同法对工人们起到了确切的保护作用。①

(二)派遣公司不可任意解除工人合同

一旦作为中介的派遣公司和工人签订了合同,建立了所谓的"劳动关系",工人可以有不被任意解除合同的权利。以上攀枝花公司的案件已经提供了一个案例。另一个案件更为明确集中地说明了此点。驾驶员张绪程在2009年被派遣公司宁波杰艾人力资源有限公司派遣到温州顺衡速运有限公司工作。后来,杰艾更与张

_____

① 有点意外的是,攀枝花公司是个规模不小的派遣公司,与攀枝花市国企石化公司具有长期的合作关系,没有因此而倒闭。

签订了很具体的 2011 年 8 月 19 日到 2014 年 8 月 18 日为期三年的合同。但是，2012 年 12 月 15 日，杰艾通知张将解除与他的合同，给出的理由是张和一位同事发生争执，有肢体的冲突，违反规定。法院认为，张虽然确实与同事发生纠纷与肢体冲突，但杰艾并没有提供足够的证据证明张已违反了劳动合同法第 39 条规定的情形（"严重违反用人单位的规章制度"），据此，支持张要求的被非法解除合同的经济补偿，计 16 394 元。此案也说明，劳动合同法在违反合同规则和具体条款方面确实对派遣公司具有一定程度的约束力。（案件 18）①

（三）派遣公司对工人工伤有义务

派遣公司也要对工人工伤负一定的责任。伴随农民工非正规就业的扩展，尤其是在建筑业和制造业中，工伤量已经达到惊人的数字。根据人力资源和社会保障部新近的数据，2014 年全国工伤事件达到 115 万起，其中，被评定伤残等级的人数是 55.8 万人。（人力资源和社会保障部，2015）面对快速增加的工伤事件和社会上对

---

① 在另一个比较特殊的案件中，文博公司派遣销售员林娣到杭州的远望公司去工作，与她签订了极其详细的合同，说明每月工资 1310 元，由派遣公司支付，销售口腔护理产品提成 3%，洗护和清洁用品提成 5%，由远望确定但仍然由文博发放，还确定了工作时间、休息日等细节。合同期满后，林娣桉合同条款申请仲裁，要求远望公司和文博公司支付加班工资和未得的提成，共约 2000 元。其后，远望公司起诉林娣和文博派遣公司，说林娣与远望不存在劳动关系，文博才是其用人单位。法院予以支持，判决由文博支付林娣 2000 元。另外，林娣要求文博为她补交社保费，此点法院不予以支持，认为社保争议"不属于法院审理劳动争议的范围"。（案件 19）

其的广泛关注，国家在 2003 年设立了全国性的工伤保险基金，公布
《工伤保险条例》（2003 年公布，2010 年、2016 年修改），建立了比
较严格的制度。工伤分为十个等级，最严重的一到四级（不再能工
作），国家利用工伤保险基金给予一次性的伤残补助金，最高是相
当于 24 个月的工资（死亡的话，48 到 60 个月），另加每月 90%、
85%、80%、75% 的不同等级伤残津贴。第五、第六级的一次性伤残
补助金是 16 和 14 个月的工资，用人单位也要为其安排适当的工
作。至于经双方协商解除合同的工人，用人单位要支付给工人
70% 和 60% 的按月工资等。（《工伤保险条例》，2003）在国家采取
的行政法规（而不是法律）下，伤残补助和津贴制度施行相当严格。

　　我们的案件中有两起涉及劳务派遣公司被判负担伤残补助金
和医疗费用义务的例子。张正才由巴中市诚达人力资源有限公司
派遣到南京大吉铁塔制造有限公司，从 2011 年 2 月 14 日开始工
作。2011 年 4 月 19 日，张因工伤（细节不详）在南京住院 21 天，然
后回老家住院 77 天，医疗费用共约 20 万元。法院判决，令派遣公
司诚达支付医疗费用（大吉铁塔公司负"连带责任"），另支付停工
留薪期工资 10 000 元、一次性伤残补助金 32 500 元以及一次性伤
残就业补助金 45 444 元。（案件 20）

　　在另一个案件中，邬大金被成都海华劳务派遣公司派遣到四
川省运动技术学校当厨师，2007 年 8 月 26 日开始工作。2011 年 1
月 18 日，邬在上班途中被一辆小货车撞伤，被鉴定为工伤六级伤。
邬从保险公司获得 12 万元的医疗费。他起诉海华公司和运动技
校，要求支付剩余的 12 万元医疗费。法院首先认定运动技校没有
责任，因为"劳动关系存在于劳动者和劳务派遣单位之间，劳务派

遣单位是用人单位",而且事故发生在校外,运动技校也没有任何违反劳动合同法的行为。据此,法院判决由海华派遣公司支付剩余的约 12 万元医疗费。(案件 21)①

三、工人从派遣公司获得补偿的多重障碍

但是,我们不可仅凭以上的案例便认为工人相对劳务派遣公司具有完全的劳动保护权利。我们需要进一步认识到工人维权所面对的多重障碍和困难。

(一)社保不属于法院审理范围

首先,法院在 2007 到 2012 年间一般不审理关于社会保险的争议,工人们几乎没有可能迫使派遣公司为他们支付社保费。王红萍从 2006 年 12 月 1 日开始在宝鸡市忠信通讯有限公司工作,于2009 年 1 月 1 日与宝鸡市资信劳务派遣公司签订了派遣合同。2011 年 6 月 29 日王向仲裁委申请要求忠信公司为她补交 2006 年到 2008 年的养老保险费,并支付解除合同经济补偿金,获准。但忠信公司起诉要求推翻仲裁委的裁决,说王是派遣工,与忠信不存在劳动关系,谈不上解除合同经济补偿金。而且,王提出补交养老金

---

① 在第三起案件中,梁明声是广西辉煌房地产咨询服务有限公司的一名保安,也是销售员,从 2009 年开始工作,负责晚上 8 点到早上 8 点的夜班。2011 年 3 月 26 日晚 11 点梁突然在值班时间病发身亡。该地仲裁委认为梁和房地产公司并不存在劳动关系。梁母和孀妇以及两位亲戚起诉要求认定他和公司具有劳动关系。法院根据中国银行分行的工资支付记录(盖有辉煌房地产公司公章)以及医院急救中心的记录,认定梁确实和辉煌公司具有劳动关系并且是在上班期间病故。(案件 22)

的申请已经超过一年的时限。（案件 23）

　　法院支持忠信公司，认定王与忠信的关系乃是劳务关系，忠信无需承担解除合同经济补偿的义务。至于社保费，法院特别指出"缴纳社会保险费用，不属人民法院的受案范围"①。这个观点和世纪之交在"抓大放小"的国企私有化过程中国家所采取的立场是一致的，法院不受理企业与工人关乎社保的争执，规定要由企业与工人自身来处理。上面我们已经看到，在林娣与远望公司关乎社会保险的争执中，法院采取了同样的观点［见案件 19，本章第二节（二）注 1］。在另一个案件中，法院在关于养老金的一项争议中，同样判决"关于原告要求补缴社会养老保险费的问题，因不属于人民法院受理案件的范围，本院不予处理……"［见下引案件 25，本章第三节（二）注 1］

（二）与国家劳动合同法相悖的地方法规

　　下一个案件说明，即便国家法律有意在某一方面保护工人，地方政府为了"招商引资"和"发展经济"，仍然可以凭借地方法规规避相应的义务。许锦汉被（广东省）江门市蓬江区碧图贸易有限公司派遣到该市的君艺装饰商行工作，从 2009 年 6 月 29 日开始工作。派遣公司没有与许签订合同。2012 年 5 月 11 日许被解雇。

---

① 作为法律依据，这组裁判员引用了最高人民法院 2010 年《关于审理劳动争议案件适用法律若干问题的解释（二）》的第一条。但是，检阅该解释第一条，其实最高人民法院的解释与此正好相反："人民法院应予受理。"我们这里不必推测此组法官的理解为何与《解释》的文本相悖。没有疑问的是，上述两个案件中，地方法官采取的立场都是非常明确的。

许依法要求解除合同的经济补偿,另加未签合同期间的双倍工资,共 88 840 元。当地仲裁委支持许的第一项要求,但驳回第二项(理由不详)。为此,许起诉碧图公司。

法院支持仲裁委的裁决。在许的第二项要求上,法院解释,按照劳动合同法来说,许的要求是在理的,但紧接着,法院参照了《广东省高级人民法院、广东省劳动人事争议仲裁委员会关于审理劳动人事争议若干问题的座谈会纪要》中的"第 14 条第 3 款"的规定:"用人单位自用工之日起满一年不与劳动者订立书面劳动合同,视为已订立无固定期限劳动合同,用人单位无须再支付用工之日起满一年后未订立书面劳动合同的二倍工资",驳回许的第二项要求。① (案件 24)

(三) 仲裁的时限

法院比较严格执行工人必须在一年期限之内提出仲裁申请的规定。有两个案件说明劳动者所面对的困难。

孙丙修起诉青岛金颐通派遣公司,要求未签订合同期间的双倍工资。孙从 2006 年 3 月开始工作,要求 2009 年 7 月到 2010 年 5

---

① 但是,即便是同在广东省,也可能存在对法律的不同理解。胡某 2011 年 5 月 23 日开始在深圳市 x 电科技有限公司做销售工作,但在同年 10 月 23 日被解雇。公司声称是因为胡某没有达到公司的要求。胡某申请仲裁,要求支付拖欠工资和提成(共约 1700 元)以及未签合同工作期间的双倍工资(6800 元)。仲裁委作出支持前者不支持后者的裁决。胡某起诉到法院。法院认定,x 电科技自称是劳务派遣公司,但并没有正式登记成为派遣公司。法院据此认定,胡某与 x 电科技公司的关系是事实劳动关系,判决 x 电公司支付胡的两项要求,另加律师费 4000 元。(案件 25)

月期间的双倍工资。孙于 2011 年 9 月 1 日提出仲裁申请,未果,遂到法院起诉。法院简单判决,孙申请仲裁已经超过一年的申请时效,驳回其要求。(案件 26)

刚某文从 2009 年 12 月 26 日开始在(深圳)新 X 斯电子有限公司工作,是捷 X 达人才服务公司派遣去的员工,与派遣公司签订了 6 个月的试用合同。其后,继续工作到 2012 年 3 月 15 日,但在试用期后并没有再签订新的合同。

刚某文诉称文工作比较艰苦。他负责凭肉眼检查精细的电子元件,每天连续十几个小时站立,"导致双腿臃肿疼痛,眼睛发红疼痛,视物模糊"。2012 年 3 月 12 日,刚某文获得公司允许回家治疗。2012 年 3 月 28 日,刚某文申请仲裁,要求派遣公司捷 X 达(第一被告)以及新 X 斯电子公司支付未签合同期间的双倍工资和解除合同的经济补偿。仲裁委只支持其部分要求,刚某文遂起诉。

法院支持刚的双倍工资要求。但是,法院指出,刚某文在 2012 年 3 月 28 日方才申请仲裁,因此,有效期只能从其前一年算起,即 2011 年 3 月 28 日,其前的 2010 年年初到 2011 年 3 月的 15 个月因为"超过诉讼时效",不算,只能算 2011 年 3 月到 6 月的三个月,总共才 8575 元。这样,由于时限,刚某文只获得其要求的一小部分。这个案件说明,劳动者即便胜诉,也可能会因为时限而失去其大部分的补偿。(至于解除合同经济补偿,法院判决不予支持,因为刚是自愿辞职。)(案件 27)

(四)建筑业中的非正式协议法院不予认定

在建筑业中,农民工众多,农村的中间人、口头协议、非正式欠条等交易惯习被广泛使用,但是,它们很难得到偏重书面合同的形式主义法院的认定和支持。张华军和六名建筑工人与中间人李冬明达成口头协议,为四川南欣房地产开发有限公司正在开发的"比华利国际城"承担一项地下室护壁工作。南欣公司把此项工程发包给四川方圆公司,方圆又把其转包给派遣公司富德,而富德公司则通过中间人李冬明(在富德公司并没有正式职位)口头转包给张华军等。张华军与六名工人在 2009 年 11 月和 2010 年 2 月间完成了该项工作。结束后,李冬明写了个欠条给张:"李冬明。比华利工地做护壁(喷浆)(6 个人),做了 3 个月,合计 20 000 元,给了3000 元,尚欠 17 000 元。"张等没有收到余额,向当地仲裁委提出申请,要求富德公司支付,获准。(案件 28)

但富德公司起诉,声称公司与张等并没有签订派遣合同,欠条并不足以证明富德与工人们间存在用人关系,张等的仲裁申请"主体错误",要求推翻仲裁裁决。

法院认定,南欣公司确实与方圆公司签订了发包合同,但是,方圆公司和富德公司之间并没有签订合同,富德与工人之间也没有。至于中间人李冬明的角色,因为他没有正式身份,法院根本就不予以考虑。据此,法院支持富德公司,推翻了仲裁委的裁决。对偏重书面合同证据的形式主义法院来说,中间人、口头协议、欠条等交易惯习,很难得到其承认。结果是,张华军和六名工人提出的工资仲裁申请得不到支持。

(五)要求"同工同酬"的困难

劳动合同法规定,派遣工人有获得与正规工人"同工同酬"的权利(第63条),但在实际运作中,由于"同工"概念含糊不清,工人们实际上很难争得如此的权益。工人郭维东被烟台安华人力资源顾问有限公司派遣到烟台鲁宝工贸有限责任公司(一家做钢管生意的公司)工作。郭工作了两年之后,向法院起诉,提出两项要求:一是公司其他与他做一样工作的工人的工资是6000元/月,而郭只领到1500元/月。郭要求"同工同酬"。二是在2011年2月解除合同之后,公司没有为他办理必要的解除合同证明和相关档案手续,致使他不能重新就业。法院支持他第二项要求,但驳回第一项。法院写道:"同工同酬是我国劳动法的一项基本原则,但所谓同工,不仅指同样的工作,还应包括同等的劳动能力、技能和同等的劳动效果等。而上述问题的认定不属于人民法院劳动争议案的受案范围。"(案件29)这样等于是说,劳动合同法关于同工同酬的条款有时候在实践中的运用会遇到困难。

(六)加班费很难争得

在劳务派遣合同下工作的工人,很难争得加班费和休息日与假日工作的补加工资,而且不仅体力劳动者如此。一名医生李红宁,与派遣公司签订合同,被派遣到南京市浦口区中心医院急救中心工作,2011 年 7 月 8 日入职。李医生被纳入以下的工作日程:第一天,8 点到 17 点;第二、第三天,8 点到 20 点。急救中心 3 名医生和 6 名驾驶员组成三个班,三天一轮。李指出,第一天的工作是 9 个小时,第二、第三天等于每天 12 小时,三天一轮之间没有任何休息日和假日。李如此工作了 352 天。他起诉要求加班费和休息日、假日工资,根据他 3500 元每月的月薪,共计约 108 000 元。他指定派遣公司和医院作为被告,因为前者每月支付他工资 1700 元,后者1800 元。

两被告反驳说急救工作大部分时间"是在等待或休息",与一般工作不同。而且,医院已经支付给李医生 18 000 元的加班费(如何计算不详)。法院判决支持被告方,驳回李医生的要求。(案件 30)

在我看来,急救服务固然有它的特点,不可简单用 8 小时工作日来衡量,但是,连续 352 天没有休息、没有假日的工作日,无疑是一种滥用工人的管理行为。我们不知道医院支付的共约 18 000 元加班费是怎样计算的,但它显然和李医生的想法有很大的差距。

上文讨论的关于国企对其派遣工在加班费问题上的例子,也许更为简单明了:企业(或这里的医院),作为"用工单位"而非"用人单位",具有劳务派遣的护身符,使其不必对工人负劳动法关于工时和报酬等的法定义务。而派遣公司,作为合同签订中介单位而非实际雇用—管理单位,在理论上对工人的管理不起任何作用——因此,对其也没有义务或责任。这是个我们下文还要进一步讨论的问题。

四、不同的工作关系及其含义

上文我们已经看到,国企是怎样使用派遣公司和劳务派遣法律来摆脱对工人的法定义务。我们也看到,派遣公司对其工人虽然具有一定程度的、根据合同法理的义务,但基本限于违反合同规则或合同的具体条款的行为,而工人要维护其权利必须克服重重困难与障碍。这里,我们还要进一步阐明劳务关系在理论和实践中的边界。为此,要进一步澄清企业和工人间的旧型劳动关系与新型劳务关系的不同,以及与派遣公司和工人间关系的不同,也要说明这几种关系和租赁关系、代理关系的不同。如此梳理有助于进一步界定劳务派遣及其含义。

(一)劳动关系

我们57个案件中最大的一组是关于一个承包公司与其工人间的争议的23个案件。法院认定,此公司与其工人间的关系乃是劳动关系(没有使用劳务派遣公司为防护墙),与任何旧型企业与其工人间的关系完全一致。事实上,此公司也一向都遵循劳动法规来对待其工人。正因为如此,这些案例特别有助于我们进一步澄清旧式劳动关系、新型劳务关系,以及新劳务派遣公司与工人的合同关系的不同。

(成都市成华区)狮子劳动运输公司从1997年开始承包成都铁路局下属成都铁路国通物流公司成都南货场在南货场经营的仓

储和运输业务中的装卸工作。双方签署的是一份"承包协议书"。为此,狮子公司雇用了 73 名工人,包括一名女清洁工。大部分工人从 20 世纪 90 年代便开始工作,远在 2007 年劳动合同法颁布之前。狮子公司为工人们提供了一系列的社保,固定的合法工作时间,带工资的休息日和假日,一如当时一般的正规企业那样。

但 2010 年,南货场地区被拆迁,为城市发展建设让路,成都铁路公司随后关闭,狮子公司只能解雇其工人。其后,狮子公司与 73 名工人间的纠纷,被法院视作单一组案件来处理,虽然仍然对每一名工人作出分别的裁决——其中,23 起是在 2012 年裁决的。(案件 31—53)

诉讼之前,工人们向该地仲裁委提出申请,根据新劳动合同法的上述两个条款,要求狮子公司支付在未签订合同期间(最后两年)工作的双倍工资以及被单方解除合同的经济赔偿(每年一个月的工资,至多 12 年)。对一个像狮子那样的小型装卸公司来说,73 名工人的要求是个相当巨大的数目(下文还要讨论)。仲裁委裁决支持工人们的要求。狮子公司遂起诉至法院要求推翻仲裁裁决。

其中,工人刘世均的案例具有代表性。刘从 1998 年开始在狮子公司工作。他与公司签订的是"劳动合同",一直工作到 2010 年。但在最后两年中,狮子未与刘签订合同(也许是因为公司知道行将拆迁)。刘世均和其他的工人一样,要求未签订合同期间的双倍工资和解除合同的经济补偿。

对法院来说,此案的关键在于刘等 73 名工人与狮子公司间到底存在什么样的工作关系。狮子公司诉称,公司实际上等于是国企成都铁路公司的劳务派遣公司。为此,狮子甚至试图临时设立一个欣光派遣公司,但是是在 2008 年才那样做——可能是因为它与成都铁路不同,没有事先充分认识到新劳动合同法的含义。

法院对此案的审理,和其他 72 名工人的案件一样,首先认定刘世均与成都铁路公司不存在"劳动关系"。这是因为,成都铁路公司 1997 年以来与狮子签订了多份书面承包协议。狮子试图诉称成都铁路公司对工人们有一定的义务,法院不予认可。法院判定的是,与工人们具有劳动关系的是狮子公司。(案件 31)

同时,法院认定,狮子公司不是一个劳务派遣公司。这是因为,它不仅是与工人们签订合同的单位,也是工人们的管理单位。正因为如此,狮子公司必须对工人们负担一般(正规、没有借助劳务派遣公司护身符的)企业公司的义务,包括未签合同期间双倍工资和解除合同的经济补偿义务。法院不认可狮子公司诉称的欣光派遣公司,因为狮子根本就没有能够提交的相关证明和合同。欣光显然只是狮子公司为了避免补偿工人而临时试图杜撰的派遣公司。

据此,法院认定适用劳动合同法第 46—47 条以及第 82 条,一如工人们要求的那样,也如仲裁委裁决的那样。法院判决狮子公司支付刘世均 9.5 个月的解除合同经济补偿 19 000 元,以及他在 11 个月之中未签合同工作(未付的)双倍工资 22 000 元,总计 41 000 元。根据 2012 年判决的另外 22 起案件来看,法院对所有 72 名工人将作出基本一致的判决。我们如果以 40 000 元作为每名工人所得补偿的均数,狮子要负担的总额将达到近 300 万元。

至于清洁工林碧华的案件,其原则基本一致。她从 1996 年开始工作,也从狮子公司得到与装卸工人们类似的正规待遇。法院判决狮子向她支付 12 个月的工资(工作 12 年,每年一个月,500元/月的工资),共 6000 元。另外,未签合同工作的 11 个月的(未付的)双倍工资,5500 元。(案件 33)

工人们在审判过程中完全没有提到社保和加班、休息日、假日工资的问题,那是因为狮子公司在那些方面一直都循规蹈矩地按照旧劳动关系法律对待其工人。

根据法院的裁决,这里的关键法理是,狮子公司不仅是(像派遣公司那样)与工人签订合同的单位,更是实际上的管理实体。正因为如此,法院判定狮子公司与其工人间的关系属于旧型的劳动关系,与借助了劳务派遣法律盾牌的企业不同,也与仅与工人签订合同(但不是实际管理工人的实体)的劳务派遣中介公司不同。

正是因为狮子公司老老实实地遵守了旧劳动法规,而对新劳动合同法的认识又比较迟钝,致使公司必须负担对工人补偿的责任,并且因此而倒闭。① 此案的非正义之处不在工人们获得的补偿——对一个工作了十几二十年的工人来说,失去工作的 4 万来元补偿不能算是个大数目,真正的非正义在于,企业对这些工人居然没有负担完全的责任。

(二)租赁关系

在区别旧型劳动关系、新型劳务关系以及新劳务派遣公司与

---

① 2016 年 10 月用"狮子劳动运输公司"在网上搜索,发现公司自称处于"非正常状态"。而用裁判文书上的"成都铁路国通物流有限责任公司"名搜索,只找到一家快递公司和一家"地图吧"公司,与此前的公司显然不同。老公司的原名看来是"成都铁路国通物流公司成都南货场",伴随南货场的拆迁,已经不复存在。

工人间的关系之外,我们还要把它们和租赁关系区别开来,下面这个案件将澄清这一问题。

2011 年 1 月 1 日,合肥市的宏运物资有限公司与肥西县的利华交通运输有限公司签订了一个"车辆运输租赁协议",由利华为其用重型半挂牵引车运输危险产品,年租金 12 万元,车辆由赵传广驾驶。赵的工资由宏运发放。

2012 年 5 月赵向当地仲裁委申请,声称自己是宏运公司的工人,因为工资是由其发放,休假也要经其允许。但宏运公司一直没有与他签订合同。为此,赵要求宏运支付未签合同期间的双倍工资。仲裁委裁定支持赵的要求,认为赵与宏运公司确实存在劳动关系。宏运公司遂起诉要求推翻裁决。(案件 54)

法院认定,车辆其实乃是席某人所有(登记在他名下)。席某挂靠利华公司把车辆出租给宏运公司,驾驶员赵传广其实是席某雇用的,委托宏运代其发放工资,所发放工资则从 12 万元租金中扣除。因此,赵实际上是席某与宏运公司之间租赁关系的一部分,与宏运公司之间不存在劳动关系。据此,判决宏运公司不必支付赵传广未签合同期间的双倍工资。这样,区分了劳动关系的工人与租赁关系中的工人。

(三)代理关系

以上的不同工作关系也要与一个公司和其代理人之间的关系区分开来,同样有别于劳动关系。

张军从 2007 年 5 月受聘为某保险公司的营销员,签订了保险营销员保险代理合同。2009 年 5 月,又与一家派遣公司——烟台桥梦文化有限公司签订了后续的合同。2010 年 4 月,张被通知解除合同。张申请仲裁,声称与保险公司具有劳动关系,要求解除合同的经济补偿,未果。之后,诉诸法院。(案件 55)

法院认定,张与保险公司之间的关系属于"民事代理关系"而不是劳动关系。法院解释称:劳动关系是"支配与被支配的关系",而代理关系中不存在那样的关系。何况,张从 2009 年 5 月到 2010 年 4 月间的关系乃是与劳务派遣公司间的关系,据此,法院驳回张的要求。[①]

五、法律中的黑洞

狮子公司的案例为我们更清晰地说明旧型劳动关系与新型劳务关系的不同。劳务派遣公司,作为企业与工人间的中介,只是替代企业签订合同的单位,并不真正管理其工人。因此,它只需注意不违反合同规则,一如以上讨论的那样,并不需对工人的管理负责,尤其是关乎工时、加班费、休息日和假日等劳动法律规定的义务,因为它不是真正的管理单位。而实际管理工人的企业,则成为法定的"只用工、不用人"的单位,也就是说,不必再对其工人负管

[①] 在另一个案件中,周莲霞被聘为一家香港公司在杭州开的马迪先服饰有限公司的销售员,2010 年 3 月 8 日入职,每月工资 5500 元。第一年周拿了 15 500 元的提成,但第二年没有。她向仲裁委申请要求公司支付她第二年的提成,未果,遂向法院起诉。法院认为,她和公司签订的合同并没有规定固定的提成,驳回她的要求。(案件 56)最后的一个案件仅涉及当地法院裁定原告应在另一个区法院起诉,本章因此不加以讨论。(案件 57)

理方的法定义务。

至于派遣公司,在理论上应该对其工人们负法定的合同义务。但同时,劳动合同法又把"劳务派遣"定义为"一般在临时性、辅助性或者替代性的工作岗位上实施"(第 66 条),其实基本也免除了派遣公司对其工人关乎正规、长期工人的法定义务。上面我们已经看到,派遣公司基本只需对至为恶劣的违反劳动法规的行为,或合同中非常具体的条款负法律责任。

这里的关键是制造了把合同签订与实际管理、劳动者的工作与劳动者个人分割开来的法理。派遣公司只是合同签订单位而不是管理单位,因此,不必对实际的管理负责。而实际的管理单位也同样不必对劳动者负责,因为管理单位已被赋予了派遣公司的护身符,成为所谓的"只用工、不用人"单位。这样,等于是把实际的管理行为置于一个不受法律约束的黑洞之中,既不属于劳动法律也不属于合同法律的适用范围。另外,我们已经看到,在"同工同酬"的法定原则方面也同样如此。

社会保险则处于一种深灰色的地带。如果派遣公司把社会保险写入合同,固然可能要负合同责任,但是,它们完全可以把社保责任置于自身和实际的企业—管理方之间的模糊地带,不明确说明到底该由派遣公司还是企业来负责。无论如何,我们已经看到,工人们很难争得社保的权益。

最高人民法院在其 2010 年发布的《解释(三)》中曾经就此问题发表过意见。最高法院民一庭庭长杜万华对此作了以下说明(作为《解释(三)》正文的附录同时发布):"劳动者主张加班费应当就加班事实举证,考虑到劳动者举证的实际困难,对劳动者的举证不能过于苛求,可适当减轻劳动者的举证责任,只要劳动者一方提出的基本证据或者说初步证据可以证明有加班的事实,即可视为其举证责任已经完成。劳动者提供的加班证据既可以是考勤表、交接班记录、加班通知;也可以是工资条、证人证言等等,凡是能够证明其加班的证据都可以提供。"(《最高人民法院〈关于审理劳动争议案件适用法律若干问题的解释〉(三)》,2010)但是,尽管最高人民法院意图很好,但一个有意要滥用工人的管理者,显然可以防止工人获得管理方的工作记录和证据,一如我们的案例所显示的那样。

"同工同酬"问题也是如此。我们如果把"同工"理解为不仅是工作的类型,也是某一个工人工作的质量和贡献,一如以上的一个法院做出的判决那样,那显然是属于管理方而不是派遣公司的权力范围。但是,管理方已经因为是"只用工、不用人"而被从其(对工人该负的)法定义务中"释放"了出来,包括"同工同酬"的法定原则。

现在我们可以更充分地理解,为什么东方航空下属的西北航空能够迫使其三名水电工人无酬加班而又争得法院驳回他们申请加班费的要求;为什么中交一航局下属的第二工程公司能够使法院驳回其四名罐车驾驶员申请加班费的要求;为什么烟台公交能够同样让法院驳回其大客车驾驶员申请加班费的要求。至于那家逼迫李医生连续无休息地工作了352天的医院,实际上也一样。烟台钢管公司则能够以1500元/月的工资雇用一名劳务派遣工来做与其6000元/月工资的正规长期工人同类的工作,无视"同工同酬"的法定原则。

　　最高人民法院的杜万华庭长在其关于《解释（三）》的说明中没有谈到的是劳动合同法在法理层面上的这个黑洞：劳动合同法采用了劳务派遣理论，把实际的雇用—管理工人的单位与签订合同的派遣中介公司分割开来，借此把实际的雇用—管理单位从其法定义务中"释放"出来。然后，又试图凭借合同规则来约束派遣公司，规定派遣公司不可违反合同法规。但是，在那样的概念框架中，实际的雇用—管理单位不必负滥用工人的法律责任，而派遣公司也同样没有责任，因为它并不是管理单位，只是签订合同的中介单位。

　　在劳务派遣范畴下日益扩张的滥用工人恶习，其理论来源正是这个黑洞，无论其表面上声称的各种法律约束和保护多么中听。劳动合同法的劳务派遣法律范畴实际上是解除了对管理方滥用劳工的法律约束。那是中国革命为劳动者争得的法律保护，也是西方国家的劳工运动与资方通过长期的抗争和相互妥协所争得的保护。不解决这个理论上的问题便不可能扭转如今日益加剧的滥用劳工潮流。

　　一个可能的纠正方案是，把合同理论当作辅助或添加于旧的劳动保护法之上的法理，而不是替而代之的法理。法律一旦把约束管理方滥用工人的条款置于一旁，便不大可能再真正制约管理方。我们需要的是，重新确认对工人的劳动保护，无论是派遣工人还是正规工人、是属于劳务关系的工人还是属于劳动关系的工人。如今劳动合同法中的合同关系概念，则基本把其视作权力对等双方在市场中的关系，但那只是个想象中的关系而不是实际。我们应该承认，它是个错误的不符实际的理论前提。

六、2013 年的劳动合同法修正与 2014 年的劳务派遣暂行规定

这里我们要问,2012 年之后的法律修正和新条例对这一切又起了什么样的作用? 2013 年 7 月 1 日起施行的《中华人民共和国劳动合同法(2012 年修订)》(以下简称《修订》)第 57 条首先把劳务派遣公司的注册资本从至少 50 万元提高到 200 万元。在我们以上讨论的案例中,虽然没有关乎如此的变更对劳务派遣所起作用的直接证据,但在实力微薄的宏田派遣公司与采油工人石永刚的争议中(案件 4),以及实力雄厚的攀枝花公司与 11 名工人间的争议中(案件 17),我们可以看到,如此的规定应该会起到一定的作用。更确切的结论尚有待修正案施行几年后的实际效果来得出。

其次,《修订》在"被派遣的劳动者享有与用工单位的劳动者同工同酬的权利"一句之后,补加了一句"用工单位应当按照同工同酬原则,对被派遣劳动者与本单位同类岗位的劳动者实行相同的劳动报酬分配办法"(第 63 条)。但是,鉴于派遣公司无权控制管理实施,而管理公司又因劳务派遣的盾牌而不受法律约束,较难想象如此的条文怎样能够起到实际作用。"相同的劳动报酬分配办法"一句,虽然用意明显是要进一步澄清法律条文的意思,但实际上含糊不清,可以作出多种不同的理解。新条文没有回应上述郭维东(案件 29)案例中法院对"同工"含义提出的问题——个别工人的技能和贡献,只能由管理方来分别估量。这个新条文实施起来,怕会有一定的困难。

《修订》还把之前的"劳务派遣一般在临时性、辅助性或者替代性的岗位上实施"一句改为"劳动合同用工是我国企业基本的用工形式。劳务派遣用工是补充形式,只能在临时性、辅助性或者替代性的工作岗位上实施"(第66条)。这里的"只能在……"如果真能成为事实,固然会遏制劳务派遣被广泛用于长期的全职工人的大潮流。但笔者怀疑,在没有更改劳动合同法的基本原理情况下,此条能否真正起作用。当然,这也是需要我们根据之后几年的案件来做分析的问题。

最后,《修订》把劳动合同法关于派遣公司违法行为的罚款从"情节严重的,以每人一千元以上五千元以下的标准处以罚款"改为"处违法所得一倍以上五倍以下的罚款;没有违法所得的,可以处五万元以下的罚款"(第92条)。从我们以上讨论的案件中,看不出此条可能会起的作用。要认识清楚,需要的是不同性质的证据,关于派遣公司是否真会因加大的惩罚而更改其实际运作的证据。

至于人力资源和社会保障部在(2013年12月20日审议通过)2014年3月1日起执行的《劳务派遣暂行规定》(以下简称《规定》),相当部分是对《修订》的重申或阐释,其最主要的新规定是"用工单位应当严格控制劳务派遣用工数量,使用的被派遣劳动者数量不得超过其用工总量的10%"(第4条);至于已经超过10%的用工单位,则"应当制定调整用工方案,于本规定施行之日起2年内降至规定比例"(第28条)。此两条,如果真能够落实,也许会起到约束劳务派遣快速蔓延的作用。要认识其实际作用,需要对企业用工行为的具体经验证据进行分析。

目前可以确定的是，在法理层面上，《修订》和《规定》所显示的仍然是用合同法来取代旧保护劳动者法理的"转型"进路，根本就没有考虑到本文上面所指出的理论与实践中的黑洞问题：一旦制造了剖开"合同"与"管理"的基本法理，想仅凭"合同"对派遣公司的约束来处理实际管理中的工作关系，是不大可能见效的，因为管理权力不在派遣公司而在用工单位，而后者是被赋予了避免法定义务护身符的单位。管理方对劳动者的滥用，才是以上案件所突出的劳务派遣至为严重的问题。对此，《修正》和《条例》都没有提出新的方案。当然，我们也可以把问题的来源理解为劳动法理转型中的主要矛盾，一如我们上面看到的那样；同时，法律又希望凭借合同逻辑来约束派遣公司而保护工人。后者看来仍然只不过是个事后的想法，而不是真正对其首要目的的修正。

七、劳工社会—法律历史视野中的劳务派遣

现在我们可以把劳务派遣置于劳工的社会—法律历史整体视野之中来理解。在大多数的西方国家中，劳动立法是经过长期以来工人运动与企业间的争执和妥协而来的。但在中国，劳动法律是由争得国家政权的革命政党—国家来确立的。即便如此，两者多有共通之处，如保护妇女和未成年工人，规定工时、工资、休息日和假日工酬、医疗保险和养老保险、不可任意解雇等。那样的保护从共产党建立之初便被置于革命日程之中。它们通过革命胜利而成为国家政策和法律。（黄宗智，2013；亦见 Huang，2013；本书第1章）

在实践中,虽然 1933 年的《中华苏维埃共和国劳动法》把"雇农、森林工人、季候工人、交通工人、苦力、家庭的女工"等全都纳入受法律保护的("工农")劳动者范畴之中(第 4 条;亦见黄宗智,2013;本书第 1 章),但后来,在城乡生活水平差别的实际以及农村人口不断涌入城市的压力下,于 1958 年设立了壁垒森严的城乡二元户籍制度,并规定农村孩子只能跟随母亲的户籍,为的是更严格地限制农村人口流入城市。"民工"是在那样的二元户籍制度下,相当广泛地服务于基础设施建设、水利工程和维修、运输、城市建设等工程的工人,不少是作为义务工来使用的,其待遇和身份都和城市工人差别较大。

在那样的社会实际传统下,伴随快速的经济和城镇发展,形成了大规模的非正规(即没有或少有正规工人那样的法律保护,没有或少有正规工人那样的社会福利)就业。主要是农民工,先是在乡村企业"离土不离乡"就业(一开始时,工资是以工分计算的),随后是大规模流入城市的"离土离乡"就业。到 2010 年,非正规就业者已经达到城镇就业总人数中的约 75%。在今天所有的 2.77 亿(2015 年数据)农民工中,只有约1/6享有医疗和养老两大关键正规保险,可以被认作正规工人。(详细论证见黄宗智,2017 或 Huang,2017;本书第 6 章)国际劳工组织 ILO 在 2002 年的一项研究证明,在发展中(亚非拉)国家的非农就业中,有约1/2到3/4是非正规经济就业者(黄宗智,2009),中国在 21 世纪也变得与其基本一致。

作为城镇就业"非正规化"大潮流中的一部分,在世纪之交的国家"抓大放小"战略决策下,约有四五千万中小国有企业正规人员"下岗",进入了非正规经济。那是中国城镇就业的第二股非正规化大潮流,实际上是中小国企工人的去正规化。

劳务派遣潮流则始于劳动合同法的实施(2008年),是城镇就业非正规化的第三股大潮流,与之前的中小国企职工的"去正规化"有一定的相似之处。之前,免除企业对其工人的法定义务曾被通俗地称作"甩包袱"。我们已经看到,在此新一股的潮流中,"劳务派遣"不仅被用于临时性的人员,还被广泛用于长期的全职人员;不仅被用于新雇用的非正规人员,还被广泛用于原有正规职工的去正规化。

今天,我们还欠缺确切可靠的劳务派遣工数据。之前最可靠的数据是全国总工会在2010年和2011年基于对1000个企业和工会分会以及10 000名工人的调查研究,得出的数据是全国共有约3700万企业劳务派遣工人。(全总,2012)今天,劳务派遣工的数据状态与2009年前关于农民工的数据状态基本相似。后者要在2009年之后,才有国家统计局每年发布的相当精确可靠的《农民工监测调查报告》(2015年是基于对分布于31个省[市]、1527个县、8906个村的236 000个农户的系统抽样调查得出的数据)。但无可置疑的是劳务派遣工的爆发性扩张——我们的案件和其快速增加可以被视作佐证。

在上述的演变过程中,中国和西方发达国家,在工会和集体谈判方面有关键的不同。在西方的现代劳动法理中,一个重要的基本原则是对管理方与劳动者之间权力不对称的实际的认识和承认,认为那是一种支配与被支配的关系,因此,管理方会倾向滥用/剥削劳工。正是出于那样的认识,得出必须立法确保劳动者建立工会的权利和与资方进行集体谈判的权利。但中国的历史经验十分不同，劳动法规的设定来自中国共产党革命的胜利和其政党—国家政权的建立，而因此呈现了由政党—国家来组织和领导工会的历史实际，以及把政党—国家的机关和机构干部（公务员）也纳入受到劳动法律保护的劳动者范畴。加上由政党—国家领导的市场化、私有化的悖论实际，形成政党—国家与企业（尤其是国有企业）站于同一方的悖论现象。

本章叙述和论析的是以上的历史演变过程和法律问题。劳务派遣法律范畴所起的作用主要是城镇就业的进一步非正规化和去正规化。我们看到，实际的雇用—管理企业，可以凭借使用劳务派遣中介公司来（与劳动者签订劳务派遣合同）免除自身对劳动者的法定义务。而劳务派遣公司，虽然对劳动者有不可随意违反合同法规和合同具体条款的义务，但是无需对劳动者负管理方的法定责任，因为他们只是签订合同方而不是管理方。加上中国劳动者欠缺维权意识，致使在管理层面上，极其容易出现对工人们的非法欺压和滥用。那样的现象，看来将会继续蔓延，因为如今的大型公司都在被强力拉进全球的减低劳动成本和提高利润率的竞争之中。

在全球化的过程中，发达国家的大型跨国公司竞相通过"外包"来借助发展中国家的廉价劳动力。苹果公司堪称典范。凭借公司自身聚焦于高利润的设计与销售两端，把劳动密集、低利润的中间环节——如零配件生产以及iphone类产品的加工、装配——外包给富士康等公司，苹果公司自身做到令全球公司羡慕的利润率，并借此赋予其股票的投资者长期的双位数回报率，由此而成为全球流通股市值最大的公司。苹果类型的公司对其他财富500强公司都造成了强大的压力，要试图与其利润率和投资回报率竞争，因为那是如今资本市场的基本游戏规则。（更详细的讨论见黄宗智，2017；本书第6章）

那样的全球化大潮流又导致（鲜为人们注意的）反向的逆流，对发达国家自身的劳动市场也起到强大的影响。它是1980年代以来的新自由主义"灵活使用劳工"教条的社会经济基础，为的也是降低劳动成本。结果是相当规模的、被称作"危难工人"（precariat）①——没有就业安全感的，不受旧劳动法律保护的——群体的兴起，多是妇女、青年、少数民族劳动者和外来移民。他们是西方国家中类似中国的农民工、下岗工人和劳务派遣工的非正规工人，虽然其所占总比例要比中国低得多。具有讽刺意味的是，正是西方的用工灵活化理论影响了中国的劳务派遣工理论。

在中国被日益引入全球化的资本市场过程中，在中国的大型国企日益追求通过在纽约证券交易所上市，以进入财富全球500强为荣的潮流中，要与其他跨国公司竞争的压力和愿望也越来越强烈。目前，中国的全球500强公司多是凭借其总收入而进入的（财富500强是以此来对公司作出定位的），但对一般资本主义公司来说，更为关键的是每股股票市值/利润的比例（price/

---

① 这里需要进一步说明，盖伊·斯坦丁（Guy Standing）的用词"precariat"如今在国内还没有固定的中文翻译。按照其字面的意义，固然可以译作"不稳定工人"。但是，斯坦丁的用意其实主要是关乎心态和生活情况的描述，不在生产关系或生产情况，而且他执意要把这个群体理解为一个"危险的阶级"（dangerous class）（Standing，2011）。鉴于此，本书暂时采用了"危难工人"的翻译，"危"与"难"足可表达斯坦丁"dangerous class"和"precarity"的用意，而"工人"则是为了表述其把"precariat"和"proletariat"两词既连接起来而又区别开来的用意。更详细的讨论见黄宗智，2017。

earningsratio)。与资本主义公司在这方面的竞争无疑具有强大的诱引力,也是压力。于是,强烈倾向凭借降低劳动成本来提高利润率,几乎是一种用西方的方法来与西方竞争的意识,在国内劳动价格日益攀升的趋势下,尤其如此。那也许是劳务派遣蔓延的真正动力。在法律和法理层面上,如今的大趋势无疑是要把非正规就业合法化,包括农民工、下岗工人以及新兴的劳务派遣工。正是出于那样的考虑,法律已经日益趋向抛弃旧的保护工人模式转入新的合同模式。我们要问的是:那股大潮流真能被遏制吗?怎样来遏制?

附录:引用的案件

下列 57 起案件来自中国裁判文书网(http://wenshu.court.gov.cn/),先按关键词"劳务派遣"搜索,然后将搜索结果按"劳动争议""基层法院""2012 年"进行筛选而得出。案件按照在文中出现的先后排列,从案件 1 到案件 57。所附日期是裁判日期。

案件 1:原告周宏礼诉被告陕西启航人力资源开发咨询有限公司、中国东方航空有限公司西北分公司劳动争议纠纷一审民事判决书(2012 年 8 月 9 日)。

案件 2:原告惠绪庆诉被告陕西启航人力资源开发咨询有限公司一审民事判决书(2012 年 8 月 15 日)。

案件 3:原告曹成会诉被告陕西启航人力资源开发咨询有限公司、中国东方航空有限公司西北分公司劳动争议纠纷一审民事判决书(2012 年 8 月 16 日)。

案件 4:石永刚诉中国石油天然气股份有限公司长庆油田分公司第二采油厂劳动争议纠纷一审民事判决书(2012 年 12 月 3 日)。

案件 5:石永刚与中国石油天然气股份有限公司长庆油田分公司第二采油厂、超低渗第四项目部,西安宏田劳务中介服务有限责任公司劳动争议纠纷一审民事裁定书(2012 年 8 月 1 日)。

案件 6:贾秀生与中交一航局第二工程有限公司、第三人山东惠民劳务合作公司、第三人惠民县惠远人力资源服务有限责任公司追索劳动报酬纠纷一审民事判决书(2012 年 6 月 12 日)。

案件 7:张玉春与中交一航局第二工程有限公司、第三人山东惠民劳务合作公司、第三人惠民县惠远人力资源服务有限责任公司追索劳动报酬纠纷(2012 年 6 月 12 日)。

案件 8:邱洪维与中交一航局第二工程有限公司、第三人山东惠民劳务合作公司、第三人惠民县惠远人力资源服务有限责任公司追索劳动报酬纠纷一审民事判决书(2012 年 6 月 12 日)。

案件 9:王信与中交一航局第二工程有限公司、第三人山东惠民劳务合作公司、第三人惠民县惠远人力资源服务有限责任公司追索劳动报酬纠纷一审民事判决书(2012 年 6 月 12 日)。

案件 10:王志岗与中国银行股份有限公司山东省分行、山东中苑集团公司、青岛康桥物业管理有限公司、青岛康桥人力资源服务有限公司、青岛市劳动事务代理中心、青岛市人力资源有限责任公司、青岛中房物业管理有限公司劳动合同纠纷一审民事判决书(2012 年 11 月 27 日)。

案件 11:蒲磊与中国银行股份有限公司山东省分行、山东中苑集团公司、青岛康桥物业管理有限公司、青岛康桥人力资源服务有限公司、青岛市劳动事务代理中心、青岛市人力资源有限责任公司、青岛中房物业管理有限公司劳动合同纠纷一审民事判决书(2012年11月27日)。

案件12:周喜全与陕西华臻三产工贸有限责任公司劳动争议纠纷一审民事判决书(2012年8月11日)。

案件13:陈建军与陕西华臻三产工贸有限责任公司劳动争议纠纷一审民事判决书(2012年8月11日)。

案件14:朱江涛与陕西华臻三产工贸有限责任公司劳动合同纠纷一审民事判决书(2012年8月11日)。

案件15:李刚刚与陕西华臻三产工贸有限责任公司劳动争议纠纷一审民事判决书(2012年8月11日)。

案件16:赵斌与烟台市永德人力资源服务有限公司、烟台市公交集团有限公司劳动争议一审民事判决书(2012年7月5日)。

案件17:原告攀枝花公司诉被告唐、唐发、于东、李林、唐荣、李军、罗彬、李东、曹、唐华、崔义、第三人成都公司劳动争议一案判决书(2012年6月17日)。

案件18:张绪程与宁波杰艾人力资源有限公司、温州顺衡速运有限公司劳动争议一审民事判决书(2012年11月6日)。

案件19:与浙江文博人力资源服务有限公司、杭州远望经贸有限公司劳动争议一审民事判决书(1)(2012年12月6日)。

案件20:南京大吉铁塔制造有限公司与张正才、巴中市诚达人力资源有限公司工伤保险待遇纠纷一审民事判决书(2012年10月16日)。

案件21:邬某某与成都海华劳务派遣服务有限公司工伤保险

待遇纠纷 审民事判决书(2012 年 5 月 21 日)。

案件 22:黄润娣、马金娥、梁永生、梁惠红与广西辉煌房地产咨询服务有限公司劳动争议一审民事判决书(2012 年 11 月 13 日)。

案件 23:宝鸡市忠信通讯有限责任公司与王红萍劳动争议纠纷一审民事判决书(2012 年 12 月 11 日)。

案件 24:许锦汉与江门市蓬江区碧图贸易有限公司、第三人广州市荔湾区君艺装饰商行劳动争议纠纷一审民事判决书(2012 年 12 月 17 日)。

案件 25:胡某与深圳市 X 电子科技有限公司劳动争议一审民事判决书(2012 年 7 月 11 日)。

案件 26:孙丙修与青岛金颐通劳务服务有限公司劳动争议一审民事判决书(2012 年 9 月 27 日)。

案件 27:刚某文与深圳市捷 X 达人才服务有限公司、新 X 斯电子(深圳)有限公司劳动争议一审民事判决书(2012 年 7 月 19 日)。

案件 28:四川富德建筑劳务有限公司与张华军、李冬明、四川南欣房地产开发有限公司劳动争议纠纷一审民事判决书(2012 年 12 月 4 日)。

案件 29:郭维东与烟台鲁宝工贸有限责任公司、烟台安华人力资源顾问有限公司等劳动争议一审民事判决书(2012 年 6 月 29 日)。

案件 30:李红宁与南京浦口区中心医院、南京领航人才派遣有限公司劳动合同纠纷一案的民事判决书(2012 年 11 月 16 日)。

案件 31—案件 53:成都市成华区狮子劳动运输服务公司与其

73 名工人间的劳动争议纠纷一审民事判决书。其中,案件 31:成都市成华区狮子劳动运输服务公司与被告刘世均、吴世君等、第三人成都铁路国通物流有限责任公司劳动争议纠纷一审民事判决书(2012 年 4 月 13 日)。案件 33:成都市成华区狮子劳动运输服务公司与被告林碧华、第三人成都铁路国通物流有限责任公司劳动争议纠纷一审民事判决书(2012 年 4 月 13 日)。

案件 54:合肥宏运物资有限公司与赵传广劳动争议一审民事判决书(2012 年 7 月 18 日)。

案件 55:张军与中国人寿保险股份有限公司烟台分公司劳动争议一审民事判决书(2012 年 6 月 27 日)。

案件 56:周莲霞与马迪先服饰(香港)有限公司杭州代表处、杭州市对外经济贸易服务有限公司劳动争议一审民事判决书(2012 年 11 月 25 日)。

案件 57:付彦诉吉林市泰和劳务派遣有限公司劳动争议一案民事裁定书(2012 年 5 月 15 日)。

参考文献:

《工伤保险条例》(2003),载中国人大网,http://www.npc.gov.cn/npc/ztxw/tctjcxshtxjs/2014-05/20/content_1863711.htm.

黄宗智(2017):《中国的非正规经济再思考:一个来自社会经济史与法律史视角的导论》,载《开放时代》第 2 期:第 153—163 页,亦见《中国乡村研究》第 14 辑,福州:福建教育出版社。

黄宗智(2013):《重新认识中国劳动人民——劳动法规的历史演变与当前的非正规经济》,载《开放时代》第 5 期:第 56—73 页。

黄宗智(2012):《国营公司与中国发展经验:"国家资本主义"还是

"社会主义市场经济"?》,载《开放时代》第9期,第8—33页。

黄宗智(2009):《中国被忽视的非正规经济:现实与理论》,载《开放时代》第2期:第51—73页。

《劳务派遣暂行规定》(自2014年3月1日起施行)(2014),载人力资源和社会保障部网站,http://www.mohrss.gov.cn/gkml/xxgk/201401/t20140126_123297.htm.

全总劳务派遣问题课题组(2012):《当前我国劳务派遣用工现状调查》,载《中国劳动》第5期:第23—25页。

"陕西华臻二产工贸有限责任公司"(2016),载智联招聘网,http://company.zhaopin.com/CC353304321.htm.

《中国社会保险发展年度报告2014》(2015),载四维信息网,http://www.chinazxx.com/show.asp? id=1917.

《中华人民共和国劳动法》(1994年7月5日通过,自1995年1月1日起施行),载中华人民共和国中央人民政府网站,http://www.gov.cn/hanshi/2005-05/25/content_905.htm.

《中华人民共和国劳动合同法》(2007年6月25日通过,自2008年1月1日起施行),载中华人民共和国中央人民政府网站,http://www.gov.cn/flfg/2007-06/29/content_669394.htm.

《中华人民共和国劳动合同法》(2012年修订,自2013年7月1日起施行),载中华人民共和国人力资源与社会保障部网站,http://www.mohrss.gov.cn/SYrlzyhshhzh/zcfg/flfg/fl/201605/t20160509_239643.html.

《中华苏维埃共和国劳动法》(1933),载中国网,http://www.china.com.cn/guoqing/2012-08/30/content_26745530.htm.

《最高人民法院关于审理劳动争议案件适用法律若干问题的解释(三)》(2010),载中华人民共和国最高人民法院网站,http://www.court.gov.cn/fabu-xiangqing-1549.html.

"110 of Nation's Firms on Fortune Global 500 List,". (2016). http://
english.gov.cn/news/top_news/2016/07/22/content_281475399211968.htm.

Huang, Philip C. C. (2017)."China's Informal Economy, Reconsidered:
An Introduction in Light of Social and Legal History," *Rural China* 1:1—17.

Huang, Philip C. C. (2013)."Misleading Chinese Legal and Statistical
Categories: Labor, Individual Entities, and Private Enterprises," *Modern
China* 39 (4):347—379.

Standing, Guy. (2011). *The Precariat: The New Dangerous Class*,
London: Bloomsbury Academic.

Szamosszegi, Andrewand Cole Kyle. (2011). "An Analysis of State-
Owned Enterprises and State Capitalismin China," for the *U. S. -China
Economic and Security Review Commission*, Oct. 26:1—116.

第八章　中国的劳务派遣：从诉讼档案出发的研究（之二）[①]

一、研究的问题、进路与资料

　　本章是《中国的劳务派遣：从诉讼档案出发的研究（之一）》（黄宗智，2017c）的后续研究。上一章[②]是根据 2012 年全国涉及劳务派遣的劳动争议案件来勾勒 2007 年新劳动合同法颁布之后所涌现的劳务派遣的基本面貌；本章的目的在于进一步探讨 2013 年起施行的劳动合同法（2012 年修订）、人力资源和社会保障部 2014 年起施行的《劳务派遣暂行规定》，以及最高人民法院的几个司法解释，特别是 2013 年《最高人民法院关于审理劳动争议案件适用法律若干问题的解释（四）》（以下简称《解释（四）》）等实施之后的

[①] 本文原载《开放时代》2017 年第 4 期：152—176。纳入本书，只做了细微调整。
[②] 在本文中，"上一篇文章"指黄宗智，2017c；亦即本书第 7 章。

司法实践,重点分析 2013 年以来案件中所呈现的变与不变。

这里应该再次说明本文所采用的研究方法——劳务派遣法律有的条文含糊不清、复杂矛盾,不能仅凭法律条文来分析,必须要从司法实践出发来澄清其实际运作,而后据此来说明劳务派遣的演变趋势、其理论与实践层面上的矛盾,凭此来说明其实际含义。本文同时试图探讨一些上一篇文章没有关注的问题,特别是涉及少数民族的案件以及二审推翻一审的案件。同时,进一步检视上一章所突出的法理与司法实践中呈现的黑洞问题,即在分割了签订合同单位与实际管理单位之后,工人的权利很难得到保护。

上一章的经验证据主要来自中国裁判文书网收录的(劳务派遣案件数量刚开始快速上升的)2012 年全国基层法院判决的涉及劳务派遣的劳动争议案件,总共是 59 起,其中 2 起是重复的,进入我们实际讨论的共有 57 起。2012 年之后,案件数量大规模扩升。本章的经验依据是 2016 年年底搜索出的 2013 到 2016 年分别来自新疆维吾尔自治区和上海市的涉及劳务派遣的劳动争议案件,不仅包括基层法院判决的案件,也包括中级人民法院判决的案件。之所以选择新疆和上海是因为两者在一定程度上代表了中国的两端——一个仍然较多依赖行政管理和国有企业,一个市场经济和私营企业发展程度较高。同时,新疆较多涉及少数民族劳动者的案件,在劳动关系("阶级")问题之上,还涉及少数民族问题。在以上限定范围之内,新疆共有 168 起案件。其中,33 起的原告或被告是少数民族人士,其中 2 起是重复的,进入我们具体讨论的是 31 起。至于上海,以上限定范围之内共有 433 起案件,其中 344 起是基层人民法院判决的案件,89 起是中级人民法院判决的案件。因数量较大,本文采取抽样的办法,从前者每 15 起中抽样 1 起,得 22 起,从后者每 10 起中抽样 1 起,得 8 起,总共 30 起(其中 2 起是重复的),具体讨论的是 28 起。以此为依据来进行两地的对比。本文使用的案件都在附录 A 和附录 B 按照讨论先后列出。

应该再次说明,笔者认为现阶段劳务派遣工的系统研究仍然处于初始阶段,需要结合质性与量性分析,如果单一地从事定性(单一案件或法律文本)分析或定量分析,很容易忽视要点,甚至犯严重脱离实际的错误。因此,本章采用的方法仍以抽样的定性案件分析为主(因此把案件限制于可以操作的数量),但也带有一定的定量维度,当然,由于抽样较少,只可能是比较粗略的。

本章研究的案件可以分为四大类。第一类是国企和事业单位与其员工的争议。新案件材料在涉及国企的案件中所显示的法律运作和上一章基本一致,即国企凭借劳务派遣法律的"护身符",把自身改为新法律所认定的"用工单位"而不再是"用人单位",凭此解除自身与其众多员工间的法定"劳动关系",把其转给劳务派遣公司。作为法律新建构的"用工单位",它们和员工之间只具有"劳务关系",主要是用于"临时性、辅助性或替代性"的工人,在法律上只需对其履行十分有限的义务,一如笔者在上一篇文章中详细论证的那样。

笔者上一章中的案件主要是大型国企的例子,没有事业单位的例子。新的 2013—2016 年的案件则有一定比例的事业单位,它们基本上都在模仿国企使用劳务派遣中介公司而"改制"和"甩包袱"。同时,可以看到,有的国企和事业单位正在新法律的空白中大量使用派遣工人。在中国劳务派遣工大规模兴起的近几年中,关乎劳务派遣法律的司法实践在这方面基本一仍其旧。

第二类是私企与其员工间的争议。此类新案件说明私企(多具有相当规模,也包括中外合资企业)正在模仿之前的大型国企的行为,即"灵活用工"。其手段主要是凭借劳务派遣公司的"护身符"来裁员和雇员,摆脱旧劳动法律规定的义务,借此来降低其劳动成本。

第三类是劳务派遣公司作为新型的所谓"用人单位"(虽然并非实际管理单位)与同其签订合同的员工间的争议。在笔者上一章分析的 2012 年的案件中我们已经看到,在司法实践中,法院依据合同理论,特别重视劳务派遣公司是否履行了具体的合同条款以及是否违反合同法规。在那些方面,法院一般比较严格要求劳务派遣公司负责,如不付或拖欠工资、不与劳动者协商而单方解除合同、未负工伤责任、未依法签订合同等。但同时我们也看到,工人维权要面对重重障碍,如法院在 2012 年的案例中,基本上拒绝审理关乎社会保险的争执,僵硬地适用必须在一年之内提出仲裁申请的规定(如果超出诉讼时效,法院会拒绝受理),严格要求形式化的"证据"而不接纳(农村惯用的)口头协议、欠条或通过中间人达成的非合同式协议等。同时,法院在实际运作中基本上否定法定的"同工同酬"规则,质疑其具体含义——所指的仅是同类工作还是不仅同类而且又是同等的个人工作效率和贡献。对劳动者来说,最困难的是争得加班工资、未休年休假工资、用工单位单方解除合同的经济补偿(按连续工作期限计算,每年补偿一个月的工资,最多 12 年)等处于法律黑洞中的权利。我们的案件显示,在这个黑洞中,劳动者基本上仍然无法争得相应的法律保护。

但是,即便如此,也有一些新的现象。在新疆的劳务派遣公司与工人的最大一组(13 起)案件中,原企业在关闭其一个石矿场前没有预先把工人"合法地"转为"劳务关系"的派遣工,而试图把公司此部分和其员工一举让劳务派遣公司来接管。在审理中,法院基本遵照 2013 年《解释(四)》第 5 条,判决一个接管了原公司的劳务派遣公司必须承担原公司的法定义务。最高人民法院具体而又恰当的解释乃是此组案件判决的关键,起到了重要的作用。在另一起案例中,一家企业同样没有事先解除其与工人间的劳动关系(把其"合法地"转入劳务派遣公司而把关系改为劳务关系),法院同样判决,该企业(单方)解除合同的经济补偿金义务应由接管的劳务派遣公司来承担。

另外,从 2012 年的案件中我们看到,法院基本上都拒绝受理社保方面的争议(那是承继世纪之交的"抓大放小"方针时的国家政策),但在 2013—2016 年的案件中,法院则已经基本遵照了最高人民法院 2010 年的解释(《最高人民法院关于审理劳动争议案件适用法律若干问题的解释(三)》,以下简称《解释(三)》,2010:第 1 条),认真审理这方面的争议。此点在下文最后一类案件(主要是二审案件)中特别明显。但是,法院仍然拒绝进入关于具体社保条件的争议,把自身限定于只审理是否应该为劳动者缴纳社保费用的原则性问题,对因"分流""改制"而被转入低标准社保的工人帮助不大。

总体来说,国家政策和法律的用意无疑是要逐步让劳务派遣公司(如今被法律定位为与其签订合同的员工的法定"用人单位")对其员工肩负更多的义务和责任。这是国家和法律允许国企和事业单位以及（成规模的）私企"甩包袱"和"灵活用工"这一战略决策下的一种缓冲政策，尽可能让小规模、对国家经济大局来说不那么重要的劳务派遣公司来承担更多对劳动者的义务。

　　但即便如此，作为仅仅是签订合同的中介而不是实际的管理单位，劳务派遣公司无论在理论上还是在实际运作层面上，对劳动者的保护都不可能达到与旧劳动法规同等的程度。我们看到，在众多要求加班工资的案件中，没有一起是劳动者胜诉的，而在未休年休假工资的争议中，只有一起是劳动者胜诉的。同时，实际的管理单位作为用工单位，其实拥有更大的权力来辞退劳动者，却无须再负单方解除劳动合同经济补偿金的义务。此外，我们还将看到，有的劳务派遣公司（与相关企业一起）还采用了一些有效策略来应对国家加强对劳务派遣公司应负责任的管辖意图，凭借使用多家劳务派遣公司或每年转换一家劳务派遣公司，每次只签订一年合同的方式，来使其可能要承担的义务最小化，把解除合同经济补偿金限于一年以下，按照法律规定（在同一合同下，每工作一年补偿一个月的工资，最多12年），最多只是补偿劳动者一个月的工资。

　　最后一类案件是二审案件（其中1起是二审后向新疆高级人民法院的再审申请），总共14起，上海8起，新疆6起（其中1起不涉及实质性裁判，只是管辖权争议）。此两组案件所显示的关键不同是，前者清一色地维持了原判（2起所谓的改判实际上只不过是金额计算方面的微小改动，而不是原则性的改动）；而新疆方面（实质性）二审的5起中则有4起显示了实质性的裁判，有追求调和争议双方或三方（企业、劳务派遣公司和员工）的裁判，也有多少照顾到劳动者处境的"实质主义"判决，更有超越简单的诉讼时效的判决,而不是仅仅依赖法律字面意义和规定的"形式主义"审判,展示的是一种纠正目前趋势的可资更广泛使用的方法(关于中国法律中实质主义和形式主义的详细讨论,见黄宗智,2020b)。

两组案件如此突出的不同,也许会使我们猜测,在少数民族地区,法院,特别是中级人民法院的二审,在照顾到国家偏向企业的"甩包袱"和"灵活用工"经济战略政策的同时,也照顾到民族关系的维护,尽可能缓和源自劳务派遣政策和法规造成的劳动者与企业/劳务派遣公司间的矛盾。从我们所掌握的经验证据来看,这有可能是国家"维稳"战略政策的一个重要部分,但不能一概而论,因为我们也有二审僵硬维持形式主义化的原判的例子。最符合实际的概括也许是,通过劳务派遣法律来协助国企和大型私企减轻其对员工的责任固然是大势所趋,但我们也看到一些相反的倾向,呈现出一个错综复杂的局面。虽然如此,无可置疑的是劳务派遣法律实施的主要效果是企事业单位的负担减轻以及大多数派遣工人缺少相应的法律保护和社会保险。

二、国企、事业单位与其员工

在新疆 2013—2016 年间涉及国企和事业单位与其少数民族员工的 7 起案件中,有 4 起是国企的,3 起是事业单位的。与我们2012 年来自全国的所有基层法院案件相比,2013—2016 年新疆的案件组合与其基本相似,也说明国企是率先使用劳务派遣来"甩包袱"的。上海在此期间不同,在我们的抽样案例中没有率先使用派遣工的国企的案件,但有 6 起是接踵而来的事业单位的案件。下面我们分别讨论新疆和上海的案件。

(一)新疆的大型国企

1.国网新疆电力公司巩留县供电公司

首先是 3 起(大型国企)国家电网公司(State Grid Corporation of China)下属的新疆巩留县供电公司(以下简称"巩留公司")与 3 名工人间的争议。原告卡斯木·买斯木从 2000 年起在该公司当抄表员。2007 年,公司指使他签了《解除劳动关系合同书》,并与伊犁伊劳人力资源派遣有限责任公司签订合同,借此把其与公司的关系置于劳务关系而非劳动关系之下。2011 年 4 月巩留公司对其停发工资。卡斯木于 2016 年才申请仲裁,要求巩留公司为其补缴 2000 年到 2004 年的养老保险金和医疗保险金,以及解除合同的经济补偿金(工作 10 年,即 10 个月的工资)。法院判决,原告与巩留公司间的劳动关系已于 2007 年"自愿"解除(因为他签了名),之后与公司只是用工关系,即劳务关系而非劳动关系。而且原告申请仲裁"已过诉讼时效",据此驳回卡斯木的要求。(案件 A-1)

其他两起案件案情基本相同。努来力·亚尔买买提 1997 年入职巩留公司,工作了 13 年,同样于 2007 年被公司指使签了解除劳动关系协议书。2010 年 10 月,公司对其停发工资。努来力同样于 2016 年 2 月 18 日才申请仲裁(明显是因为事后方才认识到自身的可能权利,决定申请仲裁,随后起诉),要求公司补缴 1997 年至 2005 年 9 年间的养老和医疗保险金。公司声称努来力是"自愿"签

订了解除劳动关系协议书,而其申请仲裁"已过诉讼时效"。法院判决,公司的行为合法,驳回努来力的诉讼请求。(案件 A-2)

原告热孜万古丽·阿布都吉力力(女)同样从 2002 年到 2013 年在巩留公司工作了 11 年。公司于 2013 年 1 月停止对其发放工资。原告要求公司补缴最近 3 年的养老和医疗保险金,并支付解除合同经济补偿金(12 个月的工资)。公司同样辩称,原告乃"自愿"于 2007 年签订解除劳动关系协议书,之后与公司只是用工关系,而且,其申请早已超过诉讼时效。据此,法院驳回原告的请求。(案件 A-3)

以上 3 个案例,和我们在上一篇文章中详细论证的事实基本一致,即国企凭借劳务派遣的"护身符"而"合法"摆脱其对长期劳动者的法定义务。这样,3 位劳动者分别在为公司工作了 11 年、13 年和 11 年之后被辞退且未获补偿。

2.中建西部建设公司

另一起案件是名列《财富》杂志"世界 500 强"的中建西部建设股份有限公司(一家建筑材料公司,以下简称"中建公司")与其一名特种搅拌车工人的劳动争议。原告肉斯旦木江·买买提与中建公司在 2008 年签订了两年的劳动合同,然后在 2010 年被指使与西兴邦劳务派遣有限责任公司签订两年合同,派遣到原公司工作,工作至 2012 年。但中建公司于 2011 年 7 月 1 日又再次与肉斯旦木江签订了劳动合同。2014 年 3 月 28 日,原告向中建公司提交了"辞职报告"(其实是要求公司让其适当照顾母亲)。3 月 31 日,公司给原告出具了《解除合同证明书》。原告因此要求解除合同经济补偿金3万元(工作6年,每月工资平均5000元),补缴2008年至2014年的社保费,双休日工资、加班工资、法定节假日工资,以及待岗期间(2014年5月至2015年4月)的生活费。

法院认定,原告在签订了劳务派遣合同之后,之前的劳动关系便已作废(成了劳务关系)。同时,之后的仲裁已超时效。而原告曾于2014年3月28日"以照顾母亲为由"向公司提交了"辞职报告",因此,乃是自愿辞职,据此,驳回原告要求解除合同经济补偿金的请求。至于原告的节假日工资要求,法院指出,原告每年冬天休假120天,而且,中建公司已经"进行了综合计算工时工作制的审批","原告全年上班时间并未超过法律规定的2000小时",据此驳回。至于原告的加班工资要求,法院认为原告未向法院提交证据,亦驳回。对原告提出的所有要求,法院只支持补缴社保费,但指出,不支持其补缴2014年4月至2015年4月间社保费的要求,因为其与公司的关系已于2014年3月28日(因自愿辞职而)解除。在支持公司补缴其之前社保的这一点上,此判决与上一篇文章讨论的2012年来自全国的案件颇为不同,说明法院已经比较认真地执行最高人民法院2010年关于此点的《解释(三)》。但在其他方面则基本一致。(案件A-4)

这里,我们第一次看到国企采用在劳动关系与(派遣)劳务关系之间轮换的策略,以降低企业在劳动争议中可能要承担的补偿金额。此点我们将在下面进一步讨论。

(二)新疆的事业单位

与上一篇文章讨论的 2012 年的案例不同,本文有相对多的涉及事业单位与其员工间劳动争议的案件,在新疆的案件中有 3 起(上海的有 6 起)。

塔依尔·依坦木(1962 年生)从 1989 年开始便一直在吐鲁番市文物管理局工作,并从 1990 年开始在其管理的阿斯塔那古墓群工作。2010 年,文物管理局让其与惠民劳务派遣有限责任公司(以下简称"惠民公司")签订合同。原告诉称,是在其不知情的情况下把其劳动关系转移到劳务派遣公司的。后又从惠民公司转移到吐鲁番市诚信劳务派遣有限责任公司。2015 年 6 月 1 日,塔依尔申请仲裁,而后起诉。但法院认为,其与文物管理局的劳动关系已于 2010 年解除,原告于 2015 年才申请仲裁,已经超过一年的诉讼时效,据此,支持仲裁委的裁决,驳回原告的要求。(案件 A-5)塔依尔不服,申请再审,但被拒绝。我们可以看到,此位 50 出头的工人根本就不能理解自己怎么会在长期于同一单位做同一工作的事实下,居然被莫名其妙地从有法律保障的劳动关系改为没有保障的劳务关系,所以一而再地申诉。

在另一起案件中,原告古拉依木·色力木从 1995 年开始在乌鲁木齐市沙依巴克区人民政府友好南路街道办事处(以下简称"办事处")当保洁员。2007 年该办事处改制为公益单位,让原告与华民劳务派遣有限公司(以下简称"华民公司")签订合同,合同期为 2007 年至 2012 年 5 月 31 日。2012 年 1 月,原告因肺结核病住院。

2012年7月以来,办事处不再给原告支付工资。原告起诉,要求办事处补缴2007年至2012年的社保费,以及支付生病期间的生活费,另加解除合同的经济补偿金。法院认定,原告与办事处早已解除劳动关系,与华民公司的合同则已于2012年5月31日届满终止,据此驳回原告的要求。(案件A-6)这样,这位工人在为同一个单位工作了17年后,不幸得了肺结核病,更不幸的是,等于是在没有任何补偿和社保的条件下被解雇。

第三起事业单位的案件比较特殊,与上述两起比较高度形式主义、条文主义化的判决有一定的不同。它是一个事业单位新疆文学艺术界联合会(以下简称"文联")的家属院和其2000年到2014年聘请的门卫约力瓦斯·吾甫尔之间的争议。法院查明,在2000年到2007年间,这位门卫的工资是由院里每户每月各出10元来维持的,认定乃是一种"雇佣关系"而不是"劳动关系",但从2008年开始,文联从各户收取物业费,因此与门卫原告建立了劳动关系。2013年3月1日,文联又让原告与众联劳务派遣公司(以下简称"众联公司")签订了劳务派遣合同,把其置于劳务关系之下。2014年7月1日,文联辞退了这位门卫工人。约力瓦斯遂起诉,要求解除合同的经济补偿金,补缴社保费,以及未签订合同期间的双倍工资①。(案件A-30)

一审法院判决,约力瓦斯已与众联公司签订了劳务派遣合同,对原告要求的未签订合同期间的双倍工资,不予支持。但是,在此

---

① 劳动合同法规定:"用人单位自用工之日起超过一个月不满一年未与劳动者订立书面合同的,应当向劳动者每月支付二倍的工资。"参见《中华人民共和国劳动合同法》(2007:第82条)。

之前的 2008 年到 2013 年,约力瓦斯与文联确实存在劳动关系,因此文联应补缴社保费用(文联只为其缴纳了 2009 年 4 月与 5 月的)。同时,文联应支付解除合同的经济补偿金(共 5.5 年,11 000元)。至于众联劳务派遣公司,虽然不必付经济补偿金,但应补缴2013 年到 2014 年的社保费用(见案件 A-30 判决书中的总结)。

此案的判决与上面的两起不同,带有一定的实质主义(照顾老工人、争取一定程度的妥协)成分而不是一般的强烈倾向更为形式主义的、法律条文主义的判决。虽然如此,原、被告都不服,提出上诉。在二审裁定中,此案审判中的实质主义倾向展示得更加清楚——我们将在下面的二审案件部分进一步讨论。

(三)上海的事业单位:双拥活动中心

在我们来自上海的(抽样)案例中,没有国企的案件,但有 6 起涉及同一家事业单位的案件,展示的是它正在模仿国企的"甩包袱"行为。其中 2 起是一审案(案件 B-1、B-2),4 起是二审案件(案件 B-21、B-22、B-23、B-24)。6 位原告的处境基本一样,而且面对的是同一家事业单位在改制之后的"减负"/"裁员"措施。该单位是位于上海华涌大厦的双拥活动中心(以下简称"双拥中心"),华涌大厦原是解放军部队的一个下属单位,是退伍军人服务中心,后于1999 年"改制","华涌大厦整体被划转给上海民政局管理",改名双拥大厦,成为双拥中心的办公场所。之后,双拥中心拟定计划,不再"承担"之前的经营性住宿、餐饮等职能,要改制成纯公益性的服务机构,于 2014 年 11 月 26 日获得上海市民政局批复"原则上同意"，让双拥中心按公益性事业单位"分类定位并依法分流相关人员"。双拥中心即于 2014 年 12 月 15 日起停止对外住宿、餐饮等经营，并进行相关人员的"分类改革事业编制外劳动合同制人员分流方案"。对此，其中一名原告诉称，被告双拥中心"打着分流改制的旗号，实质上是违法裁员"（案件 B-1）。由此兴起一系列涉及众多员工的劳动争议。本组的 6 起案件（来自 15 抽 1 的一审案件，和 10 抽 1 的二审案件）只不过是其所有劳动争议案件中的一小部分。

双拥中心的问题是，它没有事先把员工们的身份"合法地"转为劳务派遣工，也许是因为这些长期的事业单位员工不那么容易摆布。即便如此，双拥中心最终选择的是用另一种方法来减免其对劳动者须负的解除合同的经济补偿义务。双拥中心为部分员工提供了这样一种选择，即在被终止劳动关系之后，由双拥中心通过上海市民政局来为劳动者安排新的（作为劳务派遣工的）工作。显然，其做法涉及的依然是把劳动者从之前的劳动关系转入劳务派遣关系。劳动者面对的依然是从正规工人被转为非正规的劳务派遣工。

有一定代表性的是原告刘静（1970 年生）的案件。刘 1996 年应聘进入解放军下属的事业单位，1999 年调入双拥中心从事电工工作。2011 年 7 月 1 日，刘与双拥中心签订了无固定期限的劳动（关系）合同。2014 年 12 月 15 日，原告被双拥中心通知"不必再来上班"。双拥中心将原告划归"第一类"人员，由于"法定服务满 15 年距法定退休年龄不足 5 年，用人单位不得解除劳动合同"的规定，双拥中心为原告提供两个选择：一是解除原来的劳动关系后，由民政局安排重新就业，即下岗后（以劳务派遣工的身份）重新就业；二是"退岗休养"。刘起诉称今因此被转入劳务派遣工的不同标准的社保，每月损失 300 元的收入，据此，要求 6 万元补偿。(案件 B-1)

法院判决，双拥中心已依据最高人民法院的《解释(三)》而为原告缴纳社保费。至于原告诉称的从双拥中心的社保条件被转入(派遣工的)新社保条件所带来的损失，则不属于法院的受案范围，因此对其请求不予处理，驳回。

在另一起案件中，原告叶韵在双拥中心从事总机话务员工作，同样于 2011 年 7 月 1 日与双拥中心签订了无固定期限劳动合同，同样于 2014 年 12 月 15 日被通知不用再来上班。叶在本次改制中被划归(分流的)第三类人员，"属解除劳动合同类"。叶韵与李静同样，要求因社保条件更改而导致的每月 300 元损失的补偿。法院同样判决此点不属其受案范围。叶韵还要求解除合同的经济补偿。法院判决，劳动合同法规定："劳动合同订立时所依据的客观情况发生重大变化，致使劳动合同无法履行"，"用人单位提前三十日以书面形式通知劳动者本人"，可以解除合同。现双拥中心确实已经不再具有经营性职能，并非像原告诉称那样"非法解除合同"，因此，法院对原告的要求"不予支持"。(案件 B-2)

在我们 10 抽 1 的二审案件中，也有 4 起源自同一单位双拥中心的改制。上诉人何俊与以上第一起案件的原告刘静同样是电工，与第二起的原告叶韵同样被划归第三类人员，因不服原判而上诉，要求非法解除合同的经济补偿。但中级人民法院维持原判，理由一样：相关单位因客观情况的变化(终止经营性业务)，可以合法解除合同，不必支付经济补偿金。(案件 B-21)在第二起案件中，上诉人梅华忠与何俊一样,被划归第三类人员,要求经济补偿金和不能按原标准缴纳社保而对其造成的每月300元损失。中级人民法院同样维持原判。(案件B-22)第三起案件的上诉人周关英同样被划归第三类,同样要求解除合同补偿金和社保损失,中级人民法院同样维持原判。(案件B-23)第四起案件的上诉人万强华也属于同样情况。(案件B-24)

从以上的案件我们可以看到,上层的决策是让双拥中心从一个兼公益和商业性质的单位改制为纯公益性的单位,为此要解雇其经营性业务的人员,因此拟定了一个"分流"制度,实际基本上是裁员。为了减轻其对长期员工的解除合同经济补偿金和社保标准的负担,双拥中心采用的手段是法律条文关于单位签订劳动合同时的"客观情况发生重大变化"而"无法履行"原来的合同的借口,但其实并不是经营情况或业务发生重大变化,而是改制中的分类分流的行政抉择。

对员工们来说,则是在长期为一个单位工作之后,失去其与单位的劳动关系、一直以为是稳定的工作以及条件相当优厚的社保。其未来的工作将会是劳务派遣的工作而非正规劳动者的工作,无论是否通过民政局的安排都如此。这将意味着失去其原有福利的相当一部分。因此,他们试图借助保护劳动者权益的法律来维护自身的权利。

但他们面对的则基本上是企业和事业单位"甩包袱"的实际,这些案件表现出双方权益之间的冲突。双拥中心的行为,即便没有涉及用劳务派遣公司作为"护身符",也没有先把劳动者置于劳务派遣公司之下,但其所作所为的实际效果仍将是把劳动者转为派遣工。

三、私企

在上一篇文章分析的 2012 年来自全国所有基层法院判决的关于劳务派遣的 57 起劳动争议案件中，涉及的企业全是国企，没有一起涉及私企（虽然有一个承包公司被法院视作相当于私企），而在本文研究的案件中，在新疆有 1 起，上海有 9 起。从新案件中，我们可以看到，私企已经相当广泛地在模仿国企借用劳务派遣"护身符"来"灵活用工"以降低其劳动成本。

（一）新疆的一家私企

在新疆的案件中，虽然只有一起涉及私企与其员工的案件，但该公司所采用应对员工的手段具有比较广泛的意义。原告艾沙江·买买提从 2007 年 8 月 21 日至 2012 年 9 月 24 日在新疆金纺纺织股份有限公司（以下简称"金纺公司"）从事捡花工作。在此期间，艾沙江相继被安排与四家不同的劳务派遣公司轮流签订了合同，直至 2012 年合同终止。原告在 2015 年方才提出申请仲裁，要求解除合同经济补偿金、补缴社保费，以及未签订合同期间的双倍工资。法院驳回原告的请求，因为已经超过诉讼时效。（案件 A-7）

原告很可能一直以为，自己所遭受的乃是比较普遍的待遇，并没有想到要起诉维权，所以拖延了数年方才申请仲裁和起诉。虽然如此，我们也可以看到，金纺公司很可能是有意每年更换劳务派遣公司，来减低自己可能要负担的解除合同经济补偿金、补缴社保费,以及未签订合同期间的双倍工资。对企业和劳务派遣公司来说,短期轮换劳务派遣公司,每年签订新的合同,建立新的关系,使劳动者很难争得连续工作全期的补偿,也使其更难于在法定时效期间提出适用于前几个合同期间的申请。下面我们会看到,有的企业和劳务派遣公司已经开始用这种方法来应对劳动者的可能维权行为。

(二)上海的私企

作为全国市场经济和私企最发达的地方之一,上海的私企与其员工的争议当然要比新疆复杂和多样。它们为我们说明私企是怎样在模仿/跟随国企来使用劳务派遣公司作为"护身符"的,也进一步说明劳动者多么难争得加班和未休年休假工资。它们更为我们阐明劳务派遣公司(以及企业)是采用哪些方法来应对各种实际的。

1.中集冷藏箱公司

首先是中外合资企业上海中集冷藏箱有限公司(以下简称"中集公司",注册资本3100万美元)与其两名员工间的两起劳动争议案件。原告陆卫华于1998年便开始在中集公司从事车间操作工作,但公司一直未与其签订劳动合同。2008年,原告工作满10年,按照法律规定,公司应与其签订正式的无固定期限劳动合同,但公司一直拖到2013年12月1日方与其签订合同。原告要求2008年至 2013 年末签订合同期间的双倍工资。另外,原告诉称,工作期间每天工作 12 小时,休息日及法定节假日都有加班,要求加班和未休年休假工资。

法院认定,原告于 2015 年 1 月方才提出仲裁申请,要求未签订合同期间的双倍工资,已超过诉讼时效。2014 年前的未休年休假工资同样已超过时效,也驳回。最后是加班工资的请求,因公司的考勤表只记录是否出勤,没有加班的具体信息,不足为据,亦驳回。(案件 B-3)

另一原告周为国从 1998 年开始在中集公司从事车间操作工作,但是是由上海世贤人力资源有限公司派遣到中集公司工作的,最初是签了 5 年的合同。2013 年 1 月 17 日,在下班途中,原告因"对方全责的交通事故而受伤",经宝山区人社局认定为工伤,病休一年。原告起诉,要求认定其与中集公司的关系乃劳动关系,并诉称工作期间每日工作 12 小时,休息日和法定节假日均有加班,要求加班工资以及未签订合同期间的双倍工资。(案件 B-4)

法院认定,原告与中集公司在 1998 年到 2013 年之间的关系是劳务派遣关系而不是劳动关系,因此,不支持原告要求的未签订合同期间的双倍工资(因为只适用于具有劳动关系的工人)。至于原告要求的加班工资,法院判词虽然花了较大篇幅来回于原告和中集公司所提供的证据和说辞间,但显然并不足以真正澄清事实,最终的结论不过是原告提供的"证据不足"。何况,原告提出的仲裁申请已经超过诉讼时效,所以也不予支持。

此案例说明,中集公司已经采用了类似之前国企使用劳务派遣公司作为"护身符"的方法来摆脱其对劳动者的法定义务。同时，这两起案件也（与笔者上一篇文章中的论述同样）说明，没有企业的配合，劳动者很难提供法院要求的加班和未休假证明。事实是，在法律剖开了用人与用工单位的理论建构框架下，劳动者几乎没有可能争得用工单位要对其管理行为负责的法院判决。

2.安捷轿车运输公司

再则是 3 起上海安捷轿车运输有限公司（以下简称"安捷公司"）与其员工间的争议。杨星海 2008 年入职安捷公司工作。2011 年安捷公司让杨与公司下属的"职工劳务公司"签订合同，把杨转为被派遣到安捷公司工作的派遣工。杨诉称，在职期间，公司从未安排法定节假日休息，也未安排休年休假，他要求 2008 年 3 月 25 日至 2015 年 4 月 7 日间的加班工资共 63 000 元、未休年休假工资共 28 636 元、解除合同经济补偿金共 38 340 元。法院认定，原告与安捷公司不存在劳动关系，乃是劳务关系，而且，原告的岗位实行不定时制，工资"按照里程计算"。据此，驳回原告的请求。（案件 B-5）

另一原告姚亮在类似的情况下进入安捷公司，同样于 2011 年与公司的职工劳务公司签订劳务合同。姚亮在同一律师（汪洋）的代理下，同样提出要求加班工资、未休年休假工资和解除合同经济补偿金。法院同样认定，原告是劳务派遣工，工资按照里程计算。据此驳回原告的请求。（案件 B-6）

最后，原告毕玉杰也是在同一律师的代理下，提出同样的要求，同样被法院驳回。（案件 B-7）

从以上的案件我们可以看到,安捷公司早已有充分的准备,建立了劳务派遣公司作为"护身符",并把工作岗位设定为不定时制,报酬根据里程计算,以此排除了劳动法规关于工时和加班、休假工资的适用情形。劳动者根本就没有可能按照一般的劳动关系法律来争得加班和未休年休假工资以及解除合同的补偿。我们看到,在本文的所有案例中,没有一起劳动者争得加班工资的例子。至于未休年休假工资,我们下面将看到,只有一起成功的例子。

3.另外两家私企

在另外两家私企与其员工的争议中,案情也基本和上述的五个案件相似,即企业凭借劳务派遣公司及其合同作为"护身符",成功摆脱了对其员工的法定义务,同时,使用计件或里程报酬制度来排除加班和未休年休假工资的要求。

原告张文明被上海联慧人力资源发展有限公司派遣至上海安吉汽车运输有限公司(以下简称"安吉公司",注册资本 3500 万元)从事驾驶工作,从 2009 年 12 月 17 日工作至 2013 年 12 月 31 日。然后,张于 2014 年 1 月 1 日起与安吉公司签订了劳动合同。2015 年 4 月 21 日,原告向安吉公司提出辞职,理由是公司未安排带薪年休假和加班工资,并要求支付解除合同经济补偿金。法院认为,安吉公司实行不定时工作制,工资按照里程计算,而且,原告申请仲裁已过诉讼时效,驳回原告的所有要求。(案件 B-8)

在最后一起私企案例中,原告戈锋被劳务派遣公司辅臣建功人力资源发展有限公司(以下简称"辅臣公司")派遣到上海益实多电子商务有限公司(以下简称"益实多公司",注册资本 4000 多万元)工作。2015 年 8 月 7 日,益实多和辅臣两家公司通知原告等员工将变更劳动合同,降低其工资,更改合同期限。8 月 13 日,原告与 100 多名员工联名向益实多公司发出"协商通告",显然希望能够与公司协商解决问题,要求两家公司于协商期间保证员工正常工作。但益实多公司于 8 月 21 日以原告等"旷工"为由,解除与原告的劳动合同。公司对法院声称,原告等"聚众闹事,连续旷工多日",故将原告"退回辅臣派遣公司"。8 月 21 日,辅臣公司决定解除与原告等的劳动合同。9 月 17 日,戈锋等申请仲裁,要求解除合同经济补偿金,没有获得支持,遂起诉。法院经调查指出,原告与辅臣公司签订的合同第 6 条第 2 款第 5 项含有以下规定:"员工有旷工行为的,属于严重违反公司规章制度行为,公司有权立即解除劳动合同并无须支付经济补偿。"据此,法院驳回戈锋的诉讼请求。(案件 B-9)

显然,益实多公司在决定降低薪酬之前,早已对员工的可能抗议有所防卫,而且早在签订合同之前便已与辅臣公司制定了可以因旷工而解除与劳动者的合同并且无须支付经济补偿的条款。看来,这家公司和劳务派遣公司早已串通好如何应付员工的可能抗议。事实是,在国家法律偏向支持企业凭借劳务派遣中介来"灵活用工",以及企业和劳务派遣公司的预谋下,劳动者实在没有太多的抗争空间。①

四、劳务派遣公司

以上叙述的案例所展示的是劳务派遣在司法实践中的主要含义。虽然如此，我们也要看到，国家政策和法律正在逐步加强对劳务派遣公司的管理，要求其承担更多对劳动者的义务，在新疆的案例中尤其明显。同时，两地都有鲜活的例子说明劳务派遣公司正在采用一些对策，包括只与劳动者签订短期的合同，轮换劳务派遣公司，以及在合同中纳入防御劳动者抗议的条款等，来逃避应该对劳动者履行的义务。以下我们先论述劳务派遣公司要履行的法定义务，而后讨论有的劳务派遣公司所采用的应对策略。

---

① 当然，虽说通过劳务派遣公司作为中介来聘请员工乃是被私营企业广泛采用的"护身符"，但并不意味着借此可以拖欠或不支付薪酬，因为这方面国家在21世纪之初便已施行了比较严格的政策和法规，来遏制那种一度泛滥的行为。原告王善争是通过上海正航劳务派遣有限公司派遣到昌硕科技（上海）有限公司（以下简称"昌硕公司"）工作的员工，因昌硕公司没有按期全额支付薪酬，原告申请仲裁，要求公司支付3665元工资差额，获准，但其所要求的4800元解除合同经济补偿金则没有获得仲裁委员会支持。原告不服，但法院同样支持第一项，判决驳回第二项（因是原告提出辞职）。（案件B-10）此类案件中的最后一起案件比较特殊：一位高级技术人员于海龙，被中国四达国际经济技术合作有限公司上海分公司派遣至屹立锦纶科技（苏州）有限公司（以下简称"屹立公司"）当销售副经理。约定解除合同要提前90天书面通知并带有"竞业限制"的"保密协议"，即离职一年之内"不得从事与屹立锦纶公司相竞争的业务"。2014年屹立公司通知原告合同到期终止。原告要求经济补偿金和3个月工资的替代通知金。法院判决，根据最高人民法院的《解释（四）》第6条，有"竞业限制"约定但没有约定经济补偿的合同，应以解除合同前12个月工资的30%按月支付经济补偿金。其他要求被驳回。（案件B-11）

(一)新疆:劳务派遣公司应履行的义务

1.接管企业和其员工的劳务派遣公司要履行原用人单位对工人解除合同经济补偿金的义务

首先要讨论的是本文关注的新疆案件中最大的一组,共 13 起(除了一名原告是哈萨克族之外,其余都是维吾尔族),是一个涉及50 多名采石工的争议(案件 A-8 至 A-20)。新疆沙湾天山水泥有限责任公司(以下简称"天山公司",注册资本 9000 万元,员工约700 人)是这些工人原来的用人单位,但 2014 年年底,天山公司通过东硅人才劳务有限责任公司(以下简称"东硅公司")通知采石工人,采矿场即将停产,将由东硅公司来与员工们解除劳动合同。名义上,东硅公司可以为工人们安排转往另一家采矿场工作,但因新矿场离原来的采矿场和工人们的家较远,对工人们来说,并不是一个有实质意义的选择。法院在判决中明确说明了此点。此前,天山公司并没有明确告知工人们即将把他们的用人单位从天山公司改为东硅公司,而且天山公司还一直支付工资给工人们。

在解除合同过程中,东硅公司曾试图以"旷工"为借口,解雇吐尔汉·胡沙英(哈萨克族,2008 年至 2013 年在公司工作)。在那起案件中,法院判决东硅公司"未提交证据证明原告严重违反用人单位的规章制度",应负担解除合同经济补偿金 14 092 元,另加相当于其一半的"额外经济补偿金",作为公司试图非法解除合同的惩罚。(案件 A-10)

此组案件判决的关键依据的是最高人民法院的司法解释——"劳动者非因本人原因从原用人单位被安排到新用人单位工作，原用人单位未支付经济补偿，劳动者依照劳动合同法第 38 条规定与新用人单位解除合同，或者新用人单位向劳动者提出解除、终止劳动合同，在计算支付经济补偿或赔偿金的工作年限时，劳动者请求把在原用人单位的工作年限合并计算为新用人单位工作年限的，人民法院应予支持"（《最高人民法院关于审理劳动争议案件适用法律若干问题的解释（四）》，2013：第 5 条）。最高人民法院此项解释适合此组案件的情况也比较具体，成为法院对此案判决的主要依据。（见案件 A-13）

另外，天山公司对事情处理含糊不清并违反法律，当然也是个重要因素。法院认为，在东硅公司与劳动者签订合同时，天山公司"并未向原告告知其身份转化"，"并未解除或终止原告的劳动关系，并支付劳动补偿金，且一直向原告支付工资，致使原告无法明确劳动关系的相对方是哪一方，其行为违反劳动合同法有关劳务派遣的规定……"据此，法院判决东硅公司除了一般的解除合同经济补偿金之外，还应支付原告（惩罚性的）"额外经济补偿"，相当于其经济补偿金的一半。（见案件 A-10、案件 A-20）

在新疆 2013 年至 2016 年的案件里，关乎接管天山公司的东硅公司与其员工间的争议中，还有两起的原告是汉族劳动者，法院的判决和对维吾尔族（与一名哈萨克族）劳动者完全一致。这一判决是可以理解的，即便法院原则上比较照顾少数民族，也不会在同一法院的同一案件中显示不一致的判决，更可能使用的办法是，在针对单独劳动者的二审判决中才这么做。（见案件汉-1、案件汉-2；亦

见以下关于二审案件的进一步讨论)

2.劳务派遣公司要负单方解除合同的经济补偿责任

在另一起案件中,原告西尔艾力·库尔班在 2007 年进入新疆新能天宁电工绝缘材料有限公司(以下简称"天宁公司",注册资本500 万元)工作。从 2008 年 10 月开始,天宁公司为其缴纳社保费。2009 年,天宁公司让原告签了"解除劳动关系证明书",其后又签订了两年合同,续签至 2011 年年底。2012 年天宁公司让原告与新疆才特好人才服务有限公司(以下简称"才特好公司")签订派遣合同,合同期至 2013 年年底。2014 年续签两年到 2015 年年底,之后解除合同。原告起诉天宁公司,要求解除合同经济补偿金 19 728元,另加未签订合同期间的双倍工资 18 374 元、加班工资 15 717元、未休年休假工资 28 455 元。一审判决,天宁公司已于 2011 年底与原告解除劳动关系,无须负其后的责任,但才特好公司则与原告建立了劳动关系,须支付单方解除合同经济补偿金,并与在天宁公司工作年限合并计算,共计 19 700 元(工作 7 年,即 7 个月的工资)。另外,法院认为才特好公司还应支付 2013 年至 2014 年未休年休假工资 1397 元。至于原告要求的加班工资,法院认为证据不足。(案件 A-21)

3.劳务派遣公司要对劳动者负一定的社保义务

上面我们已经看到,劳务派遣公司也要对劳动者负一定的社保义务,一如上面讨论的关于原告约力瓦斯与新疆文联家属院的争议所展示的那样,此点在以下要讨论的二审案件中尤其显著。这和2012年的案件所显示的法院相当普遍地认为社保争议不属于其受理范围很不一样——无论是企业、事业单位还是劳务派遣公司。在2013年到2016年的案件中,我们已经看到,在新疆一起涉及事业单位文联(见案件A-30)和上海涉及事业单位双拥中心的6起案件(案件B-1、B-2、B-21、B-22、B-23、B-24)中,法院比较明确地判决劳务派遣公司原则上应负责其员工的社保,尽管法院仍然认为关于具体的不同标准社保条件的争议不属于法院受理的范围,把法院管辖的范围限定于是否应该提供社保的原则问题上,不审理其不同标准的具体问题。在以上涉及事业单位新疆文联的案件中,法院明确判定工人被转入的众联公司要负担劳动者在其合同期内的社保。(见案件A-30判决书中的总结)

(二)新疆:劳务派遣公司采用的对策

从以上的案件中我们看到,2013年以来,国家政策和立法者的意图是让劳务派遣公司肩负更多对劳动者的义务,虽然如此,我们也要认识到,劳务派遣公司已经"发展"出一些相应的对策。

1.签订短期合同,轮换劳务派遣公司

2011年到2015年间,原告艾合买提·依米尔被安排与一系列的劳务派遣公司——从鑫汇源到才特好到新源公司——轮换签订

了一年的短期派遣合同,被派遣到天康畜牧有限公司(以下简称
"天康公司")做投料工作,最后天康公司才于 2015 年 1 月 26 日与
原告签订了劳动合同。但 2015 年 12 月 1 日,天康公司却口头通知
原告不用再上班。原告遂申请仲裁,而后起诉,要求解除合同经济
补偿金(工作四年半,即四个半月的工资)和补缴社保。法院判决,
天康公司解除合同,需要支付原告半个月的经济补偿金,其他的都
不能算,因为之前几年都是与不同公司签的合同,原告的申请已经
超过诉讼时效。至于原告要求天康公司补缴之前的社保,同样早
已超过一年的诉讼时效。(案件 A-22)

这里,我们可以看到,天康公司和三家劳务派遣公司都是有意
识地与原告只签订一年的合同,为的正是要使公司可能要履行的
义务最小化。签订短期合同并在多家劳务派遣公司间轮换,显然
是一个使劳务派遣公司可能要履行的对劳动者义务最小化的有效
方法。

2.在合同中纳入防御性的条款

此外则是在合同中纳入防御性的条款。原告麦合木提·麦麦
提于 2009 年 12 月 1 日与被告新疆新民生劳务派遣有限公司(以下
简称"新民生公司")签订为期三年的劳动合同,被派遣至乌鲁木齐
铁路局乌鲁木齐机务段检修车间从事机车钳工工作。期满后双方
于 2012 年 12 月 1 日续签了五年的合同。其后,新民生公司拟(根
据铁路局的意见)把原告岗位从原来的机车钳工(技术工作)变更
至客运服务工作。原告不愿意,于是申请仲裁,要求解除合同经济

补偿金以及争议期间的工资与社保费用。但新民生公司对此早有防备,在双方所签订的合同中,早已设定了以下条款:"甲方在合同期内因工作需要,可以对乙方工作岗位调整,乙方应予服从。……否则,甲方有权对乙方按自动离职处理并与乙方解除劳动关系……其间甲方不承担乙方工资及社会保险费用。"据此,法院判决,驳回原告要求。[1](案件 A-23)

(三)上海:劳务派遣公司应对劳动者的方法

上海的劳务派遣公司当然也有相应的对策,再次说明劳动者很难争得加班工资。特别值得注意的是,我们的案件还说明,用工单位可以不必履行经济补偿义务而解雇劳动者。劳务派遣公司同样可以凭借用工单位"退回"劳动者而避免自身要履行的解除合同经济补偿义务。这也是黑洞的一个方面。

1.用工单位"退回"劳动者不受法律约束

第一种情况和笔者称作法理与司法实践中的黑洞直接相关。

---

[1] 另外还有两起劳务派遣公司与工人之间纠纷的案件。一是阿不来力木·牙合甫诉新疆守信劳务派遣有限责任公司和乌鲁木齐铁路局关于法院管辖权的案件,其实质意义不明。(案件 A-24;亦见二审案件 A-27)在最后一起劳务派遣公司与工人的劳动争议中,原告艾海提·图尔迪在 2008 年被巴州天信人力资源服务有限公司派遣到轮台县邮政局工作。2013 年 10 月被解除合同。原告要求经济补偿金,但邮政局出具意见,说原告"不能准确投递邮件,投递服务态度差,屡遭客户投诉,并经常积压甚至丢失报刊、邮件,经过多次反复批评、教育仍屡犯未改正"。法院据此驳回原告的要求。(案件 A-25)

在剖开了用人与用工单位的理论建构下，原公司虽然成为"只用工、不管人"的单位，但作为实际管理单位，实际上仍然有权辞退劳动者，而且不必负法律责任；如果是用工单位而不是劳务派遣公司辞退工人的，劳务派遣公司也不必负责任。此点其实和劳务派遣法律原来的目的直接相关，即允许企业借助劳务派遣的"护身符"不履行赔偿义务而"甩包袱"。

原告刘建强于 2009 年 6 月 29 日被上海工蕴人力资源有限公司（以下简称"工蕴公司"）派遣到上勤物业管理有限公司（以下简称"上勤公司"）从事电工工作。2014 年 12 月 22 日上勤公司通知原告决定将其开除，而且没有全额支付承诺的工资。为此原告提出仲裁申请，之后起诉，要求解除合同经济补偿金、未支付的工资以及强台风期间的 4 天加班费。工蕴公司辩称，上勤公司因原告严重违反规定、处事不当（没有具体细节）而"建议原告辞职"。所以，工蕴公司不应支付解除合同经济补偿金。据此，法院判决，原告虽然主张与其建立劳动关系的是上勤公司，但法院查定，实际上是工蕴公司，故法院不支持原告要求用工单位上勤公司负担经济补偿金。至于工蕴公司，因解除合同的乃是上勤公司，同样不应负解除合同补偿金的责任。至于原告关于加班费的要求，法院认为缺乏证据，也不予支持。最终，法院只支持上勤公司支付原告未支付工资（奖金）单一项要求。（案件 B-12）

在另一起案件中，情况基本相同。原告王明岗被上海苏通人才服务有限公司（以下简称"苏通公司"）派遣到德尔福汽车空调系统有限公司（以下简称"德尔福公司"）当操作工，2009 年 3 月 30 日入职。原告诉称，入职后被用工单位班长调动到炉前工作，工作量较大,而他又未经过培训,无法完成,班长因此命令他回家。2015 年 6 月 5 日,苏通公司发出通知,以王被德尔福公司"退回"为由,解除合同。王经仲裁失败,起诉,要求解除合同经济补偿金。法院认为,用工单位德尔福公司退回王"并无不当",而劳务派遣公司苏通解除合同也"并不违反法律规定",驳回王的要求。(案件 B-13)

以上两起案件再次为我们说明法理与司法实践中所存在的黑洞问题。作为实际管理原告的用工单位,在第一起案件中的上勤公司有权(声称因劳动者违反公司规章制度)单方解除与原告的合同(把劳动者退回劳务派遣公司),而作为中介的劳务派遣公司则因为并不是解除合同的管理单位,也不承担经济补偿金的义务。至于加班费,更毋庸说是属于实际管理单位的权限,劳务派遣公司无权管理,因此也不必负法定责任。在第二起案件中同样,德尔福公司作为用工单位(实际管理工人的单位)有权调动劳动者并将其退回劳务派遣公司。这样,其实为管理单位(用工单位)留下了几乎是没有法律约束的解雇劳动者的权力。作为用工而不是用人单位,德尔福公司并不受到单方解除合同经济补偿金的法律约束。①

---

① 另一起案件比较特殊。原告季群(女)在 2013 年 2 月 18 日与上海敏辉劳务派遣有限公司(以下简称"敏辉公司")签订合同,被派遣到上海弘安汽车配件厂从事普工工作。但是,原告处的合同写的期限是至 2014 年 2 月 17 日,敏辉公司处写的则是 2014 年 12 月 17 日。据原告诉称,2014 年 7 月 31 日敏辉公司辞退了原告,但敏辉公司则辩称是原告辞职。原告提出的要求是敏辉公司支付 2014 年 3 月 17 日至 7 月 31 日期间未签订合同的双倍工资 21 827 元,另加解除合同经济补偿金 16 500 元。法院认定,采信原告处的书面合同,判决敏辉公司支付未签订合同期间的工资差额,但同时认为,原告未能提供证据证明被告于 7 月 31 日辞退原告,不予置信,因此驳回原告经济补偿金的要求。(案件 B-14)

2.正常工作时间之外的"值班"

上面我们已经看到,在众多要求加班和未休年休假工资的案件中,很少有劳动者成功争得那样的权利,包括上述上海中集公司与其两名员工的争议(案件 B-3、B-4),上海安捷公司与其三名工人的争议(案件 B-5、B-6、B-7),劳务派遣公司工蕴公司与劳动者的争议(案件 B-12)等。以下的案例进一步说明此点。在使用计里程/计件制度之外,劳务派遣公司或用工单位还可以在正常工时之外要求劳动者"值班"。

原告葛登东下岗后于 2013 年 6 月 28 日被宝嘉物业管理有限公司(以下简称"宝嘉公司")派到上海市闸北区劳动争议仲裁院(以下简称"仲裁院")当保安保洁员,合同为期一年,每年一签。2015 年 5 月 14 日原告被通知解除合同,遂起诉。原告诉称,其工作期间从早上 8 点到晚上 8 点要在大厅站岗,晚上要到办公室收热水瓶,巡逻门窗是否关好,开启报警器等,到晚上 12 点才能睡觉,天天无休。宝嘉公司(和作为"第三方"的仲裁院)则辩称,原告上班时间实际上是早上 8 点到下午 5 点半,中间有两个小时吃饭休息时间,夜间并不工作,仲裁院"安排原告每天晚 20:00 至次日 7:00 值班,门卫室有床、电视、空调等,值班可以睡觉"。法院认为,"原告未能就其加班事实提供相应证明",其"晚间工作不同于白天,应属于值班性质"。据此,法院驳回原告要求的加班工资以及解除合同经济补偿金。(案件 B-15)

这里,我们再次看到,劳动者实在很难争得加班、休息和休假工资,要从不负责管理、实质上是中介性的劳务派遣公司那里获得,这些尤其如此,即便其已被法律建构为新"用人单位"。①

五、二审案件中上海与新疆的差异

在二审的案件中,上海与新疆意外地展示了比较鲜明的差异。

上海的8起二审案件基本清一色地维持原判,其中有6起简单"维持原判"(其中4起是我们上面讨论的双拥中心与其员工的劳动争议——案件 B-21、22、23、24,另两起是案件 B-25、B-26);有2起裁定"原审正确,但计算有误,应予纠正"(案件 B-27、B-28),其实基本上还是维持了原判,只不过更改了金额计算的细节。

而新疆的6起二审案件中(第6起只是关乎管辖权的争议②),有3起推翻或改变了一审原判,另一起在一审和二审中都显示了实质主义裁判的倾向,和其他案件(多强烈倾向形式主义)有一定

---

① 另一起案件比较特殊,涉及一家外企,被派遣员工任春只是在名义上被派遣到一家中国企业工作,实际上是在外企工作,直接由其总裁管理、安排工作。案情主要是关于一家劳务派遣公司试图绕过国家政策——中国的劳务派遣公司不允许派遣员工到外企工作——不在我们讨论的范围。(案件 B-16)还有一起也比较特殊,涉及的是两名员工被派遣到尼日利亚负责电器设备,因不愿意继续在该地工作而返回。公司声称对其造成损失而起诉。(案件 B-17)最后是三起关乎"并案处理"的程序裁定,没有实质内容。(案件 B-18、B-19、B-20)

② 新疆新民生劳务派遣有限公司(和乌鲁木齐铁路局哈密机务段)上诉,申请由乌鲁木齐铁路运输中级法院来受理其案,要求撤销哈密铁路运输法院之前对阿不来力木·牙合甫诉新民生公司和乌鲁木齐铁路局的裁定,理由是案件应由用人单位和用工单位所在地的基层法院(即乌鲁木齐新市区法院)管辖,但该中级法院裁定,哈密铁路运输法院也有管辖权,驳回上诉。争议的实质内容不明。(案件 A-27;亦见案件 A-24)

的不同。

(一)考虑到老工人的处境

吾班·俄汗是一位发电公司工人,为当地国企工作了 20 多年(1989—2009 年)。其间,公司经过"体制改革",于 2008 年把原公司国电塔城铁厂沟发电有限公司"整体转移交国电新疆电力公司"之后,只与工人签订了两个短期合同。原判决比较形式主义化:工人与旧公司的关系确实是劳动关系,但与新公司则只是临时工性质的劳务关系。工人要求之前未签订合同期间的双倍工资以及待岗期间的生活费,被驳回。但二审判决则明确,该工人为公司工作了 20 多年,法院虽然不支持其未签订合同期间双倍工资的要求,但裁定国电塔城铁厂沟发电公司应支付给原告待岗工资 37 600元,并补缴社保费。此案件可以被视作一种"实质主义"的裁判:一方面维持了原审判决的部分内容,但同时又找到了适当补偿原告的方式。(案件 A-26)

(二)在当事三方中寻求妥协

第二起案件比较复杂,涉及多方的起诉和上诉。工人买买提·艾力艾山为巨型国企中国石油天然气股份有限公司(以下简称"中石油")工作了 10 年之后,在 2006 年被转为与和田力源劳务派遣有限责任公司(以下简称"力源公司")签订合同。后买买提因 2014 年与同事打架,被中石油退回,力源公司遂解除与其的合同。

买买提要求单方解除合同经济补偿金67 478元和"延长工作时间"工资差额19 796元,获得仲裁支持,认为中石油辞退买买提没有遵循法定程序,裁决由力源公司和中石油支付解除合同经济补偿金67 478元,中石油支付加班费19 796元。力源公司不服,起诉,经法院民事调解,改为由力源公司支付经济补偿金45 000元。中石油也起诉,声称在其与力源公司的"外包"协议中,含有加班、节日补贴等内容,相关费用早已支付给力源公司,中石油不该再支付。力源公司遂向买买提支付了此项费用。之后,买买提又向中级人民法院上诉,要求维持原仲裁裁决的经济补偿金额。二审判决,45 000元经济补偿金额是买买提和力源公司双方与法院协商之后得出的调解方案,而且已经支付给买买提,据此,维持原判,驳回买买提的要求。可以说,此案一审、二审的处理,都比较侧重调解,要比其他案件更"实质主义"化。(案件 A-28)

另外,此案是本文研究的案件中唯一明确涉及"连带责任"的案例。"连带责任"是个容易被误解的劳动法律范畴。2007年的劳动合同法含有以下关于"连带责任"的条款:"劳务派遣单位违反本法规定的,由劳动行政部门和其他有关主管部门责令改正;情节严重的,以每人1000元以上500元以下的标准处以罚款,并由工商行政管理部门吊销营业执照;给被派遣劳动者造成损害的,劳务派遣单位与用工单位承担连带赔偿责任。"(第92条)最后一句从表面上看似乎是说,如果劳务派遣单位与用工单位对劳动者造成伤害,例如把劳动者从劳动关系改为劳务关系,两者须承担连带赔偿责任。但实际上,此条的适用范围明显限于"违法"行为,并没有被法院适用于原公司和劳务派遣公司"合法"地把具有劳动关系的工人转变为劳务派遣工对劳动者所带来的损害，这也是我们研究的绝大多数案件所展示的实际运作情况。因此，虽然在我们研究的案例中，有不少原告把用人与用工单位同时列为被告或"第三人"，但是除了以上这起被法院认定为违法辞退工人的案例，笔者没有看到法院判决用人与用工单位须负连带责任的例子。①

劳动合同法（2012 年修订）提高了此条的惩罚金额，并把最后一句改为"用工单位给被派遣劳动者造成伤害的，劳务派遣单位与用工单位承担连带赔偿责任"。但其用意仍然是把这种连带责任限定于法院判定是企业（用工单位）的违法行为。

（三）超越僵硬的时限以及关乎加班和未休年休假工资的实质主义措施

第三起二审案件（上面已经讨论过其一审经过）的原告西尔艾力·库尔班从 2007 年开始为新疆天宁公司工作，2012 年初被转为与才特好公司签订合同，而后被派遣到天宁公司工作。2010 年 2 月，天宁公司与才特好公司签订劳务派遣协议，才特好公司于 2012 年 1 月 1 日将原告派遣到天宁公司工作。2014 年 1 月原告申请离职，才特好公司向其出具"解除劳动关系证明书"。西尔艾力遂申请仲裁，而后起诉，要求确认其与天宁公司存在劳动关系，与才特

---

① 在笔者上一篇文章所使用的案例中，只有单一起涉及"连带责任"：是关于一名工伤工人张正才的补偿案件，法院判决劳务派遣公司承担责任，但特别指明，用工单位要承担"连带责任"（黄宗智，2017c；第 133 页）。在这起涉及工伤的案件中，法院对用工单位的要求显然要比一般案件严格。

好公司的合同无效,并要求天宁公司补缴 2007 年到 2014 年的社保、解除合同经济补偿金(共 7.5 年)和未休年休假工资。一审判决驳回原告与天宁公司存在劳动关系,认为其与才特好公司的合同有效(因为原告签了名),据此,驳回天宁公司应补缴社保费用以及未休年休假工资的要求。但是,出乎原告和其律师意料,法院认为劳务派遣公司才特好公司应对其负解除合同经济补偿(共 7.5 年,19 700 元)义务,并补缴社保费用,以及支付未休年休假工资 1397 元。之后,原、被告双方都不服原判而上诉。(案件 A-29)

这里我们可以看到,原来起诉的西尔艾力和其律师简单地以为需要证明其与劳务派遣公司的合同无效,确定其与原用人单位仍然存在劳动关系,据此来要求原用人单位承担法定义务。但事实上,国家和法律维护企业的灵活用工,允许其"甩包袱",法院在这点上的判决是完全符合国家政策的。原告及其律师没有预料到的是,国家和法律的意图是尽可能让劳务派遣公司来承担原企业的义务,借此来缓和劳务派遣所引起的社会/民族矛盾。

首先,在解除合同经济补偿金方面,法院没有简单依赖形式化的一年时限来判案,在经济补偿上只纳入原告与才特好公司的合同年限。中级人民法院二审判决声称,一审法院依据的是劳动合同法第 38 条的规定,即"新用人单位向劳动者提出解除、终止合同,在计算经济补偿或赔偿金的工作年限时,劳动者请求把原用人单位的工作年限合并计算为新用人单位工作年限的,人民法院应予支持"(其实是引自《最高人民法院关于审理劳动争议案件适用法律若干问题的解释(四)》,2013:第 5 条)。所以判定才特好公司应负担解除合同的经济补偿金,按照 2007 年到 2014 年共 7 年的工作年限来计算，即 19 700 元。

　　其次，在对待社保问题方面，我们已经看到，法院已与 2012 年有明显的变化：最高人民法院 2010 年出台的《解释（二）》第 1 条，已经得到一定程度的贯彻，法院不再坚持之前的基本立场（认为社保问题不属于法院管理范围），而比较认真对待社保问题。虽然只是简单判决应否交纳，不考虑关于不同标准的社保条件的争议。

　　最后，原告要求加班工资和未休年休假工资。对于前者，法院认为证据不足，但对于后者，法院的立场和 2012 年案件中的（与加班工资同样，拒绝未休年休假工资）有一定的变化。最高人民法院的《解释（二）》针对劳动者这方面举证的困难，规定"劳动者有证据证明用人单位掌握加班事实的证据，用人单位不提供的，由用人单位承担不利后果"（《最高人民法院关于审理劳动争议案件适用法律若干问题的解释（二）》，2010：第 9 条），在此案中起到一定作用。法院据此令原用人单位天宁公司提供公司的考勤表。二审法院认为，该考勤表虽然不足以证明加班事实，但足以证明未休年休假的事实。据此，二审判决，才特好公司应支付 2013 年和 2014 年每年 10 天的未休年休假工资的 200%，共 2592 元，并宣称原判"处理错误"。（案件 A-29）

　　这里，我们可以看到，在目前的司法实践中，已经呈现了试图弥补劳务派遣法律条文中黑洞的一小部分尝试。最高人民法院的《解释（三）》要求原用人单位（即如今的用工单位）提供考勤表的证据，并据此来判定新用人单位所应负的责任。虽然如此，我们也看到，考勤表有一定的局限，在此案例中，它只能证明劳动者的出勤天数，并不能证实或证伪其某一工作日的加班时间。这里的根本问题仍然是虚拟的"用人"与"用工"单位划分，把仅签订合同的劳务派遣公司建构为名义上的用人单位，但实际管理单位则仍然是用工单位。法院即便特别关注劳动者的权益，仍然很不容易迫使前者承担管理行为上的义务。

最后一起二审案件涉及的是一个事业单位，是上面已经讨论过的新疆文联家属院和其 2000 年到 2014 年的门卫约力瓦斯·吾甫尔之间的争议。此案二审所起的作用是明确拒绝文联与其下属的众联公司在二审中新提出的辩驳，即原告申请仲裁已超诉讼时效。原告于 2013 年 3 月 1 日已与众联公司签订劳务派遣合同，解除了与文联的劳动关系，但原告于一年多以后（2014 年 9 月）方才申请仲裁。据此，这个中级人民法院完全可以像上面绝大多数的案例那样，形式主义地裁定驳回原告的要求，但法院没有那么做，而是维持了原判：被告文联应补缴社保费用（文联只为其缴纳了 2009 年 4 月与 5 月的）。同时，文联应支付解除合同的经济补偿金，共 5.5 年，11 000 元。至于众联公司，虽然不必支付经济补偿金，但应补缴 2013 年到 2014 年的社保费用。（案件 A-30）这样，法院给予了一位被辞退的长期劳动者一些起码的补偿。

六、纵览 2013 年以来的法律变迁

总体来说，2013 年以来的案件展示的司法实践已与 2012 年全国的案件所反映的有一定的不同：1.与之前法院拒绝处理关乎社保的争议有明显的不同，法院如今已经在认真处理社保争议，依据的是最高人民法院 2010 年的《解释（三）》关于社保问题的解释（第 1

条);2.依据《解释(三)》关于原用人单位公司该让法院检视公司的
考勤表借以证明或证伪劳动者诉称的未休年休假工资(第9条);
3.依据2013年的《解释(四)》关于接管原用人单位企业的劳务派
遣公司应履行的(解除合同经济补偿)义务(第5条)等。这些可以
被视作劳务派遣司法实践近几年的主要变化。

　　同时,新疆的一些比较实质主义化的判决,尤其是二审的判
决,包括使用民事调解,避免僵硬的条文主义/形式主义审判,更多
考虑到劳动者的处境等,展示了纠正目前"甩包袱"大趋势的一种
可资更广泛使用的方法。

　　但是,考虑到同时期的上海案件(包括二审案件)及其仍然高
度形式主义化的事实,我们也可以认为,两地之间的不同可能是由
于上海市较为高度私企化和市场化造成的。当然,两地案件的不
同也可能是由于在新疆(尤其是在二审中)更多考虑到维护与少数
民族的和谐关系——可能在国家允许企业"甩包袱"的战略决策之
外,也要考虑到国家长期以来维持民族关系和谐的政策。

　　虽然如此,我们也要看到,在新疆的案例中,也有二审简单维
持形式化一审原判的例子。上面已经讨论过,在肉斯旦木江与中
建公司的劳动争议中,劳动者在2008年到2010年间与公司建立了
劳动关系,于2010年8月12日与西兴邦劳务派遣公司签订了为期
两年的派遣合同,于2011年7月1日再次与中建公司签订了劳动
合同。2014年3月28日,原告为了需要适当照顾母亲,向中建公
司提交了所谓的"辞职报告",目的是希望中建公司适当调整其工
作时间,但法院则认定劳动者乃是自愿辞职,因此,谈不上单方解
除合同的经济补偿。至于劳动者所提出的加班工资要求,法院认

为,中建公司早在 2009 年便已采用了"对搅拌车、调度员、材料工等八个工种实行综合计算工时工作制",而且,原告每年(冬天)冬休 120 日,其"工作日刚好是周休日",而其"全年上班时间未超过法律规定的 2000 小时",故对原告的加班工资要求不予支持(案件 A-4)。对此判决,原告肉斯旦木江不服而提出上诉。但中级人民法院二审完全维持了原判(案件 A-31)。

鉴于如此的案例,以及上海市(作为全国经济最发达的城市)总体的案例,我们不可否认,劳务派遣法律的用意和司法实践主要是协助(国有和私营)企业(以及事业单位)"灵活用工"并减轻其对劳动者的"负担"。法院虽然也采用了不少缓冲性的反措施,有的带有一定的实效,但是,我们不可因此忽视其总体趋向。

从我们论述的关键的黑洞问题来考虑,首先,国家政策和立法者的意图无疑主要是协助企业"减负",为的是提高其活力与竞争力,借以推进/维持经济"发展"。其凭借的主要是虚拟的建构,用中介单位来替代企业承担其对劳动者的义务,使其成为新建构的"用人单位",而把实际管理单位在法律上更改为"用工单位",不必再承担(或减轻其)对劳动者的义务。但是同时,为了缓冲此战略所导致的社会(包括民族)矛盾,又试图把(对国家经济发展大局不那么重要的)虚拟的新"用人单位"(即劳务派遣公司)实质化,使它们尽可能肩负一些对劳动者的义务。因此,劳动合同法(2012 年修订)把劳务派遣公司的注册资本从不少于 50 万元提高到 200 万元(第 57 条)。尽管如此,基本事实仍然是,劳务派遣公司不过是个中介单位,没有可能真正完全肩负实际的管理方对劳动者的义务。说到底,一个中介单位怎么可能成为名副其实的"用人单位"?

回顾历史,劳动者与企业单位之间几乎必然存在利益冲突,因为双方的基本利益是相悖的:如果其他因素固定不变,劳动成本越高,企业利润越低;劳动成本越低,则企业利润越高。虽然如此,企业应当认识到,被善待而具有高积极性的工人,常会给企业带来高于工资成本差额的劳动生产率和收益。但事实上,绝少有企业会如此考虑问题。部分原因是,双方的权力多是悬殊的,而不是相等的。正因为如此,容易导致管理方滥用工人。所以,在世界上的劳动立法历史中,主要凭借赋予劳动者以组织工会和集体谈判的权利和权力来缓和劳动关系。这不是一个可以仅凭理论虚构就能解决的问题,但劳务派遣法理依赖合同理论,从合同是由市场经济中权利对等的双方自愿签订的协议这一前提出发,借助新自由主义经济学而论说如此会形成资源(包括劳动力)的最佳配置。

我们需要承认,如此的假设绝对不该当作可以替代旧劳动法理的新理论,最多只能当作辅助性的理论,明确限用于"临时性、辅助性或替代性"的工人。在这个方面,人力资源和社会保障部2013年颁布的《劳务派遣暂行规定》(2014年3月1日起施行),重申"用工单位只能在临时性、辅助性或者替代性的工作岗位上使用被派遣劳动者"(第3条),并规定"用工单位应当严格控制劳务派遣用工数量,使用的被派遣劳动者数量不得超过其用工总量的10%"(第4条)。这是个明智的宣言。

七、结语

回顾改革开放以来将近 40 年的历史,无可置疑的是中国城镇劳动者总体的"去正规化"和"非正规化"(即从具有充分劳动法律保护和社会保险转变为没有或少有如此的保护)的历史性大变迁。首先是农民工大规模在城镇就业,2015 年已经达到 2.77 亿人,其绝大多数是非正规的(只有 17% 拥有最关键的医疗和养老保险);而后是 20 世纪 90 年代后期的"抓大放小"国企改革,共 4000 万到5000 万的中小国企员工"下岗";最后是近 10 年来劳务派遣工的大规模兴起,2012 年已经达到 3700 万人(全总劳务派遣问题课题组,2012),如今可能有约 6000 万人或更多。

我们如果把 17% 拥有医疗和养老保险的农民工算作正规工人,剩下的是 2.3 亿的非正规农民工,加上下岗工人中仍然在工作的(估计约)1/3 的人员,即 1500 万人,再加上 6000 万的劳务派遣工,非正规工人的总数是 3.05 亿(见黄宗智,2017b;亦见黄宗智,2013、2010、2009)。也就是说,如今中国所有的 3.93 亿城镇就业人员中有约 3/4 是非正规人员。与此相比,如今非正规人员在全球的发达国家中,总共才 4700 万人,占其总就业人员数的 10%(见国际劳工组织关于"脆弱工人"[vu1nerable employment]的数据,International Labor Organization,2013:155—156 各表)。换言之,全球所有发达国家的非正规劳动者总数才是中国的不到 1/6。

最后,从中国古今正义体系整体的视野来看,中国劳动法律的历史也说明中国法律直至今日的一系列顽强的"中国特色"——包括其紧密结合"政"与"法"、非正式正义与正式正义,以及社会主义革命理念与市场经济实践,从正面来看,两者的并存带有一定的互补性以及创新可能(黄宗智,2016a、2016b);从负面来看,则仍然存在许多相互矛盾和含糊不清的方面,尚有待于法理和实践层面上的突破,只有突破才有可能真正超越简单的中西二元对立,真正整合今天中国法律的三大历史传统(古代、革命、引进),使其成为符合实际的"中国特色"的正义体系(关于其可能轮廓的初步探索见黄宗智,2020b;黄宗智,2017a)。

在整个正义体系中,如今的劳动法律也许是最充满矛盾的一个部门法。其中,有来自历史演变的悖论:劳动法律不是从劳资双方长期斗争和妥协而来的,而主要是由于中国共产党革命的胜利和执政而确立的。而且,在中国共产党执政后,顺理成章地把国家干部全都纳入劳动法保护的范围。至于工会几乎已经成为企业管理方的一个组成部分。在通过使用非正规的农民工、中小国企员工的"下岗",以及劳务派遣的"灵活用工"来加强企业的活力与竞争力的大趋势下,之前的正规劳动者的权益被一再侵蚀,旧劳动法律提供的保护正逐步弱化。今天,亟须大力重新平衡国家、企业与劳动者三方的权益,第一步是要设定超越其间矛盾的、可持续的理论与实践方案。

附录 A:2013—2016 年新疆维吾尔自治区

少数民族涉及劳务派遣的劳动争议案件
下列案件来自中国裁判文书网(http://wenshu.court.gov.cn),

2016 年 12 月底,笔者先按"劳务派遣"搜索,再按"劳动争议""新疆维吾尔自治区""2013—2016 年"筛选结果,共得到 168 起案件,其中涉及少数民族(维吾尔族与哈萨克族)人员的有 27 起一审案件,6 起二审案件(包括 1 起高级人民法院裁定驳回原告的再审申请),共 33 起。其中有 2 起是重复的,因此,进入我们具体分析的共有 31 起。案件按讨论先后分类别排列,二审案件列于最后。案件标题后所附日期是裁判日期。

案件 A-1:卡斯木·买斯木与国网新疆电力公司巩留县供电公司劳动争议纠纷一审民事判决书(2016 年 4 月 22 日)。

案件 A-2:努来力·亚尔买买提与国网新疆电力公司巩留县供电公司劳动争议纠纷一审民事判决书(2016 年 4 月 22 日)。

案件 A-3:热孜万古丽与国网新疆电力公司巩留县供电公司劳动争议纠纷一审民事判决书(2016 年 4 月 22 日)。

案件 A-4:肉斯旦木江·买买提与中建西部建设股份有限公司劳动争议纠纷一审民事判决书(2015 年 12 月 30 日)。该案件的二审裁定书见案件 A-31。

案件 A-5:塔依尔·依坦木与吐鲁番市文物管理局劳动争议纠纷申请再审民事裁定书(2016 年 5 月 5 日)。

案件 A-6:古拉依木·色力木与被告乌鲁木齐华民劳务派遣有限公司、乌鲁木齐市沙依巴克区人民政府友好南路街道办事处劳动争议一案民事判决书(2014 年 1 月 15 日)。

案件 A-7:艾沙江·买买提与新疆金纺纺织股份有限公司、新疆金源人力资源服务有限公司、乌鲁木齐佳众源人才劳务派遣有限公司、乌鲁木齐市民之源劳务派遣有限公司、新疆冬磊劳务有限公司劳动争议一审民事判决书(2016 年 7 月 1 日)。

案件 A-8:达吾列提哈孜·巴牙合买提与沙湾天山水泥有限责任公司、新疆东硅人才劳务有限责任公司劳动争议纠纷一审民事判决书(2016 年 1 月 28 日)。

案件 A-9:哈布里·斯兰与沙湾天山水泥有限责任公司、新疆东硅人才劳务有限责任公司劳动争议纠纷一审民事判决书(2016 年 1 月 29 日)。

案件 A-10:吐尔汉·胡沙英与沙湾天山水泥有限责任公司、新疆东硅人才劳务有限责任公司劳动争议纠纷一审民事判决书(2016 年 1 月 29 日)。

案件 A-11:杰恩斯·玛坎诉被告沙湾天山水泥有限责任公司、新疆东硅人才劳务有限责任公司劳动争议纠纷一审民事判决书(2016 年 1 月 29 日)。

案件 A-12:努尔木哈买提·夏依马尔旦与沙湾天山水泥有限责任公司、被告新疆东硅人才劳务有限责任公司劳动争议纠纷一审民事判决书(2016 年 1 月 29 日)。

案件 A-13:达列里·哈米提与沙湾天山水泥有限责任公司、被告新疆东硅人才劳务有限责任公司劳动争议纠纷一审民事判决书(2016 年 2 月 15 日)。

案件 A-14:巴合提亚尔·夏都拉与沙湾天山水泥有限责任公司、新疆东硅人才劳务有限责任公司劳动争议纠纷一审民事判决书(2016 年 2 月 5 日)。

案件 A-15:布拉英·吾马尔江与沙湾天山水泥有限责任公司、新疆东硅人才劳务有限责任公司劳动争议纠纷一审民事判决书

(2016 年 2 月 5 日)。

案件 A-16:克米西·毛力达拜与沙湾天山水泥有限责任公司、新疆东硅人才劳务有限责任公司劳动争议纠纷一审民事判决书(2016 年 1 月 29 日)。

案件 A-17:哈力米哈孜·斯兰与沙湾天山水泥有限责任公司、被告新疆东硅人才劳务有限责任公司劳动争议纠纷一审民事判决书(2016 年 2 月 5 日)。

案件 A-18:赛里克·拜山拜与沙湾天山水泥有限责任公司、新疆东硅人才劳务有限责任公司劳动争议纠纷一审民事判决书(2016 年 1 月 28 日)。

案件 A-19:海拉提·合孜尔与沙湾天山水泥有限责任公司、被告新疆东硅人才劳务有限责任公司劳动争议纠纷一审民事判决书(2016 年 1 月 29 日)。

案件 A-20:马合沙提·托列吾汉与沙湾天山水泥有限责任公司、新疆东硅人才劳务有限责任公司劳动争议纠纷一审民事判决书(2016 年 1 月 29 日)。

案件 A-21:西尔艾力·库尔班诉新疆新能天宁电工绝缘材料有限公司、新疆才特好人才服务有限公司劳动争议民事一审判决书(2015 年 2 月 13 日)。该案件的二审裁定书见案件 A-29。

案件 A-22:艾合买提·依米尔与阿克苏鑫汇源人才服务有限公司等经济补偿金纠纷一审民事判决书(2016 年 8 月 29 日)。

案件 A-23:原告麦合木提·麦麦提与被告新疆新民生劳务派遣有限公司、乌鲁木齐铁路局乌鲁木齐机务段劳动争议一案一审民事判决书(2015 年 12 月 20 日)。

案件 A-24：阿不来力木·牙合甫与新疆守信劳务派遣有限责任公司、乌鲁木齐铁路局、乌鲁木齐铁路局哈密机务段劳动合同纠纷一审民事裁定书（2015 年 1 月 28 日）。该案件的二审裁定书见案件 A-27。

案件 A-25：艾海提·图尔迪与巴州天信人力资源服务有限公司劳动合同纠纷一审民事判决书（2014 年 4 月 23 日）。

案件 A-26：吾班·俄汗与国电塔城铁厂沟发电有限公司确认劳动关系纠纷民事二审判决书（2015 年 1 月 6 日）。

案件 A-27：阿不来力木·牙合甫与新疆新民生劳务派遣有限公司、乌鲁木齐铁路局等劳务派遣合同纠纷、劳动争议二审民事裁定书（2015 年 10 月 23 日）。

案件 A-28：买买提·艾力艾山与中国石油天然气股份有限公司新疆和田销售分公司、和田力源劳务派遣有限责任公司劳动争议纠纷二审民事判决书（2015 年 5 月 28 日）。

案件 A-29：西尔艾力·库尔班与新疆才特好人才服务有限公司与新疆新能天宁电工绝缘材料有限公司劳动争议二审民事判决书（2015 年 6 月 29 日）。

案件 A-30：约力瓦斯·吾甫尔与新疆维吾尔自治区文学艺术界联合会、新疆众联劳务派遣有限公司劳动争议二审民事判决书（2015 年 6 月 2 日）。

案件 A-31：肉斯旦木江·买买提与中建西部建设股份有限公司劳动争议二审民事裁定书（2016 年 3 月 7 日）。

另附:沙湾天山水泥公司与两名汉族工人的案件

案件汉-1:周洪斌与沙湾天山水泥有限责任公司、新疆东硅人才劳务有限责任公司劳动争议纠纷一审民事判决书(2016 年 1 月 29 日)。

案件汉-2:魏振环与沙湾天山水泥有限责任公司、被告新疆东硅人才劳务有限责任公司劳动争议纠纷一审民事判决书(2016 年 2 月 6 日)。

附录 B:2013—2016 年上海市涉及劳务派遣的劳动争议抽样案件

下列案件来自中国裁判文书网(http://wenshu.court.gov.cn),2016 年 12 月底,笔者先按"劳务派遣"搜索,再按"劳动争议""上海市"筛选结果,共得到 433 起案件。其中,基层法院案件有 344 起,中级人民法院案件有 89 起。前者每 15 件抽样一件,共 22 件;后者每 10 件抽样一件,共 8 件,总计 30 件,其中有 2 起是重复的,实际研究的是 28 件。案件按讨论先后分类列出,二审案件放在最后,但在本文的"国企、事业单位与其员工"一节中也有讨论。案件标题后所附日期是裁判日期。

案件 B-1:刘静与上海市双拥活动中心劳动合同纠纷一审民事判决书(2015 年 9 月 18 日)。

案件 B-2:叶韵与上海双拥活动中心劳动合同纠纷一审民事判

决书(2015年9月18日)。

案件B-3:陆卫华与上海中集冷藏箱有限公司、上海众汇劳动力资源咨询服务有限公司等确认劳动关系纠纷一审民事判决书(2015年6月24日)。

案件B-4:周为国与上海中集冷藏箱有限公司、上海世贤人力资源有限公司确认劳动关系纠纷一审民事判决书(2015年6月24日)。

案件B-5:杨星海与上海嘉顿储运有限公司、上海安捷轿车运输有限公司等劳动合同纠纷一审民事判决书(2015年8月24日)。

案件B-6:姚亮与上海安捷轿车运输有限公司、上海市嘉定区职工劳务开发有限公司劳动合同纠纷一审民事判决书(2015年8月24日)。

案件B-7:毕玉杰与上海嘉顿储运有限公司、上海安捷轿车运输有限公司等劳动合同纠纷一审民事判决书(2015年8月24日)。

案件B-8:张文明与上海安吉汽车运输有限公司、上海联慧人力资源发展有限公司追索劳动报酬纠纷一审民事判决书(2015年10月19日)。

案件B-9:戈锋与上海益实多电子商务有限公司、上海辅臣建功人力资源发展有限公司劳务派遣合同纠纷一审民事判决书(2016年2月25日)。

案件B-10:王善争与昌硕科技(上海)有限公司劳动合同纠纷一审民事判决书(2015年2月27日)。

案件B-11:于海龙与中国四达国际经济技术合作有限公司上海分公司、屹立锦纶科技(苏州)有限公司合同纠纷一审民事判决书(2014年7月18日)。

案件 B-12:刘建强与上海工蕴人力资源有限公司、上海上勤物业管理有限公司劳动合同纠纷一审民事判决书(2015年12月16日)。

案件 B-13:王明岗与上海苏通人才服务有限公司、上海德尔福汽车空调系统有限公司劳务派遣合同纠纷一审民事判决书(2015年11月18日)。

案件 B-14:季群与上海敏辉劳务派遣有限公司、上海弘安汽车配件厂劳动合同纠纷一审民事判决书(2015年1月9日)。

案件 B-15:葛登东与上海宝嘉物业管理有限公司劳动合同纠纷一审民事判决书(2015年12月10日)。

案件 B-16:上海东浩人力资源有限公司与宝力融资租赁有限公司、任春劳动合同纠纷一审民事判决书(2014年8月14日)。(重复)

案件 B-17:上海信美实业有限公司诉被告陆某劳动合同纠纷一审判决书(2013年10月22日)。

案件 B-18:创和捷商贸(北京)有限公司与中智上海经济技术合作公司、尹冬冬劳务派遣合同纠纷一审民事裁定书(2014年8月11日)。

案件 B-19:赵源与行睿网络电视技术有限公司上海分公司、中智上海经济技术合作公司劳务派遣合同纠纷一审民事裁定书(2016年6月3日)。

案件 B-20:力丰机床(上海)有限公司与中智上海经济技术合作公司、鲍琪华劳务派遣合同纠纷一审民事裁定书(2014年2月

12日)。

案件 B-21:何俊诉上海市双拥活动中心劳动合同纠纷一案二审民事判决书(2015年12月1日)。

案件 B-22:梅华忠诉上海双拥活动中心劳动合同纠纷一案二审民事判决书(2015年12月1日)。

案件 B-23:周关英诉上海市双拥活动中心劳动合同纠纷一案二审民事判决书(2015年12月1日)。

案件 B-24:万强华诉上海市双拥活动中心劳动合同纠纷一案二审民事判决书(2015年12月1日)。

案件 B-25:前锦网络信息技术(上海)有限公司诉吴颖韬劳动合同纠纷一案二审民事判决书(2014年6月12日)。

案件 B-26:上海神明电机有限公司与周小武工伤待遇等事宜仲裁一审民事裁定书(2015年1月22日)。

案件 B-27:郝延红诉陈浩合伙协议纠纷一案二审民事判决书(2014年8月20日)。

案件 B-28:何海英诉上海锦山针织厂劳动合同纠纷一案二审民事判决书(2014年12月3日)。

参考文献:

黄宗智(2020b):《中国的新型正义体系:实践与理论》。

黄宗智(2017a):《中国正义体系三大传统与当前的民法典编纂》,载《开放时代》第6期:第12—37页。

黄宗智(2017b):《中国的非正规经济再思考:一个来自社会经济史与法律史的导论》,载《开放时代》第2期:第153—163页。

黄宗智(2017c):《中国的劳务派遣:从诉讼档案出发的研究(之

一)》,载《开放时代》第 3 期:第 126—147 页。

黄宗智(2016a):《中国古今的民、刑事正义体系——全球视野下的中华法系》,载《法学家》第 1 期:第 1—27 页。

黄宗智(2016b):《中国正义体系中的"政"与"法"》,载《开放时代》第 6 期:第 141—159 页。

黄宗智(2013):《重新认识中国劳动人民:劳动法规的历史演变与当前的非正规经济》,载《开放时代》第 5 期:第 56—73 页。

黄宗智(2010):《中国发展经验的理论与实用含义——非正规经济实践》,载《开放时代》第 10 期:第 134—158 页。

黄宗智(2009):《中国被忽视的非正规经济:现实与理论》,载《开放时代》第 2 期:第 51—73 页。

全总劳务派遣问题课题组(2012):《当前我国劳务派遣用工现状调查》,载《中国劳动》第 5 期:第 23—25 页。

《劳务派遣暂行规定》(2014),载人力资源和社会保障部网站,http://www.mohrss.gov.cn/gkml/xxgk/201401/t20140126_123297.htm.

《中华人民共和国劳动法》(1994 年颁布,自 1995 年 1 月 1 日起施行),载中华人民共和国中央人民政府网站,http://www.gov.cn/banshi/2005-05/25/content_905.htm.

《中华人民共和国劳动合同法》(2007 年颁布,自 2008 年 1 月 1 日起施行),载中华人民共和国中央人民政府网站,http://www.gov.cn/flfg/2007-06/29/content_669394.htm.

《中华人民共和国劳动合同法》(2012 年修订,自 2013 年 3 月 1 日起施行),载中国结算网,http://www.chinaclear.cn/zdjs/editor_file/20150408110820354.pdf.

《最高人民法院关于审理劳动争议案件适用法律若干问题的解释(三)》(2010),载中华人民共和国最高人民法院网站,http://www.court.

gov.cn/fabuxiangqing-1549.html.

《最高人民法院关于审理劳动争议案件适用法律若干问题的解释
(四)》(2013),载中华人民共和国最高人民法院网站,http://www.court.
gov.cn/fahuxiangqing-5064.html.

结语　几点思考

最后,我们要问:以上提出的问题该怎样来应对? 这里,笔者谨提出三点关于发展战略的思考。

一、从贫穷的公平到不公平推动的发展,再到公平推动的发展

计划经济时期的社会公平可以被总结为一种贫穷的公平下的发展。1949 年到 1979 年,主要通过国家的组织,做到较高程度的社会公平,但是较贫穷的发展。即便如此,长期以来的城乡差别仍然相当显著,但多数农民的"参考群体"是本村人员,在土地革命和之后的集体化之下,起码在心态上还是感觉到公平的,而其与市民间的差别则带有一定的遥远感。之后,在改革过程中,在"让一部分人先富起来,先富带后富"的战略决策下,主要由于市场创业营利的动力,结合中国的廉价劳动力,推动了更快速的经济发展,但

也造成了越来越不公平的局面。部分由于农村家庭大规模成为"半工半耕"的家庭,与城市发生比较紧密的关系,农村与城市、农民与市民间的差别更加凸显。该阶段的发展可以称作"由市场竞争和不公平推动的发展"。进入 21 世纪,其从之前的全球最公平的国家之一,变为相对不公平的国家之一。

今天确实应该特别关注民生了。过去多年依靠向全球出口相对廉价的物品,无论是来料加工还是就地生产,依赖的都是中国相对廉价的劳动力,还包括地方政府竞相为外资提供最低价的土地和税收等的优惠,来配合廉价劳动力而提高招来的资本的回报率,借此来吸引外资。但那样的外来投资和出口拉动的经济动力是不可持续的,中国经济也因此在全球"金融海啸"下,有了相当程度的经济紧缩和下行压力。人们也因此认识到,更长期的、可持续的经济发展必须更多依赖"内需",扩大国内自身的市场亦因此被提上日程。我们需要的是更进一步的思考:一个贫富悬殊的社会只可能产生一种需求相对低度的经济。要扩大国内的市场,最有效的办法是提高其占到大多数的下层人民的购买力,也就是说,提高本国社会的公平度。我们可以将此总结为"公平推动的经济发展",区别于之前的"不公平推动的经济发展"和在其前的"贫穷的公平发展"。

从这个角度来考虑,中国经济持续发展的关键是:提高基层社会人民的收入和生活水平,也就是说,提高如今的非正规经济人员的收入。本书已经详细论证,非正规经济人员如今已经占到城镇就业人员中的3/4。其中固然有一定比例的城镇市民"下岗"人员和新近兴起的、一部分是市民的"劳务派遣"工,但其中绝大多数是

"半工半耕"的户籍农民。因此，中国的社会公平问题其实主要是提高农民工身份和收入的问题。

已有不少学者建议废除户籍制度，而且，除了大城市之外，次级的城市已经放松了农民转入城镇户籍的限制，一定程度上已经朝向比较公平的方向而改革。但本书提倡的方案不止于此，而是更为宽阔的"凭公平来推动经济发展"的经济战略。其中，一个具体含义是，逐步为在城市就业的部分农民工提供真正融入城市生活的可行道路。环顾近年来的多种不同经验，这方面至为突出的一个实验仍然是重庆市在 2010 年之后的 3 年中所实施的方案。它为二三百万人，大多数是在城市已经工作了一段时期的农民工，提供了廉价的公租房(50 平方米的房子，月租价才 500 元)。这是一个有稳定工作的农民工能够承担得起的价格。而且，在居住 5 年之后，可以(相对)廉价购买。早在 2010 年年底，国家"三部委"(财政部、国家发展改革委、住房和城乡建设部)便将其认定为应该在全国推广的模式(《三部委要求全国推广重庆公租房融资模式》，2010.11.17)同时，重庆市在 2010 年 8 月开始，为300万农民工提供了简易获得城市户口的道路，在短短一年半时间里(原定 3 年时间)便完成了整项注册工程。(国务院发展研究中心，2012；黄宗智，2014：第三卷，尤见 330—336 页)一个重要的结果是，农民工子弟可以借此免交昂贵的择校费而上正规公立学校，不必上条件低劣的农民工子弟学校，或被留在家乡由爷爷奶奶(或姥爷姥姥)照顾，避免成为"留守儿童"，受到见不到父母亲的身心伤害。简言之，即为达到一定条件的农民工提供明确有效的融入有尊严的城市生活的道路。固然，重庆其后由于部分领导犯了错误被免职，而一定程度上终止了其原来的发展战略,但上述的经验仍然是迄今至为突出、比较典型的"实验"例子。

其背后的经济战略正是凭借公平来促进发展。更具体来说,体现于重庆市在当时市长黄奇帆领导下的经济策略。其中关键是所谓的"第三财政",即在预算内的第一财政、预算外的第二财政——主要是转让建设用地给开发商所获得收益的——"土地财政"之外,更有国有企业(主要是基础设施和公共服务的"八大投"公司)的利润和增值的收入,规定将其一半用于民生所需,如公租房建设和城市户籍身份确立。此中秘诀是政府不再将建完基础设施之后的建设用地直接出让给开发商,而是进一步承担了公租房建设本身,由此来获取开发房地产过程中的收益,凭此向银行融资,大力推动社会公平发展。也就是说,由政府的企业来获取一般被土地开发商获取的利润并以此来执行民生工程。如上所述,此方案早在 2010 年便获得中央政府"三部委"的认可。问题是,之后并没有真正大力在全国推动和实施,而重庆这方面的宝贵经验也因为其之后凸现的领导层危机而逐渐被遗忘。但我们不应该因此"把婴儿连同洗澡水一起倒掉"。它不失为今天可以认真采纳的改良农民工问题的方案。它能够使农民工群体看到一条有尊严地融入城市生活的道路,为许许多多农民工带来希望。今天,中央已经提出更积极推动公租房建设的意图。

二、从非正规化和去正规化到再正规化的劳动法律

在劳动法规方面,过去几十年走的道路主要是劳动的非正规

化和去正规化，由此加重了贫富悬殊和社会不公。其间的主要历程是大规模使用非正规的农民工，以及20世纪90年代后期的中小国企员工的大规模"下岗"，再其后是新近十几年兴起的大规模使用非正规以及半正规的"劳务派遣工"。如今，受到旧劳动法律保护的人员在城镇总就业人员中所占的数量已经从改革初期的绝大多数缩减到现如今的1/4。而且，其中将近一半乃是国有单位的员工，相当部分是大型企业的"白领"职工，而"蓝领"工人在正规劳动人员中所占比例已经非常小，基本只限于较高资历的技术工。传统意义的产业（包括建筑业）"工人"，如今几乎都已经成为非正规工人。一般下层服务业（包括个体户）的人员和（名义上是临时性的）劳务派遣人员就更不用说了。这是在"让一部分人先富起来，先富带后富"的决策下近乎必然的结果。如今，富裕阶层与占大多数的基层民众间的差别非常显著，已经达到严重威胁社会稳定的"危险"程度。要平衡两个阶层之间的权益，最有效的办法应该是凭借法律逐步改革的手段（而绝对不是有的国际左派学友所指向的再革命）来达到目的。也就是说，今天需要一定程度的"劳动再正规化"。

一个可能的路径是仍然沿用近年来建立的法律框架，但将其在实施中的实际方向倒过来。譬如，争取将不在册的农民工在册化纳入法律管辖的范围，在此过程中，将没有正式工作合同的农民工（劳务派遣工）合同化，将他们纳入合同法律保护的范围之内，让他们真正从完全没有法律保护的处境进入起码有合同法律保护的范畴下；再如更严格地执行管理方须履行单方解除合同的赔偿金义务的法律法规。更为关键的是，严格实施国家人力资源和社会保障部已经制定的指示／规定,做到劳务派遣人员必定要限于真正是"临时性、辅助性或替代性"的员工,并限定那样的临时工不得超过企业人员总数的10%。同时,要真正在劳务派遣工和正规全职劳动关系员工之间建立(再)正规化的道路,譬如禁止将正式的全职工人借助"临时性"的名义而将其置于劳务派遣工范畴之下,并严格执行违法惩罚和补偿制度。又譬如,严格执行经过一段使用期之后,新全职员工必须被"转正"为全职、长期员工。此中的关键在认真实施这些已经见于现有法律条文的(再)正规化精神,并在政策战略上明确设定要扭转过去几十年的非正规化和去正规化大潮流。

从经济发展战略来考虑,我们应该认识到,被善待的工人是会做到更高的劳动生产率的,常会为企业带来超过其为提供正规福利所花成本的收益。而且,提高员工们的收入将会大力扩大内需(部分原因是,基层民众收入用于消费的比例一般要高于高收入阶层),为中国经济创造较高的稳定性,不必再忧虑、负担全球金融市场的波动或贸易战那样的剧变的风险,从而达到更可持续的发展。毋庸说,类似"一带一路"倡议的扩大中国物品和基础设施产业市场的做法也会起到相似的作用。从长远的视角来看,这也是"以公平来推动发展"战略的一个重要方面。当然,更重要的是,改善民生的政策实践会为国家、政党—国家体系和政府争得更稳固的民众支持,也是防御不公平社会体系矛盾激化的最好药方。

三、"半工半耕"和农村问题

最后是农业和农村的问题,当然也是"半工半耕"劳动者的问题的关键方面。提高务农人口的收入,必然也会提高其家庭"半工"部分的收入,达到提高占全社会最大多数人民的收入的效果。

笔者在本卷的前两卷(和已经发表的文章)中,详细讨论了中国农业往哪里去的问题。简单总结,近40年来中国农业最重要的变化是高附加值农业生产的快速发展——笔者称之为"隐性的农业革命",因为它很容易被忽视:它不是旧意义的农业革命,即由于(前工业或工业的)新投入而提高了某些作物——多是粮食——的亩产量(例如战国时期的铁犁的发明、吴越时期的水利工程、明清时期的豆饼肥料投入,当然也包括20世纪六七十年代的化肥和科学选种投入等),而是由于大规模从低值粮食种植转入高值农产品——如肉禽鱼、蔬菜水果、蛋奶等——所产生的总产值上的突破性发展。它主要是由小农家庭农场(几亩地的小、中、大拱棚蔬菜,或果园,或十来亩地的种养结合小农场等)推动的,其"投资"则主要来自其家庭的农民工(尤其是"离土不离乡"的农民工)的"半工"方面的收入。它是小规模的"资本与劳动双密集"的新型小农家庭生产。

但是,这些事实久久未得到许多研究者的认识。部分原因是,他们长期习惯将农业主要等同于旧型的农作物生产(主要是粮食生产),没有认识到如今中国在食物消费和农业结构方面,已经从传统的粮食、肉食、蔬菜8:1:1的比例转为将近4:3:3的比例,农业的大部分产值已经是来自新高附加值的农业（而不是粮食生产），即笔者称作"隐性的农业革命"。

忽视了这方面的转变，导致了过去一系列学术研究和部分决策的失误。首先，直到最近两三年，不少研究者一直都没有给予高值菜果和种养结合方面充分的关注；同时，也没有认识到小家庭农场在这些方面的主导作用，以及农民在这些方面的投资所起到的关键作用。他们仍然更多地深陷于一些经典理论的前提概念，特别是迷信规模经济效益，并跌入将"小农经济"等同于落后和不可能真正发展的误区。因此，和计划经济时代错误地将希望寄于规模化的农业生产（甚至类似"大跃进"期间的"越大越好"的）一样，如今仍然偏重为规模化生产提供资助、补贴、税收优惠等的扶持，忽视小农的建设性，没有将其视作应该依赖和扶持的对象，没有相信其创新能力，只将其认定为需要改造和管制的对象，没有认识到其近年来在"隐性农业革命"方面所起到的关键作用。

有的研究者甚至一直没有认识到，扶持规模化农业"企业"政策的实际效果，只不过是将农村资本更多从生产领域的资本推向流通领域的商业资本。这是因为，"半工半耕"小农家庭其实是一个具有强大竞争力的生产单位。他们主要依赖辅助性的廉价劳动力（妇女、老人）来生产，不是一般规模化的雇工生产单位所能够与其竞争的单位；那样的小生产单位其实也特别适合"新农业"的常常是不固定的、多种形式的密集劳动投入，更适合具有自我激励的辅助性家庭劳动生产单位，而不是依赖需要监督和比较昂贵的全职被雇佣劳动力的规模化大农场生产；他们一般还占有通过亲邻关系来流转土地的优越条件，不需要像规模化农场那样支付昂贵得多的市场租价。另外，新农业中所依赖的多是结合不同的、相互补助的生产（如种养结合的小农场）的"范围经济效益"，而不是被认定为经典前提的规模经济效益。他们实际上具有比雇工经营的规模化农场更强的经济竞争力。

正因为如此，被政府扶持的规模化农业企业差不多全都依赖公司+农户的，基本是商业（而非产业）资本的生产模式，借助与小家庭农场签订协议、合同或订单来进行农业生产，来减低其劳动力成本，自身则主要从事流通领域中的加工与销售业务，凭此来获取利润。所谓的规模化农业实际上不是有的研究者所认定或意图设立的资本主义企业性大农业，而基本是脱离生产的商业资本。固然，有的商业资本一定程度上起到参与生产决策的作用，如确定产品、提供种苗，加上加工运输和开发市场等，但也有很多并没有真正介入生产，只靠提供流通服务来赢利。何况，如今的商业体系主要还是旧式、臃肿低效的商业体系，仍然必须以千千万万的小商小户来运作。

在这样的经济结构下，进行实际生产的分散的小农多受大商业的摆布，导致一系列的恶劣现象，诸如商业资本过分苛求，尽可能提高自身利润，乃至串通好来控制市场，压低收购价格、提高销售价格，从而导致小农户的收益被商业资本侵蚀。具体呈现为诸如"种菜赔、买菜贵"的吊诡现象。损失其辛苦劳动报酬的则是弱势的小农户。

与上述公司+农户，也就是小家庭农场+大商业企业资本的生产模式形成鲜明对照的是20世纪的东亚发达国家和地区，先是日本，而后是韩国，而后是中国台湾新农业革命的经历。它们的发展是由于历史上的巧合——先是 20 世纪初期日本明治政府开启的,将地方政府主要职责设定为扶持农业现代化,为农业提供水利和现代投入(化肥、良种和机械)的支农体系,其后,经过日本侵略后的殖民化而被扩延到朝鲜和中国台湾。再其后,经过美国的占领(日本)或决定性影响(韩国、中国台湾)而实施基本终止地主经济,建立以自耕农为主体的小农经济。而后将政府的由上而下的支农资源和功能转入由农民自主管理和经营的、建立在农村社区基础上的综合性农业合作社(当然也由政府来引导和参与),由他们来为小农户提供技术、投入、加工和销售服务。政府则与之配合而建立了新型的批发市场,协助建设了一个新型高效的农产品物流体系。

结果是全球人多地少小农经济中最成功的农业合作化经验,为农民提供了廉价高效的现代农业所必需的"纵向一体化"服务(区别于规模化生产的"横向一体化"),由此提高了农民的收入,避免如今中国这样的劳动者和(商业)资本家+千千万万小商户的低效和高成本物流体系,以及农业与工业间的过分贫富不均的局面,形成了相比如今中国要相对公平的社会结构。这是中国应该采纳的模式和道路,不是现有的这种,试图不符实际地照搬美国专业合作社模式。后者的具体体现是 2007 年颁布的《专业合作社法》政策,所导致的是商业资本凭借"合作社"的虚名来谋取政府的补贴和优惠,促使"虚""伪"合作社的大规模兴起。这是需要改革的地方。如今,国家已经开启、推动了供销合作社的改革。借此契机,应该可以朝向真正以小农社区为主体的、新型农产品"纵向一体化""物流体系"的建设。(详细论析见黄宗智,2016;亦见国务院发

展研究中心，2016）

笔者这里提倡的实施方案是一个由三方面的改革所组成的方案。除了基于社区的新型物流合作社之外，为农民工建立一个能使其部分人员逐步有尊严地融入城市生活，使他们能够看得到、摸得到、走得上改善其生活水平的道路也是很有必要的。由于如今诸多农民工，尤其是"新生代农民工"正处在"迷失"和看不到希望的"危难"状态，这是个非常紧迫的需要。再则是劳动法律实践的改革，需要扭转将近 40 年以来的劳动者"非正规化"和"去正规化"局面，即大多数的劳动者一变而为农民工、下岗工人以及劳务派遣工的大局面，使占到全人民大多数的劳动者能够走上再正规化的方向和希望的道路：从完全没有或少有法律保护和福利的未经登记的农民工，有序地转为有合同和局部法律保护的劳务派遣合同工，进而有序地在设定的时期中能转为具有法律保护和福利的、生活有保障和稳定性的正规全职工人。而不是延续今天这种只有国家官员、事业单位专业人员以及大型企业的"白领"职员和只占极少数的高级"蓝领"技术工人才能享受到劳动法律保护的局面。也就是说，需要将近年来法律条文和框架对劳动者的损害转为协助劳动者获得有尊严的待遇和生活。这样，才称得上是名副其实的劳动法律。以上三者的结合应该能够促使中国达到更公平和更可持续的经济发展。

参考文献：

国务院发展研究中心（2012）：《统筹城乡的若干工作方法》，载《中国经济时报》，http://www.chinareform.org.cn/area/city/Report/201203/

t20120321_137271. htm,2013 年访问。

Development Research Center of the State Council of the People's Republic of China(国务院发展研究中心)（2016）"Improving Logistics for Perishable Agricultural Products in the People's Republic of China," Manila, Philippines：Asian Development Bank.

黄宗智（2018）:《怎样推进中国农产品纵向一体化物流的发展？——美国、中国和"东亚模式"的比较》,载《开放时代》第 1 期：第 151—165 页。

黄宗智(2014):《明清以来的乡村社会经济变迁:历史与现实》第三卷,北京:法律出版社。

《三部委要求全国推广重庆公租房融资模式》（2010）,载《重庆时报》, http://news. ifeng. com/mainland/detail _ 2010 _ 11/17/3136823 _ 0. shtml.

代后记　探寻中国长远的发展道路[①]

一方面,在今天中国特殊的政党—国家体系下,中国共产党仍然起到主导性的作用,国家仍然拥有主要生产资料,尤其是土地和其他主要自然资源。它同时通过一个高度集权的财政体系来调控资本。它仍然是一个社会主义国家体系,即便已经不是一个计划经济体系。另一方面,它同时也是一个生气蓬勃的市场经济,其中私有企业占据到非农生产总值的约 60%,而具有独立经营权的市场化小农场则占据农业总产值的很高比例,即便他们并不拥有自家农地的所有权。我们该怎样来认识这样一个既是社会主义的也是市场经济的混合体? 既是中国传统(古代和革命传统)的也是类似于西方市场经济的混合体?

鉴于社会主义和资本主义市场经济间的极大不同,我们是不

---

① 本文是作者最新的三卷本(《中国的新型小农经济:实践与理论》《中国的新型正义体系:实践与理论》《中国的新型非正规经济:实践与理论》——黄宗智,2020a,b,c)的后续和扩延思考。三卷本中已经详细论证的内容不再一一注明出处。

是只能认为两者只可能有一方才是"正确"或"真实"的？我们是不是只可能要么认同于目的论的全盘西化道路，要么认同于目的论的本土化道路，就像许许多多中国现当代思想家（也包括西方的中国研究者）那样？如果不然，我们要怎样才能够抓住现当代不可避免的中与西、古与今以及市场经济与计划经济的并存和混合这个基本实际？

本文将进一步探讨，面对两者必然并存的现实，我们能否提出一种迥异于一般非此即彼的思路？能否想象两者不仅是并存，更是相互作用、相互塑造，甚至共同形成一个超越双方任何一方的整体？能否形成一个能够更好地释放两者诸多方面的创造性能量的结合？一个超越二元对立思维的整体可能是一个什么样的图像？

但在进入以上较为宽阔的问题的探索之前，我们需要先澄清市场合同与中国社会主义政党—国家采用的行政发包/承包制度的不同。两者常被调换使用或合并为一（如"承包合同"），由此而导致对两者不同含义的混淆。我们需要从说明它们的不同出发点，然后才能进入两者之间，以及市场经济和社会主义政党—国家体系之间，进行怎样可能被创新性地结合起来的讨论。

一、合同 vs.承包

"合同"概念的核心是在横向市场交易中两个具有同等谈判权力实体间达成的、受到法律保护的协议。"发包"/"承包"关系则是在纵向的、多是由国家发包给某人或某实体（如某官员或农民/农户）来承包的责任，虽然也同时附带给予后者一定的自主权力。

这里要注意,"权力"多被人们不精确地用"权利"——即受到法律和法庭保护———一词来表达,实际上主要只适用于"合同",不适用于"发包"/"承包"。

(一)历史起源的不同

首先是两个概念/制度起源的不同。在西方,"合同"主要来自市场交易关系中的协议。固然,在当代之前,中国也有颇多类似西方的合同协议(Zelin, Ocko and Gardella, 2004),但在当代,承包(与合同)制度的起点和西方十分不同。在社会主义革命中,几乎所有的生产资料都被改造为国家所有。改革肇始,从国有基点出发,国家逐步将社会主义(和计划经济)体系改为一个"社会主义市场经济"体系。先是国家决定将农村土地的所有权和经营权分割开来,将后者发包/承包给农户。发包自始是,并且现在仍然是一个由上而下的举措,而不是两个平等体之间的协议。其实,发包给农民的"责任田"/"承包合同"原来还附带有纳税乃至义务工的责任。即便国家将经营权基本让给了农户,使其可以为市场而自主生产,但实际上农户仍然处于国家最终管控的权力之下。正如赵晓力在检阅了多份"承包合同"以及相关诉讼案件材料之后敏锐地指出:土地承包的实质主要是借助法院来执行国家的行政管理,树立可以通过法院来确定和保护的权利。(赵晓力, 2000)

下面我们将看到,承包其实是官方话语中的"社会主义市场经济"的一个重要部分——国家占有农地的最终所有权,通过发包/承包方式将其经营权转让给农民(虽然国家规定部分农户必须生广粮食,无论其回报多么低)。当然,国家也可以随时征收农地的经营权。

(二)概念基础

合同与承包制度的历史变迁趋向是在十分不同的概念基础上形成的。在雏形的市场合同中,讨价还价是合同订立过程的一部分。一方可能在某方面稍微让步,对方也会同样在另一方面做出某种让步,直到双方达成都可以接受的协议。那样的讨价还价可能受到当时市场情况的影响,在某一产品或房子的"买方市场"的情况下,买方可能因为市场需求较低而获得更好的优惠价格;反之亦然。典型的合同会经过这样一个讨价还价过程。即便是行将被雇用的就业者也可以在"卖方市场"的情况下,要求并获得更好的就职条件,和买房子或产品的人同样。在那样的市场合同文化中,完全由单一方来确定合同条件相对少见。

但在改革期间的中国,一般情况则恰好相反。逐步市场化是国家的决定,承包是国家由上而下的发包,因此,国家与承包农民之间并不完全对等。承包一方,虽然其与国家的关系被称作"承包合同",但一般其条件都是完全由对方确定。那样的"承包合同"无疑直接影响到市场中的合同关系。在那样的大环境下,即便是市场中的"合同",一方常会根本就看不到合同文本,或者要在最终阶段才能看到,并必须立即签署——因此而导致"霸王合同"的称谓,并没有实际的讨价还价过程。众多的市场交易合同实际上更像"承包"而不像对等双方间的"合同"。正是不对等的"承包合同"塑造了中国的不同合同文化。

（三）劳动法律中合同逻辑的不同使用

劳动法律乃是市场合同关系中的一个比较特殊的领域。这主要是因为资方和劳方比较明显的权力不对等。社会主义理论将其表述为阶级剥削，即劳动者生产的"剩余价值"之被资方榨取。资本主义社会当然不会接受这样的理解。直到其1929—1933年经济大萧条之后，方才促使改革，依赖的是合同理论的理想类型，借之来倡导必须改革雇佣关系而使其更接近合同理念中的关系，包括确立劳动者组织工会和进行集体谈判的法定权利，以及设立法定的社会保障——如失业保险和退休与医疗保障。在美国历史中，它们一般被与罗斯福总统的"新政"相联系。这是"福利国家"的核心，其目的是纠正资本主义过激的方方面面。正是那样的措施起到了促使资本主义经济在其历史性的危机之后的恢复和延续。

但是，在最近几十年中，合同的逻辑则被借用于相反的方向来让资方避免劳动保护和社会保障等责任。它导致了所谓的"中介公司雇员"（agency worker）或"劳务派遣工"（dispatch worker）使用的兴起（多是通过中介公司而不是实际的厂方来雇用的），名义上主要是临时性的或"半职"/钟点工人，一般不带有就业保障或福利。合同理论则被借用来赋予这样的雇佣关系以正当性——其逻辑是，这样的雇员实际上具有与资方同等的权利，因为他或她完全可以自由地决定要否接纳如此的合同。在实际运作中，如今这样的雇用方式已经常常不限于临时工而被用于长期的正规全职工。劳动关系研究者将这样的工人称作"precariat"，即结合"precarious"

（不稳定）和"proletariat"（无产者）两词的新创词，我们也许可以译作"危难工人"。如今，这个"危难工人"范畴已经占到西方所有就业人员中的约20%。（Standing, 2011）

社会主义的中国则从一开始便展示了一个截然不同的演变过程。共产党革命自始便在理论上将生产资料作为全民所有，土地和资本同样是国家而非私人所有。共产党则是这个新制度和社会主义理念的监护者。工人的权利和社会保障自始便已被确立。

伴随改革的来临，共产党政党—国家采纳了市场化的决策，将市场经济，包括承包与合同的制度，纳入了中国的政经体系。以上已经看到，第一步是将土地的所有权和经营权拆分开来，将经营权发包给农户，由他们自主经营为市场的生产。其后，由乡镇和村庄集体广泛设立计划外的乡村企业，让乡镇政府和村庄集体在市场的"硬预算约束"下经营其所创办和拥有的企业。原先多是通过旧的集体制度来雇用员工，一开始采用的是集体制度下的工分制，当然谈不上城市产业工人所有的福利。20世纪90年代后期，在"抓大放小"的决策下，中小国企进行"甩包袱"的私有化改制，为的是加强企业在市场经济中的活力。结果是那些企业的员工们基本失去其所享有的福利。同时，私有企业广泛兴起，乡镇企业也广泛私有化，大量的农民工进入城镇就业，许多缺少相关的保护和福利保障。这样，城镇工人大多数都成为（国际劳工组织称谓的）"非正规工人"，即没有或少有法律保护和福利的工人，区别于之前具有那样的保护和保障的"正规工人"。

在最近的十年中，更引进了西方的"中介公司雇员"（agency worker）制度。2008年的《劳动合同法》将其表述为"劳务派遣工"，定义为处于"劳务关系"而不是(受到旧劳动法保护的)"劳动关系"下的员工。名义上，这样的雇用方式只被用于"临时性、辅助性或替代性"的员工，但实际上则被相当广泛地用于长期的全职员工。新兴的劳务派遣工无疑也属于我们称作"非正规工人"的范围。在实践层面上，中国和西方的不同在于，2010年，新兴的劳务派遣工加上原有的非正规人员，已经达到所有城镇员工总数的不止75%，远远超过西方的20%。在这样的从正规化返回到非正规化和去正规化的反向演变中，合同理论被吊诡地用于相反的目的。

固然，也有一些试图抑制这样的趋势的举措。譬如，人力资源和社会保障部在2013年宣称，要企业们在三年之内达到劳务派遣工不超过每家员工的10%的比例。但其作用比较有限。非正规化的总体趋势实际上无法阻挡。

至于那些之前的正规工人们对被去正规化所提出的抗议，政府规定国家法院不受理那样的诉讼，要由企业本身来处理。最近几年，国家更扩大了这个政策的适用范围，确定其不仅包括国有企业，更明确地包括所有其他类型的"企业"(如集体企业和事业单位乃至于私营企业)。只要其"改制"是由"政府主导"的，即要么已经获得政府批准，要么是由其执行或主导的，法院将会裁定不受理。(黄宗智，2020c；赵刘洋，待刊)

可以见得，中国政党—国家和法律之间的关系和西方有一定的差别。在西方，经国家颁布的法律一般凌驾于政府行政权力之上；在中国则不然，政府行政权力发挥了重要作用，它可以将某一类型范围内的诉讼争议置于法院受理范围之外，通过行政权力的干预以及调解制度来处理某些诉讼纠纷。

(四)国家行政体系内的发包

国家行政体系之内的发包同样是由上而下的不平等关系。高度集中的社会主义政党—国家体系完全掌控体系内官员的委任和升降,包括更改或终止他们的职责、权力和资源。也许最重要的是,所有官员都受制于体系内源自反腐需要而在20世纪80年代后期和90年代设立的"双规"铁律和制度:经过"举报"和初步调查之后,任何官员在被正式审查期间,都可以被在规定的地点和规定的时期中(实际上没有固定期限),完全与外面隔离,不得与家人或任何人(当然包括律师)接触。即便是最高层级的官员(包括政治局常委成员、省长等)也如此。它是一个无可抗拒的党内的纪律制度。

但我们也要考虑到另一方面:一名承包某一地方职责的领导官员享有相当程度的自主权力,他们被有意识地塑造为中央政权的一个较小规模的翻版,具有远远大于一般的西方国家地方行政官员的权力,不受同等程度的三权分立和平衡的制约。

中国的地方政权制度被周黎安教授称作"行政发包制"。他将中国的这种"官[员市]场"的机制比喻于"市场"。他论析,"官场"中的竞争和激励机制类似于市场中的机制。他特别突出"官场"中的晋升"锦标赛"激励机制,并有意地将"官场"和"市场"并列("官场+市场"),认为正是两者的连同作用推动了中国举世瞩目的经济发展。(周黎安,2018,2014,2007;亦见黄宗智,2019)在他的英文文章中,他更完全地采用了"合同"一词来将"行政发包制"表达为

"行政合同制"（administrative contracting）。（Zhou，2019）

　　周教授的论析非常清晰地指出地方政府和市场经济在中国经济发展中所起的至为关键的作用。他特别突出了中国地方官员间争取晋升的激励和竞争机制，通过新古典经济学的"市场"和"合同"话语，比较有效地与（倾向市场经济和合同目的论的）西方和中国新自由主义经济学家们进行了沟通。

　　但是，我们也需要指出，他的理论一定程度上也混淆了行政发包与市场合同之间的差别。他创建的"官场"一词，由于非常有意识地将其比喻于经济市场，难免会混淆两者在历史起源、重点和逻辑间的差别，既混淆了行政发包制度的部分内涵，也混淆了市场合同与其的不同。

　　那样的误导性其实更清晰地可见于被人们更为一般地混合使用的"权力"和"权利"两词。行政发包中所发包的是责任和权力，不是法律和法庭所维护的权利，一如土地联产承包责任制中的"经营权"那样。正如我们上面所论述的，无论是农民还是地方官员都没有太大可能通过法院渠道来抗拒社会主义政党—国家的强大治理体系。

　　但同时，我们也要认识到，周黎安教授的论析确实起到协助不少读者认识到中国行政发包制的重要作用，而不是下意识地简单将其贬为与市场经济相矛盾的政治体系，因而拒绝认真来认识和理解。虽然如此，要真正认识中国这个体系的含义和实际运作，我们需要看到承包制与合同制的不同。简单想象一个官僚层级之间的"合同制"其实会使我们严重误解其所包含的由上而下的政治体系。我们需要认识到"发包"与"合同"间概念上的深层分歧，以及其逻辑和实际运作间的差别。

固然，周教授所借助的"委托—代理"理论领域早已拓宽了原始合同理论的范围。它考虑到合同两方的不同利益和激励，以及其间的"不对称信息"（asymmetry in information），考虑到可能由其产生的"道德风险"（moral hazards）和可能滥用。它也考虑到两方之间的不对等权力问题，尤其是在劳动法律领域中，一如我们上面论述的那样。但即便如此，它逻辑上的出发点仍然是市场中的横向对等合同关系，并不能贴切地处理纵向的由上而下的行政发包中的权力关系，更没有考虑到中国社会主义政党—国家体系的实际运作。周黎安的贡献在于突出了中国特殊行政体系的关键性，并阐明了其中的一个关键机制，但他仍然需要进一步澄清我们所有研究者都必须面对的"话语隔阂"问题，即怎样来澄清"承包"与"合同"之间的差别的问题。两者都需要被置于其政治经济大环境中来认识和理解。

（五）中国法律中的承包法与合同法

这里首先需要说明的是，虽然在许多学术和大众化使用中，承包和合同两词多被混淆，但在中国的法律条文中两者其实一直都是被明确区分的。

2002 年（修改）的《农村土地承包法》开宗明义地说明："本法所称农村土地，是指农民集体所有和国家所有依法由农民集体使用的耕地、林地、草地，以及其他依法用于农业的土地。"（第 2 条）"农村土地承包后，土地的所有权性质不变。承包地不得买卖。"

（第 4 条）"承包方承包土地后,享有土地承包经营权,可以自己经营,也可以保留土地承包权,流转其承包地的土地经营权,由他人经营。"（第 9 条,2019 年增加）(《中华人民共和国农村土地承包法》,2002,2019)

1999 年的《中华人民共和国合同法》同样明确指出:"本法所称合同是平等主体的自然人、法人、其他组织之间设立、变更、终止民事权利义务关系的协议。"(《中华人民共和国合同法》,1999:第 2 条)

显而易见,国家法律其实比较清楚地区分了承包和合同两个词语和概念。我们需要做的是,进一步阐明两者的不同政治经济环境。

(六)"集权的简约治理"传统

其中,一个重要部分是中国传统的"集权的简约治理"。（黄宗智,2008）古代的帝国政权无疑是个高度集权的体系,但它同时也十分有意地试图使其体系尽可能简约。一个原因是要避免过多层级的划分,因为那样会直接威胁到集权的中央——由于其高度依赖对皇帝/皇朝的忠诚,每多一层便会添加一层离心的威胁。二是要尽量减少行政经费,因为前工业的农业国家的税收十分有限。在 19 世纪,每个最底层的县令治理的人口平均高达 25 万人。而且,县政府机构一般只比较低度(韦伯型的)"科层制化",即被分化为专业化部门和垂直的科层制体系。结果是比较简约的基层治理体系。

这就和西方形成比较鲜明的对照。其历史起源部分在西方的封建主义制度，其中央集权程度要远低于中华帝国，虽然其从基层所提取的税费要相对高于中国——后者在帝国晚期仅占农业产出的 2%—4%，前者则一般约 10%（如西方和日本的封建主义制度）（Wang，1973a，b）。其二，差别当然也来自现代西方的民主政体传统——其三权分立的相互制约和平衡。

结果是，与西方相比，中华帝国具有比较高度的中央集权，但比较低度的基层"渗透权力"，与西方的低度中央集权和较高度基层渗透权力不同，一如迈克尔·曼（Mann，1984）所概括那样。中国的行政发包制度首先需要置于那样的历史框架中来认识。

（七）分块的集权体系

更有进者，曼的分析框架并没有考虑到中华帝国的另一关键特征。其高度集权的中央其实有意将自身分割为多个权力性质类似于中央的地方小块，也许可以称作一个"分块的集权体系"。地方上的最高官员是在该管辖地代表皇帝的人员。他当然完全是由中央全权委派的官员，并且是被置于相当紧密的官员控制体系中的人员，但他在地方任期间却具有相当高度的、一定程度类似于皇帝的自主权力，也同样较低度受到现代西方民主政府那样的立法和司法权力的制约。同时，他的权力范围更多是地方块块型的，而不是处于更高度条条划分的现代专业化科层制体系的制约之下。

正是以上的历史背景协助我们认识"集权的简约治理"和"分块的集权体系"今天仍然存留下来的治理框架。它具有较高度的中央集权程度,但相对低度的基层渗透力,但又是较高度集权的地方政府权力,没有像现代西方专业化官僚体系那样被更高度地条条化,也没有受制约于那样的三权分立和平衡。正是这样的传统协助我们认识和理解今天的中国在这些方面与现代西方治理体系的不同。

进入当代,传统的中央集权体系被在战争和革命斗争过程中形成的现代共产党政党—国家体系更为高度地集权化,也更为高度地细致化,并且仍然较低度受制约于立法和司法权力。那些特征也可见于同样是模仿中央的较小型地方政权。虽然,伴随工业化和(韦伯型)现代科层制体系的建设,中国的治理体系也一定程度上已趋向了类似于西方的专业化和条条化。

但我们仍然可以看到简约治理持续的痕迹。这部分是由于中国仍然具有庞大的农村,仍然受制约于比较低微的农村基层财政收入,仍然因此而趋向基层的简约治理。此点尤其可见于2006年废除农业税费之后基层村庄内部的公共服务的衰退。乡镇政府不再能够从村庄获取财政收入,伴之而来的是其从村庄内部的公共服务的退出,遗留下来的是村级内部公共服务的危机——未经修补的道路和桥梁、未经疏浚的河流和小溪等——那是"低度基层渗透力"比较具体的形象。

更重要的也许是,国家机构一定程度上仍然继承了古代的"分块的集权体系",地方政府仍然享有类似于中央的集权性质的权力,既没有同等程度地受像现代西方那样更高度条条化的科层制体系的垂直化分解,也没有受到同等程度的三权分立的制约。相对来说,仍然享有远大于现代西方地方政府的集权权力。这样的一个体系当然也带有一定的弱点，如条条和块块结合所导致的双重领导（垂直的中央部门领导和横向的地方政权领导）以及事权不清的问题。它也会导致地方主义，以及不同地方间的相互隔离和显著差别。但是，上面我们已经看到，地方政府块块型的强势权力在改革的快速经济发展过程中，起到了至为关键的作用。

二、二元对立与二元互补

我们固然需要认识到中国与西方的不同，以及合同与承包的不同来更好地认识中国今天的治理体系的实际运作，但我们同时要警惕陷入中西二元对立非此即彼的思维习惯，因为那样的对立思维只能促使我们再次不仅误解中国，也误解西方。

（一）二元对立

二元对立思维最常见的误失是陷入两种陷阱之一：一是认为西方的道路乃是唯一的道路，认为中国必须走那样的"转型"道路。那是个来自目的论的西方主义或现代主义（包括"早期现代主义"）思路，只可能遮蔽中国的历史趋向和实际，只可能无视现当代中国的最基本实际，即西方与中国的、西化与中国传统（包括古代和革命传统）的并存。其对立面则是目的论的中国优越性，多源自一种中华文化自我优越感，认为中国的道路必定是最佳道路，因为它是中国的。那样的思路很容易成为完全拒绝西化改革的极端保守主义。两种对立观点相互将对方推向极端，要么是出于反对过分西方中心主义或全盘西化主义的动机,要么是出于反对过分中国中心主义的动机。两者的共同点是无视两者并存的现当代中国的基本实际。

在过去的百年中,我们已经看到众多这样的非此即彼二元对立思维。在法学领域,一方是要求西化的移植论,提倡全盘引进西方的法理和法律,并以为那样做才能够符合逻辑上整合的形式主义法理和法律的要求。其对立方则相反地提倡"本土资源化",认为中国的法源应该是传统法理、法律或民间习惯。在经济学领域,我们可以看到同样的对立,一方提倡完全采纳西方的自由和新自由主义经济学及其理论依据(理性经济人、纯竞争性市场、看不见的手、国家"干预"的最小化等),与其对立的是传统主义者或马克思主义者,或两者的结合。在历史学领域,一方在"早期现代"和近现代中国只看到逐步西化或现代化的趋向,另一方则只看到其对立面的"中国中心论"。我们应该清醒地认识到,上述两者任何一方都没有抓住近现当代中国的中西化并存和互动的基本实际。

(二)互补的二元

我们要做的不是将中西建构为非此即彼的二元对立而是要从现当代的中国和西方、传统和现代在中国必然并存的基本实际出发的概括。两者的并存——无论是语言、文化、话语、思想倾向和思维、实践、治理、社会经济等,当然也包括学术理论——乃是现当代中国的给定实际。

我们该怎样去认识共存的实际以及其在中国是如何互动、互塑和结合的？过去和现在的摸索有什么长处和短处？两者最佳的结合方案——既是基于中国实际又是为人民谋求幸福的——是什么样的道路？有没有一条超越中西两者间的对立而结合两者来释放双方的创造能量的长远道路？

中国在过去四十年中相对成功地、比较特殊地结合了市场机制和国家能力来推进极其瞩目的发展，这已经是没有疑问的事实。真正的问题是：两者到底是怎样互补、互塑地结合而做到了比任何单一方优越的成绩的？

(三) 农地承包与乡村发展

回顾过去四十年，农村土地联产承包责任制无疑是推进中国农业转化的基本政经制度框架。它从党中央有意地采纳了承包制出发，给予农民大体上独立的"经营权"，让其能够自己决定为市场生产什么、销售什么，让其能够从其产品的市场价值和增值获得一定的利益。同时，国家积极提供了现代投入（化肥、良种、农机）。那样的（国家与农民的）结合推动了中国改革期间的"隐性农业革命"，使许许多多农户得以转向高附加值农产品的生产（特别是高档蔬果和肉禽鱼），大多是进一步既劳动密集化也"资本"（现代投入）密集化的新型农业（如拱棚蔬菜、种养结合），如今已经达到接近农业总产值的三分之二，借此转化了中国的农业生产。（黄宗智，2016a）

虽然有一些错误的认识一直都在影响着国家的部分农业决策和学术界的论著，即认定高度机械化（和较低度劳动密集化）的美国型大规模农场乃是农业现代化的最终必由道路，认为中国农业必须朝着那样的方向发展、那样才可能真正现代化。（与其相反的一种意见则是一般的马克思主义意见，同样认为那样的途径是必然和不可避免的，但认为乃是不可取的、乃至于要推翻的资本主义方式。）事实上，中国农业现代化的道路如今已经可以确定了——主要是高附加值的新型小规模家庭农业，并且，由于中国如今仍然有2亿农业从业人员，劳均才10亩耕地、户均才约15亩（相对美国的户均约450英亩，即2700亩），将长期如此。鉴于中国长久以来的人口高度密集的"内卷"型小农业，这其实是必由之路。它也是对中国来说至佳资源配置的道路，和美国的主要是高度机械化和低度劳动投入的农业十分不同。中国的新型农业则是"劳动和资本双密集化"的，而又差不多全是小规模的农场。它的比较高度密集化的土地使用使得中国农业的单位土地产值要远高于美国。美国型的农业只可能促使大量农民失业和单位土地产量大规模降低，不可能承担中国大量人口的食物需要。

（四）结合国家与市场

如果中国的新农业革命较好地展示了中国结合现代投入和小农家庭农场，以及国家的高度中央集权的政经体系和小农的市场化自主经营，城镇企业则较好地展示了集权的中央和地方国家体系与市场化企业的结合，如以上论述那样。更有进者，鉴于西方高度发达的跨国企业，中国新兴的私营企业唯有通过高度集权的国家体系的扶持才有可能与其在全球化的市场中竞争——唯有中国国家体系才具有足够力量来与西方巨型的全球化企业竞争。唯有中国"分块的集权"地方政府的扶持(在土地资源、基础设施、不严格的劳动力使用、税收减免、松弛了的环境保护等)才有可能招引到外国资本的投资,唯有国家权力才有可能使中国成为全球回报率(不止20%)最高的资本去处。

我们已经看到,国家体系本身还需要一个有效的地方官员激励机制,一个能够促使他们为中国在全球市场的竞争上效劳的机制。具体的实施方案是激励地方官员们在管辖地的GDP发展成效方面的竞争,并同时给予他们足够的权力来激发他们的创新性和经营性,而又同时严密掌控他们的评审和晋升。其实施方式正是行政方面的"发包"制度,设立地方官员们间推动属地的GDP发展的晋升"锦标赛"。

那样的一个治理制度也需要市场机制和约束来执行。地方官员面对的是,他们的行为必须要在市场中见效。市场的竞争机制成为他们施政的重要激励和约束。他们不仅要对上级负责,还要对市场的约束负责:他们是否成功地为地方企业建设了良好的发展环境,采用了符合辖地资源禀赋的举措,推动了具有市场竞争力的企业?正是在那样的框架中,中央政府制造了一个国家和企业间相一致的目标和激励。而那样的机制则赋予了中国企业在国内和国际市场中的竞争力。

高效结合地方政府和企业的激励机制是通过实践来产生的,是在实践中被证实有效而形成的,首先是在农业方面的承包制度,而后是乡镇企业方面的蓬勃发展,再后来是省、市、县政府的"招商引资"所推动的企业发展。国家成功地促使其地方官员们成为推

338

动发展的力量,而在其中成长起来的企业则是通过政府在税收优惠、土地和基础设施以及财政资助等的扶持下成为更具有市场竞争力的实体。两者的结合成功地使中国成为全球资本第一选择的去处,成为推动中国经济快速发展的关键动力。市场经济的合同关系以及行政体系的承包关系被证明是特别适合中国"转型"经济的结合。

这里的"转型"一词需要我们谨慎地来使用。我们不要再次陷入目的论的西化主义,似乎中国要发展和现代化的话,只可能完全模仿西方。那正是"转型"一词比较普通的含义。我们需要认识到中国已经展示了的既是西式也是中国式的发展道路,而不是一条非此即彼的道路。

这里,"社会主义市场经济"这个常用的官方话语,一定程度上包含、捕获了上述的特殊中西结合。它是在改革实践过程中所形成的一个战略性框架,如今已经经过相当程度的实验,有可能会成为中国式的可持续现代化进路,有别于我们长期以来惯常性使用的"全盘西化"/现代化、"资本主义发展"或"市场合同经济"等概念。"社会主义市场经济"一词,一般在学术界(尤其是国外学术界)被相当普遍视作没有实质意义的官方用词,实际上颇有可能成为不仅仅是一个"转型"过程中的体系,而且是一个可持续的中国型的、适合中国实际的发展道路,不仅在短期之内如此,也许更在长期中如此。当然,它更是一个形成和演变中的过程,不是一个给定理论或意识形态。

(五)中西结合的反面现象

更有进者,我们不可忘记近年来发展中的反面现象。在发包制度的不对等权力关系下,在国家相对农民的权力悬殊的实际下,当然难免一方有可能会成为忽视另一方利益的支配方。一个真正可持续的结合不仅须要考虑到其成功的方方面面,也要考虑到其反面。

我们应该承认,劳动保护和福利在发展经济和招商引资的大目标下被暂时置于一旁。改革四十年来,中国一直在大力压缩旧的劳动制度,如今已经将"正规工人"所占比例减少到城镇就业人员的仅仅约25%。但是,为了长远的发展,中国特别需要扩大国内市场来支撑更可持续的经济发展,当然也要考虑到社会稳定和社会公平。中国迟早须将"去正规化"的洪流颠倒过来。如今这样让全国城镇就业者中的不止75%成为"非正规工人"(相比西方的20%),严重约束了国内的市场发展,经济上是不可持续的,当然也是不公平的。

至于农业,国家迄今仍然没有充分重视小农场的关键性,也没有充分重视小农特别需要的现代化市场物流体系。那迄今仍然是中国农业的软肋。如今应该充分认可并支持小农农业的优越性和可持续性,并给予其更大的支持——不是简单由上而下完全由国家支配的措施,而是要充分让小农发挥其自身的积极性,纳入由下而上的农村(社区)参与能量来配合国家的组织。所谓的"东亚合作社"是一个由于高度历史偶然性而形成的体系,足可被当作中国的典范。明治日本的由上而下的农政（将地方政府主要任务设定为扶持农业现代化），由于美国的占领和统治（在其认同于罗斯福总统"新政"的进步官员们的影响下），被改革为一个纳入由下而上的基于农村社区的（综合性）"农协"制度，较偶然地组成了迄今至为成功的小农经济现代农产品"物流体系"（即为小农农产品进行加工和销售的"纵向一体化"）。它既保障了城乡之间较为均匀的收入和公平，也起到了维护农村社区活力的重要作用。（黄宗智，2018）

在中国，土地承包的制度确立了一个比较均匀的土地分配制度和优质的小农新农业的兴起，并没有因为国家有的政策偏重大型规模化农业而受到过大的压制。即便没有得到国家充分的重视，它仍然已经成为中国新型农业的基岩。今天中国的农业可以借助东亚型的农村社区合作社来推动新型农业的进一步发展。与其仍然依赖高成本低效率的、由千千万万小商户＋大商业资本所组成的物流体系，不如转向由小农社区组成的合作社。它们既可以高效地推进农产品的物流，也可以让小农保留更高比例的市场收益，由此进一步提高小农的收入。它们还可以振兴农村社区，并为国家政策提供由下而上的支持和能量。

国家和社会权力悬殊的搭配，如土地承包制度下的国家和小农，过去确实导致了一些无视小农利益的举措，诸如地方在征地中的过激手段、土地交易中的勾结和贪污，不顾小农利益的农业政策（如强加于一些小农过分集约化和低回报的双季早稻＋晚稻种植＋小麦）等。（黄宗智、龚为纲、高原，2014）一如任何权力悬殊两方的关系中，没有由下而上的制约，很难避免不顾人民利益的错误行为。一个好的政治经济体系发展方向是国家和社会经济间,国家机器和人民间,逐步达到较为均衡的搭配。

除了诸如以上简略转述的问题外,我们应该承认,改革所确定的主要政治经济框架"社会主义市场经济"可以被理解为一个包括搭配市场化和中国源自"集权的简约治理"和"分块的集权体系"的"行政发包制"政经体系。两者的结合已经展示了庞大的能量和创新成绩。那是个应该被进一步深化的成功框架。它不是依赖简单的西化或中化,而是脚踏实地地从成功的实践中概括出来的进路。长远的发展道路的探索不应该是仅关注成功实例的一个过程,而应该是个不停地探寻怎样更好地结合西方和中方来组成一个长远的中国发展道路的过程。

三、儒家化的法家法律和社会主义市场经济

"社会主义市场经济"战略性概念背后的思维的一个类似的历史先例是西汉时期的"法律的儒家化",常被表述为"阳儒阴法"。

(一)法家法律的儒家化

从其前的秦代的法家法律出发,汉武帝时期在儒家思想,尤其是在董仲舒的影响下,做出的选择不是简单地废除法家法律,而是创新性地将其"儒家化"。从儒家的思想中,特别选择了其以"仁"("己所不欲,勿施于人")和"仁政"为核心的道德理念,将其与法家以惩罚为主的刑法结合成为一个更宽阔的整体。儒家的一面为

法家提供(我们今天也许会称作)"软实力",将其严峻实用的法律体系温和化,让两者合起来组成一个更可持续和威力比任何单一方都更为强大的体系。实用性的法家法律及其严峻的惩罚制度被改为一个更为宽阔、基于儒家和谐理念的社会非正式调解的体系。正式的国家法律与一个非正规的调解正义体系并存;严峻的治理被道德化的治理温和化;威权的父亲与慈爱的母亲结合("父母官")为一个更长远、更可持续的体系。正是在那样的思维框架下,形成了持续两千多年的"中华法系"的核心,并被扩延到整个"东亚文明"圈(在中国之外,主要包含日本、朝鲜和越南)。它是一个既慈祥又严峻的、既道德又实用的体系,两者共同组成了笔者之所谓的"实用道德主义"的正义体系。

当然,该体系也带有一定的弱点和问题。许多基层的纠纷并不能被社区调解机制解决,不少需要进入正式的法庭来处理、判断。但该体系具有逐渐纳入那样的经验的实用能力,逐步添加了所需要的正式条文来适应现实需要,从而形成了越来越多、越来越细的关乎"细事"(大致相当于今天的"民法")的"例"(区别于"律")。同时,伴随着社会变迁,它也从原先特别强调身份尊卑关系的法律而越来越趋向以大多数的民众为主要对象的实用性法律体系,逐步淡化了统治阶层和一般民众间的差别的作用。(Ch'ü, 1962; Bernhardt, 1996)到了清代,已经和汉代、唐代的体系颇不一样。儒家化的法家法律不是一个一蹴而就的结合,而是一个在形成基本大框架之后,逐步改进和细化的过程。虽然如此,无可置疑的是其结合儒家和法家为一个整体的创新的明智性和可持续性。

(二)社会主义市场经济

中国今天的"社会主义市场经济"框架一定程度上带有类似的思维和可能。中国共产党领导下近乎全能的政党—国家体系,成功地克服了帝国主义和日本侵略并取得中国革命的胜利,但那样的政党—国家,加上后来模仿苏联而采纳的计划经济政经体系,虽然成效不小,但是并没有能够推动可以与资本主义市场经济比拟的经济发展。改革的必要越来越明显,特别是在经历了"大跃进"和"文化大革命"的比较极端的群众动员和排外意识之后更是如此。那样的背景导致了向市场经济转向的改革,目的是要推动可与西方资本主义市场经济竞争的发展。但社会主义的理念并没有被放弃;源自儒家、马克思主义和中国共产主义的"为(劳动)人民(服务)"的治理理念也没有被放弃;共产党的领导和治理以及其对生产资料的最终所有(或控制)权也没有被放弃。

这样,市场经济被纳入了一个仍然是社会主义的、生产资料为国家所有的、高度中央集权的政经体系。其所采用的不是简单像苏联和多个东欧国家那样,完全朝向私有市场经济、终止共产党治理的"转型",而是共产党治理的延续和国家之继续占有或掌控主要生产资料。在那个基本框架中,一步步地,先是通过承包制度将土地的经营权让给农民,但国家仍然掌控农地的最终所有权。其后是让乡村政府在计划外创办市场化的乡村企业,后来并让其私有化。同时,鼓励私企的广泛兴起,并将中小国企私有化,逐步建立了一个私企和国企接近平分天下的局面(达到非农生产总值

6：4的比例）。

这些变迁制定了新农业革命的政治经济框架,导致一个劳动和资本双密集的市场化新型小农经济的兴起,主要是高附加值农产品的生产,它基本转化了中国的农业。同时,国家仍然采用通过发包—承包制度来紧密管控地方官员,但又授予了他们较大的自主权,来推动国家主导的 GDP 发展。那样的体系激发了地方官员们的创业和创新积极性来协助属地内的企业推动蓬勃的市场经济发展。

如今,那样的一个政经体系和市场经济的结合已经成为一个客观存在的现实,给予"社会主义市场经济"一词实实在在的含义。国家和企业、社会主义主要生产资料国有制和市场机制结合起来,推动了过去四十年的蓬勃经济发展并赋予了中国企业国际竞争力。它们通过实践经验,证明了结合集权的国家和市场经济,以及行政发包制与市场合同制的高效性。不过,这显然也是一个逐步摸索的过程。

(三)问题

同时,我们不可忽视伴随成功而来的一些问题。非正规人员在就业者之中所占的庞大比例,已经对国内市场的发展形成严重的约束,当然也包括其所意味的社会不公。

未来的纠正途径相当清楚。在农业领域,小农仍然严重受制于缺乏一个良好高效的现代物流体系来协助他们从市场发展获得更多的收益。迄今他们只能依赖要么是低效昂贵的小商小贩+大商业资本的销售和加工体系,要么是同样低效的国营供销社体系。那也是一个尚待成功处理的经济和社会问题。同时,社会不公不仅对经济不利,也严重制约了社会和国家在治理方面搭配的能力。一个可能的改善方案是将国有企业利润的一定部分用于民生,特别是农民工——之前已经有过这样的地方上的成功实验。(黄宗智,2012)

四、一个新型的第三领域?

最后,我们要考虑到中国的"第三领域"(黄宗智,2019),它有助于我们更完全地认识和理解中国目前的政经和治理体系,也许也可以被视作对"社会主义市场经济"的一个方面的新阐述。

(一)历史背景

长期以来,中国的政经体系中一直都存在一个由集权的简约治理体系中国家与社会之间的互动而产生的第三领域。国家治理不仅高度依赖社区的非正规自治(如社区纠纷调解),也依赖一个由非正规体系与国家正规体系互动而产生的半正规体系。(黄宗智,2019)

这个第三领域在社会基层可以具体见于社区调解和衙门对案件的处理两个并行的体系间的互动。一旦纠纷一方呈控告对方,社区调解人士便会重新或加劲调解。同时,当事人和调解人士会通过知县对陆续呈禀的批示,要么被榜示,要么被衙役/乡保传达,而获知衙门对其诉讼的逐步反应。那些批示会直接影响正在进行中的社区调解,促使一方或双方退让,由此使纠纷得到解决。然后,当事人会具呈要求销案,或不再催呈或配合衙门调查。案件便会因此被撤销,或自然中止。这样的结果占到所有细事诉讼案件的起码三分之一(有如此明确记录的),实际上有可能多达三分之二(包括记录中止的)。

集权的简约治理体系框架也促使行政体系广泛使用另一种半正式的治理方法。一个比较突出的例子是处于国家和社会间的半正式(由社区威望人士推荐,衙门认可的不带薪)“乡保”一职。在19世纪的宝坻县,每个乡保要负责平均20个村庄的治理事务(包括征税、纠纷处理和传达衙门指示等)。衙门一般都让他们自行其是,除非他们在执行任务的过程中产生了纠纷或控告方,衙门才会介入。这些操作方式也是“简约治理”的具体实例。

县令对待其属下各房的治理模式基本同样:各房的人员大多是不带薪酬的半正式人员,分别负责各房的职务(最主要的是管征税的户房和管纠纷的刑房)。那些房同样会被知县放任自行其是,要到由于他们执行任务中产生了纠纷或申诉,县令才会介入。其治理方式其实可以很好地用今天的“发包”和“承包”两词来表达。每房的主要负责人等于是承包了其职责——为了获取该房的收入,须要交付一定的(可以称作)“承包费”(高收入的户、刑两房在晚清时期需要交高达千两的“参费”)。县令同样基本让他们自行其是,虽然他们要按照一般人可接受的方式来执行任务,不然,便会产生纠纷,那样的话,县令便需要介入。那也是简约治理的实例。

（二）今天的第三领域

以上是今天更为宽广的第三领域治理——包括行政发包/承包制中的政府的"内包"和其与行政体系之外的社会间（如社区或个人）的"外包"——的历史背景。即便是在计划经济时期的农村集体制度中我们也能看到其痕迹。如今已经成为被更为广泛使用的一个体系。

譬如，在2005年到2009年的五年之中，全国平均每年的2500万起（有记录的）纠纷之中，有足足1000万是在第三领域处理的（另外有1000万是由社区主要是非正式——虽然带有村干部的参与——的调解处理的），包括乡镇的法律事务所（70万起），工商部门指导的消费者协会（75万起），以及公安部门进行的调解（840万起），区别于更为高度正式化的法院调解和判决（500万起）。在以上所列由第三领域机构处理的案件中，有380万（38%）是被调解结案的。（在更高度非正式的"村、居民调解委员会"处理的1000万起纠纷中，则有一半是被成功地调解结案的。）（黄宗智，2016b）

至于如今的行政发包和承包制度，应该可以说是中国现有政经体系中至为突出的一个特征。其参与双方虽然权力比较悬殊，但它不只是一个简单由上而下的官僚制度，更是在由上级和下级、国家和社会两者长期互动的历史过程中所形成的，其中既包括"社会的国家化"（state-ification of society），也包括"国家的社会化"（societalization of the state）。两者的结合很好地展示于如今的半正式纠纷解决的操作方式,既非纯粹国家的行为,也非纯粹社会的现象,而是两者的互动和结合。那其实是改革期间十分快速扩展的一个政治—社会现象。今天被广泛使用的行政发包/承包制度要从这样的角度来认识和理解。

(三)项目制

由国家挑选和资助的项目发包制度也如此,它结合发包与合同,行政体系内部(各层级间)的内包与政府和社会间的外包。这个制度如今是被如此广泛地使用,有的社会学理论家门甚至将其比拟于计划经济时代的"单位制",论说新制度是一种韦伯型的现代化/"合理化"(或"科层制化"),并且已经取代了单位制而成为中国治理模式至为关键的制度和机制。(渠敬东,2012)更为重要的也许是,项目制的用意是要借助其竞争和激励机制来推动政府内部各层级间的和政府与外部社会间的承包者(包括学术单位和研究者)的积极性。一个依赖行政内部的晋升激励和管控机制,一个依赖外部社会中的激励,包括项目竞争、延期或再次获取新项目等激励机制以及国家的监督(如验收)。它的用意是要通过竞选和验收来结合市场竞争和政府调控。

当然,有不少滥用的实例,包括指令性的项目(如推广双季稻种植)、不符实际地偏重低效的规模化大农场、"虚""伪"的合作社、腐败等滥用国家资源的现象。(黄宗智、龚为纲、高原,2014)同时,由于项目制所依赖的激励主要是"私利"而不是"公德"或社区利益,容易导致无视公共利益的价值观和行为,更加突出日益严重的社会道德真空问题。虽然如此,我们也不可否认,与一般行政发包/承包制度相比,项目制所指定的目标相对更加明确(如道路设施、退耕还林、扶贫、盖社区楼房等)。它能激发项目发包前的竞争,以及承包实体方的创新性和积极性。在政府内部,承包的官员们固然要对社会主义政党—国家的监控负责。外包的承包者也要受到验收和再次申请项目等的监督。以后如果能够更明确地将社区改良(包括村庄公共服务和社区物流服务等)设定为一个重点目标,应该可以起到一定的振兴社区和社会道德的作用。总体来说,项目制的优点也许确实超过它的弱点。它可以被视作一个结合行政发包和市场合同的机制——无疑也属于第三领域。

(四)社会主义市场经济

在总体的政治经济大框架层面上,这个快速扩展的第三领域,包括其对承包与合同的广泛使用,是可以被认作官方用词的"社会主义市场经济"所包含,但一般被忽视的一个重要内容和机制。"社会主义"说明其仍然存续的高度集权的社会主义政党—国家中央及分块的地方政府,仍然掌握着主要生产资料的所有权和/或控制权,但已经向快速扩展的竞争性市场经济逐步出让范围越来越宽广的权力,为的是要更好地推进经济发展。正是两者的成功搭配推动了快速的经济发展以及伴之而来的越来越宽广的国家与社会二元合一的第三领域,而不是许多人心目中的非此即彼的国家—社会二元的必然对立。那可能正是中国的政治经济体系的独特之处,结合了西方和中国,现代和传统(包括古代和革命)——它是一个可能成为比较新型的"中华"政经体系的部分内容,既不同于中国过去也不同于现代西方。如果能够明确规定国营公司利润的一定比例须用于公益和民生,则更加如此。① (黄宗智,2012)

　　未来的框架已经相当明了。改革时期所形成的"社会主义市场经济"总框架,具体化为同时依赖一个强势的政府和竞争性的市场,以及其中的关键性行政发包/承包逻辑和市场合同逻辑,已经被证实为一条有效的道路。如今所需要的是,解决仍然比较薄弱的国内市场和比较贫穷的农村等问题。要赋予"社会主义市场经济"真正的长远可持续性,不是要放弃重要生产资料的国有或国家掌控,也不是要放弃其社会主义国家的行政内外包制度,更不是要采纳完全像现代西方那样的资本主义经济、代表制民主和韦伯型科层制政府,而是要继续推进社会和国家的更为均衡的搭配。这不仅是为了制约两者间权力悬殊所可能导致的错误决策和判断,也是为了进一步释放社会主义+市场经济、社会主义国家+高度发达的社会间所形成的两者共同参与的新型、半正式的第三领域。

---

① 特别值得一提的是另外两个可能起到长时期作用的概念。一是区别国有和公有:有的国有资产权可以被转给代表社会总体的各层人民代表大会。一是区分宏观与微观经济:由中央来进行宏观调控、由市场机制来主宰微观运作。这里不展开这两个重要话题的讨论。

参考文献:

黄宗智(2008):《集权的简约治理——中国以准官员和纠纷解决为主的半正式基层行政》,载《开放时代》第2期,第10—29页。

黄宗智(2012):《国营公司与中国发展经验:"国家资本主义"还是"社会主义市场经济"?》,载《开放时代》第9期,第8—33页。

黄宗智、龚为纲、高原(2014):《"项目制"的运作机制和效果是"合理化"吗?》,载《开放时代》第5期,第143—159页。

黄宗智(2016a):《中国的隐性农业革命(1980—2010)——一个历史和比较的视野》,载《开放时代》第2期,第11—35页。

黄宗智(2016b):《中国古今的民、刑事正义体系——全球视野下的中华法系》,载《法学家》第1期,第1—27页。

黄宗智(2018):《怎样推进中国农产品纵向一体化物流的发展:美国、中国和"东亚模式"的比较》,载《开放时代》第1期,第151—165页。

黄宗智(2019):《重新思考"第三领域":中国古今国家与社会的二元合一》,载《开放时代》第3期,第13—35页。

黄宗智(2020a):《实践社会科学与中国研究》,第一卷《中国的新型小农经济:实践与理论》。

黄宗智(2020b):《实践社会科学与中国研究》,第二卷《中国的新型正义体系:实践与理论》。

黄宗智(2020c):《实践社会科学与中国研究》,第三卷《中国的新型非正规经济:实践与理论》。

渠敬东(2012):《项目制:一种新的国家治理体制》,载《中国社会科学》第5期,第113—130页。

赵刘洋(待刊):《中国地方政府主导的企业改制中的劳动争议:基于诉讼案件的研究》。

赵晓力(2000):《通过合同的治理——80年代以来中国基层法院对农村承包合同的处理》,载《中国社会科学》第2期,第120—132页。

《中华人民共和国合同法》,1999,http://www.npc.gov.cn/wxzl/2000-12/06/content_4732.htm。

《中华人民共和国农村土地承包法》,2002,http://www.npc.gov.cn/wxzl/gongbao/2002-08/30/content_5299419.htm。

周黎安(2007):《中国地方官员的晋升锦标赛模式研究》,载《经济研究》第7期,第36—50页。

周黎安(2014):《行政发包制》,载《社会》第6期,第1—38页。

周黎安(2016):《行政发包的组织边界兼论"官吏分途"与"层级分流"现象》,载《社会》第1期,第34—64页。

周黎安(2018):《"官场+市场"与中国增长模式》,载《社会》第2期,第1—45页。

周黎安(2019):《如何认识中国——对话黄宗智先生》,载《开放时代》第3期,第37—64页。

Bernhardt, Kathryn. (1996). "A Ming-Qing transition in Chinese women's history? The perspective from law," in Gail Hershatter, Emily Honig, Jonathan N. Lipman, and Randall Stross (eds.), *Remapping China: Fissures in Historical Terrain*. Stanford, CA: Stanford University Press.

Ch'ü T'ung-tsu(瞿同祖).(1962). *Local Government in China under the Ch'ing*. Cambridge, Mass.: Harvard University Press.

Mann, Michael.(1984). "The Autonomous Power of the State: Its Origins, Mechanisms and Results," *Archives européennes de sociologie*, 25: 185-213.

Standing, Guy.(2011). *The Precariat: The New Dangerous Class*.

London: Bloomsbury Academic.

Wang, Yeh-chien. (1973a). *Land Taxation in Imperial China*, 1750-1911. Cambridge, Mass.: Harvard University Press.

Wang, Yeh-chien. (1973b). *An Estimate of the Land Tax Collection in China*, 1753 *and* 1908. Cambridge, Mass.: East Asian Research Center, Harvard University.

Zelin, Madeleine, Jonathan Ocko and Robert Gardella. (2004). *Contract and Property in Early Modern China*. Stanford: Stanford University Press.

Zhou Li-an. (2019). "Understanding China: A Dialogue with Philip Huang," *Modern China*, v.45, no.4: 392-432.